프로젝트 접근법을 활용한

창의적인 성경 프로젝트

한 혜 숙 저

태영출판사

머리말

하나님께 영광을 돌립니다.

기독교 교육이 실시되는 모든 주제는 하나님의 말씀에 근거해야 하며 모든 활동은 그리스도의 사명과 뜻 그리고 성령에 의하여 움직여야 합니다. 또한 무엇보다도 중요한 것은 성경이 그 원리가 되어야 한다는 것입니다. 지금까지 아동들에게 성경을 가르치는 것은 주입식 교육이 주류를 이루었음을 알 수 있습니다. 그리고 아동들의 삶도 너무 자기중심적이며 공동체 활동을 하는데 미숙하기도 한 부분이 있습니다.

이제 아동들의 학습방법이 달라지고 있습니다. 성경을 아는데도 주입식이 아닌 다른 방법을 고안해야 할 때입니다. 그리하여 프로젝트접근법을 적용하여 성경을 알아가는 창의적인 성경프로젝트 활동을 실시해 보고자 주제를 선정하였습니다.

성경프로젝트 활동의 주안점은 전통적인 교육방법에 대한 대안형태의 교육이며, 심화학습 및 전문적인 탐구가 가능하며 문제해결의 모든 방법을 포함합니다. 또한 창의적인 성경프로젝트 활동은 아동이 성경을 알아 가는데 도움이 되는 여러 가지 방법을 통하여 주입식이 아닌 아동들 스스로가 학습해 나가는 유의미한 학습입니다. 그리고 아동, 교사, 성인들과 상호작용이 가능하며 협동적 학습이 될 것을 강조하는 집단학습과정입니다.

성경은 인간의 언어로 기록된 하나님의 감동으로 이루어진 말씀이며 인간을 향하신 하나님의 영감으로 이루어진 계시입니다. 성경의 권위는 절대적인 권위를 지니며 정확 무오하며 기독교 신앙의 생활규범의 지침서가 되는 하나님의 말씀입니다.

본서에서 제시한 창의적인 성경프로젝트는 소그룹의 아동들이 모여서 스스로 성경을 알아보며 전문적인 탐구학습을 통하여 심화학습이 이루어지는 문제해결학습법입니다. 흥미를 가지고 학습을 할 때 개념에 대한 이해도 용이해집니다.

창의적인 성경프로젝트 활동을 통하여 유아교육기관 및 교회학교 나아가서 중고등부 청년부에 이르기까지 흥미를 가지고 성경을 스스로 학습하는 활동이 활성화되기를 원합니다. 아울러 사도행전 1장 8절의 말씀같이 "오직 성령이 너희에게 임하시면 너희가 권능을 받고 예루살렘과 온 유대와 사마리아와 땅 끝까지 이르러 내 증인이 되리라 하시니라"는 말씀과 같이 성경을 정확히 알고 공동체적인 활동을 이루어 하나님의 나라 확장을 이루는데 도움이 되기를 소망합니다.

본서를 구성하는 과정에서 도움을 주신 분들께 감사를 드리며 책의 출판을 도와 주신 태영사 김현태 사장님 및 직원 여러분께 진심으로 감사를 드립니다.

2007년 11월

저자 한혜숙

차례

제1부 이론편

제1장 창의성 / 15

제2장 프로젝트 접근법 / 35

제4장 창의적인 성경프로젝트 / 87

제2부 활동편

제 1 부 이론편

제 1 장 창의성

1 창의성의 정의

창의성은 무엇을 의미하는가? 로즈(Rhodes, 1961)는 창의성의 4P, 즉 "사람(Person), 과정(Process), 산물(Product), 환경(Press)이라고 지칭하고 네 가지의 결합을 위하여 "사람이 새로운 개념과 의사소통하는 현상을 지칭하는 명사"로 정의하였다(이종연 역, 2005, 재인용). 또한 김상윤은 창의성을 논리적으로 옳은 것을 따지는 앎이라는 진의 관점도 아니고 좋은 것과 나쁜 것을 따지는 윤리적 삶이라는 선의 관점도 아니며 예술적인 미의 관점과 가장 가깝다고 했다. 왜냐하면 세 가지 관점은 시대에 따라 다르고 개인에 따라 차이가 있을 수 있지만 예술적 관점은 동일한 것을 보고 서로 다르게 해석하게 하는 틀을 제공하므로 핵심적인 관점을 제공해 주기 때문이라는 것이다(김상윤, 2006).

Taylor(1988)는 "특정한 목적을 갖고 모인 집단에 의하여 지속적이고 유용하며 만족스러운 것으로 받아들여진 신기한 작품을 만들어 내는 과정"이라고 정의하였으며 Rogers(1962)는 "새로운 결과를 야기하는 행동의 출현 및 개인의 특성과 개인을 둘러싼 사건, 사람, 자료, 자기의 생활사의 상황에서 생성되는 과정"이 창의성이라고 하였다. 그러나 창의성이 교육과 심리적 측면이 강조된 논의에서는 다음과 같은 핵심적인 요소가 들어 있다.

- 참신성(Novelty) : 창의적 산출, 행동, 사고 과정은 잘 알려진 것이 아니어야 한다.
- 효과성(Effectveness) : 특정한 목표를 효과적으로 달성하는 것으로서 예술적, 영적, 이윤을 얻는 것, 경쟁에서 이기는 것을 포함한다.
- 윤리(Ethicality) : 이기심, 파괴적인 행동, 전쟁도발 등과 관련해서 사용되지는 않는(Cropley, 2004) 요소가 들어 있다.

그러므로 창의성이란 모방이나 재연이 아니다. 어떠한 문제를 새롭게 정의하고 해석하여 새로운 결과를 야기하는 대안의 탐색이 창의성이라고 할 수 있다. 즉 사물을 새롭고 참신하게 보는 것이며 효과 면에서는 유용하고 현실적이며 적합하게 생각하는 것이다.

2 창의성과 지능

1950년대와 1960년대의 심리학자들은 창의성과 지능은 분리된 것으로 보았으며, 그 이후에는 창의성과 지능을 같은 것으로 간주하였다. 그러나 일부 연구자들은 지능이나 창의성 중 어느 한 가지만으로 재능 있는 행동을 효과적으로 유도해 낼 수 없다고 주장하면서 진정한 지적 영재성에는 지능과 창의성이 모두 포함된다고 보았다(Cropley, 1994).

지능의 개념에는 재인, 회상, 그리고 적용을 중시한다. 그리고 사실에 대한 지식, 새로운 정보의 효과적인 획득, 기억에 대한 신속한 접근, 사실적 질문에 대한 정확한 대답, 이미 알려진 사실에 대한 논리적적용 등이 포함된다. 그러나 창의성은 사실에서 벗어나기, 새로운 방법 찾기, 특이한 관계 짓기, 예기치 않은 해결책 찾기 등이 포함된다(Cropley, 1994).

그리하여 지능과 창의성을 비교하면 다음과 같다.

- 심리적 영역의 기능 부분에서 지능은 관행적 산출을 의미하지만 창의성은 참신한 산출을 의미한다.
- 능력 부분에서 지능은 회상과 문제해결을 나타내고 창의성은 문제 발견과 상상을 나타낸다.
- 기술적 부분에서 지능은 수렴적인 사고와 기억을 나타내지만 창의성은 확산적 사고 및 비판적 사고를 나타낸다.
- 바람직한 사고 특성에서는 정확성, 속도 논리를 나타내고 창의성은 참신성, 놀라움, 그리고 다양성을 나타낸다.

이와 같이 아동의 창의성을 평가하는 것은 쉽지 않다. 창의성 검사 도구가 제작되어 있어서 나름대로 검사는 하고 있지만 그러한 것으로는 부족한 편이다. 아동 주변의 성인, 즉 부모나 교사가 창의적인 마인드를 가지고 아동이 창의적인 생각을 할 수 있도록 환경을 마련해 주고 창의적인 행동에 민감하게 대처하는 태도를 길러 줄 때 가능한 것이다.

3 창의적 사고의 구성요소

창의적 사고는 학자들에 따라 다르게 제안하고 있다. 그러나 대체적으로 창의적 사고의 기능으로서 유창성, 융통성, 독창성, 정교성을 들고 있으며, 이에 대하여 문정화, 하종덕(2005)은 다음과 같이 언급하고 있다.

1) 유창성

특정한 문제 상황이나 주어진 주제에 대하여 주어진 시간 내에 가능한 한 많은 아이디어나 반응을 산출하는 능력이며, 초기단계에서 많이 요구되는 과정이다. 아이디어를 많이 내기 위하여 비판하는 것을 금하고 평가를 잠정적으로 보류하여 심리적으로 많은 아이디어를 내는 것이다.

활동으로는 다음과 같은 것이 있다(김상윤, 2006).

- 삼각형과 같은 특정한 사물과 관련된 것을 떠올리는 활동
- 양말을 이용하여 다양하게 생각할 수 있는 것 생각하기
- 빨강색이면서 뜨거운 것이 무엇이 있는지 생각하기
- 형용사로서 '무겁다'라는 말을 듣고 떠오르는 생각 말하기
- 특정 사물(달)과 관련해서 닮은 것을 생각하는 것 말해 보기 등이다.

2) 융통성

사회의 일반적인 사고방식이나 관점에서 벗어나 다양하고 광범위한 아이디어나 해결책을 산출해 내는 능력을 의미하는 것으로서 고정적인 사고방식을 탈피하여 다방면으로 다양한 해결책을 찾아내는 능력이며 고정된 사고의 틀을 바꾸는 능력을 말한다. 이러한 사고를 하는 사람은 대체적으로 일반적으로 상상하기 어려운 것들을 다른 것과 강제로 결합해서 특이한 아이디어를 생산하는 능력을 가지고 있다.

학습활동으로는 다음과 같은 것이 있다.

- 상황이나 사물을 대치할 수 있는 것으로서 '우산이 없다. 대신할 수 있는 것'

생각해 보기
- 결과를 역으로 생각하는 것으로서 결론을 가지고 앞부분의 이야기를 만들어 내기
- 기존과는 다른 것으로 표현하는 것으로서 '사랑'을 말 대신에 몸으로 표현해 보기

3) 독창성

기존의 것과는 다르게 새롭고 독특한 아이디어를 산출해 내는 능력이다. 학습활동으로는 기발하고 새로운 생각으로 다른 사람과 다르게 생각하는 것이며 기존의 사물이나 생각도 다른 방법으로 다르게 생각하는 것이다. 활동으로는 다음과 같은 것이 있다.

- 애완동물의 짓는 소리를 글자로 나타내 보기
- 기차가 상자만 하면 어떤 일들이 일어나는지 생각해 보기
- 해가 없다면 어떤 일이 일어날지 생각해 보기

4) 정교성

기존의 아이디어를 정교하게 잘 다듬어 흥미롭고 유용한 세부사항을 추가하여 발전시키는 능력이다. 처음부터 완벽한 아이디어를 내놓지는 못하고 여러 가지 아이디어를 정교하게 다듬어서 발전시키는 작업이다.

활동으로는 다음과 같은 것이 있다.

- 숫자 1, 2, 3을 활용하여 그림을 그려보기
- 공룡을 초청한 주제로 파티를 구성해 보기
- 특정한 물건의 불편한 점을 찾아 기록하기

4 창의력 향상을 위한 전뇌(Whole Brain) 개발 활동

일반적으로 창의적인 사람은 새로운 환경에 두려워하지 않으며 모험심, 호기심, 유머 감각이 풍부하며, 궁금한 것이 많고 신기한 일에 관심을 가지고 있다. 그러나 자신의 사고능력이 부족하면 어떤 문제에 부딪힐 때 위축되고 침묵하게 되기도 한다. 그러므로 창의성 증진을 위해 다음과 같은 배려가 필요하다.

- 격려하기로서 자유스런 분위기에서 아이디어를 산출하게 하는 분위기를 만들어 주는 것이다.
- 긍정적인 자아개념 형성하기로서 어떠한 문제에 자신감이 부족하면 최선을 다하지 못한다. 용기를 주어 마음 속에 있는 지식과 아이디어에 생명을 불어넣어야 한다.
- 다양한 기법을 사용하도록 환경을 제공해 줘야 한다. 즉 문제해결법으로 문제상황을 제시해 주고 그에 따른 원인을 생각하며 그 결과를 예측하고 해결방안을 평가하고 선택하는 것 등이다(김상윤, 2006).

하나님이 인간에게 주신 뇌의 잠재능력을 인간은 10%도 사용하지 못한다고 한다. 뇌는 좌뇌와 우뇌로 나눌 수 있다. 그 중에서 좌뇌의 역할은 언어적, 계열적, 시간적, 논리적, 동시적, 이성적인 기능을 담당하며 우뇌의 역할로는 비언어적, 시공간적, 형태적, 직관적, 형태적, 종합적이며 감성적인 기능을 담당하고 있다. 미 국립정신건강연구소 팀이 인간의 두뇌발달 과정을 최신의 영상기법으로 촬영하여 연구한 결과 인간의 두뇌발달은 뇌의 앞쪽에서 뒤쪽 방향으로 일어나고 있음이 연구결과 밝혀졌다.

인간이 태어날 때 성인 뇌의 25% 정도인 350g에 불과하지만 생후 1년 만에 1000g에 이르며 급격히 성장하게 되는 것이다(서유헌, 2002).

태어나서 3세 때까지는 전두엽, 두정엽, 후두엽 등 전체 뇌의 기본 골격과 회로를 만들기 때문에 미각, 후각, 청각, 시각, 촉각 의 5감을 통한 고른 자극이 필수적이다. 그리하여 3세에서 6세까지 두뇌는 인간의 사고와 인간성 기능을 담당하고 있는 앞쪽 뇌인 전두엽 부위에서 신경회로의 발달이 최고조에 이른다. 이후 6세 때까지는 전두엽이 담당하는 종합적 사고와 인간성, 도덕성 기능을 담당하는 앞 뇌인 전두엽이 집중적으로 발달한다. 그리하여 이 시기에 예절교육과 인성교육이 이루어져야 성장한 후에도 예의 바르고 올바른 성품의 소유자인 인간성 좋은 어린이가 될 수 있는 것이다.

또한 7세에서 12세까지는 뇌 회로의 발달이 전두엽에서부터 발달하여 입체공간적 인식기능을 하는 두정엽과 언어 및 이해기능을 하고 있는 측두엽으로 옮겨 오게 된다. 그리고 만 6세에서 12세 때까지는 두정엽과 양 옆의 측두엽이 발달하게 되는데 측두엽은 언어기능, 청각기능을 담당하는 곳이므로 측두엽이 발달하는 시기에 외국어 교육 및 말하기, 듣기, 읽기, 쓰기 교육 등이 효과적으로 이루어질 수 있다. 그 이후 13세에서 15세 사이에서는 뇌의 뒤쪽 방향으로 발달이 옮겨가게 된다.

따라서 외국어 교육은 초등학교 시기에 적절하게 시키는 것이 교육적 효과가 크다. 또한 만 12세 이후에서는 시각 기능을 담당하는 후두엽이 발달하게 되는데 이 시기는 보는 기능인 시각이 발달하기 때문에 자신의 주위를 훑어보며 자신과 타인의 차이를 알게 되며, 그로인하여 자신의 외모를 꾸미기 시작하며 외모치장을 위해 많은 시간을 투자하는 노력을 기울이게 된다.

이와 같이 두뇌발달은 앞의 뇌인 전두엽부터 시작하여 뒤의 후두엽으로 이동하며 발달하기 때문에 효과적인 학습방법은 앞의 전두엽을 자극하는 과정부터 시작해서 후두엽을 자극하는 과정으로 변화해 나가는 것이 가장 이상적이다. 또한, 단기 기억위주의 암기식 교육은 창의적 사고 형성에 도움을 주지 못한다. 그러므로 강제적인 ‘억지교육’, 양만을 생각하는 ‘양적교육’은 장기기억 저장에 나쁜 영향을 미치고 동기부여의 뇌에 역효과를 미치기 때문에 "이해를 바탕으로 한 장기기억 강화 학습이 아주 중요하며 선행학습보다 뇌 발달에 맞는 적기교육이 학습의 목표가 되어야 한다. 즉 감정의 뇌와 지의 뇌는 발달에 맞는 적기교육이 학습의 목표가 되어야 한다. 따라서, 양적인 교육보다는 질 높은 교육, 강제로 시키는 교육보다는 자율교육, 단순하게 암기를 강조하는 것보다는 이해를 통한 장기교육, 부모의 욕심에 의한 무리한 선행교육보다 뇌 발달에 맞는 적기교육이 시행되어야 창의적이고 생산적인 교육이 될 수 있는 것이다(서유헌, 2002).

서유헌은 창의성 증진을 위하여 연령에 따른 뇌의 발달에 영향을 미치는 활동을 다음과 같이 제시하고 있다.

1) 영아기

전뇌가 전반적으로 고루 발달하도록 하기 위해서는 다양한 자극을 주어야 한다.

태어날 때 뇌의 신경세포 수는 약 1, 000억 개로 많은 수를 가지고 태어난다. 이 신경세포 회로의 치밀한 정도에 따라 '머리가 좋다 혹은 나쁘다'라고 결정하는 요소가 되는 것이다. 만 3세까지 어린이의 신경세포 회로는 전 생애를 통해서 가장 활발하게 발달하게 되는데 다양한 영역의 정보를 전달받을 수 있는 자극을 통한 경험이 주어질 때 두뇌발달의 기초가 되는 것이다.

- 영유아기 때는 신경회로가 발달되지 않아서 엉성하므로 잘 자도록 해 주어야 뇌 발달에 도움이 된다.
- 오감을 고루 다양하게 자극시키는 종합교육이 될 때 두뇌발달이 효과적으로 이루어진다.
- 아기가 기어가기 위해서는 두 팔과 두 다리의 균형과 힘이 필요한데 그러한

과정이 아기의 균형적인 좌뇌와 우뇌 발달에 도움이 된다.

- 피부는 '제2의 뇌'라고도 불리기도 하며 신경회로로 연결된 피부는 정보를 주고 받고 있기 때문에 약한 자극도 뇌에 잘 전달된다. 그러므로 피부 접촉은 뇌 발달에 효과적이다.
- 입과 혀도 뇌에서 많은 부위를 차지하므로 음식을 혀에서 굴려가며 먹고, 맛을 느끼는 과정 자체가 어린이의 뇌 발달에 도움을 준다.

2) 유아기

- 전두엽은 인간의 종합적인 사고기능과 인간성, 도덕성, 종교성 등이 다양하게 이루어지는 유아기에 올바른 성품교육을 받은 어린이가 성장한 후에도 예의 바르고 인간성 좋은 아이가 될 수 있다.
- 표현력과 창의력을 기를 수 있도록 이야기를 많이 읽고 듣게 해야 한다.
- 다양한 경험을 많이 할 때 생각을 자극하여 생각하는 힘을 키운다.

3) 학령기

- 두정엽과 양옆의 측두엽이 발달하는 시기이므로 자신의 의사표현을 하게 하여 올바른 언어교육을 시켜야 한다.
- 세계명작들을 재미있게 많이 읽고 접할 수 있도록 해 주어 모국어와 외국어 교육도 잘 될 수 있도록 환경을 제공한다.
- 쓰기를 강요하는 것은 싫증을 빨리 느끼게 하는 요인이므로 처음에는 조금만 쓰게 하는 것이 좋고 차차 늘려가고 너무 많이 쓰게 하지 않는다.
- 입체 공간적 인식 기능이 발달하는 시기이므로 실험 · 실습 · 관찰 위주의 교육이 두뇌 발달에 좋다.

4) 사춘기

이 시기는 보는 기능이 발달해서 자신과 타인의 차이를 선명하게 알며, 자신의 외모를 꾸미려고 노력하는 시기이다.

시각적인 기능이 뇌 발달과 관련이 있으므로 꾸지람 보다는 자신이 미모를 바른 방향으로 이끌어 가도록 지지와 격려가 필요한 때이다.

좌뇌와 우뇌의 기능 중 우뇌의 전두엽은 일련의 의미를 담은 이미지를 지각하고 시간을 담당하는 영역은 시각적 이미지와 음악적 이미지를 파악한다(김상윤, 2006).

그러므로 좌뇌와 우뇌의 균형 있는 발달은 뇌의 전체를 고루 발달시킬 수 있다. 그리고 다음과 같은 활동들은 전뇌 개발을 위해 도움이 되는 활동들이다(문정화 외, 2005).

- 좌뇌 활동 줄이기
- 감각자극하기
- 지난일 회상하기
- 이미지 활동 : 패턴, 도형 등의 추상화 및 청각 · 후각 이미지(그림의 음식을 보고 무슨 냄새가 날까 생각해 보기)
- 왼손 사용하기
- 과거의 실패의 경험을 좋은 쪽으로 상상하기
- 육체적, 정신적 긴장을 풀게 하는 이완훈련활동(우뇌가 무의식적인 생각에 민감한 상태가 되게 하는 것)
- 자기 긍정하기

5 창의적 사고증진을 위한 기법

세상을 변화시키거나 위대한 발명을 이룬 많은 사람들의 특성은 주변의 조롱과 반대, 압력 등을 이겨내고 자신의 능력에 대한 확신, 정직성이었다. 또한 지나치게 어렵게 보이는 과제에 대하여 계속적으로 시도하려는 자발적 의지이다.

창의성에 대하여 외적인 장애물을 이해하게 되면 창의적인 아이디어나 계획을 할 때 반영할 수 있다. 일상생활에서 창의성을 방해하는 말이나 행동을 많이 사용하고 있는데 Roger von Oech는 창의성을 방해하는 정신적인 장애에 대하여 다음과 같이 설명하고 있다.

- 한 가지 정답만을 요구하는 것
- 논리적인 사고가 비논리적인 사고보다 좋다고 하는 것
- 규칙에 따라야 하는데 규칙을 따르라고 강요하는 것
- 실용성을 강조하는 것
- 자신의 영역이 아니라고 문제를 무시하는 것
- 모호함을 피하려 하는 것
- 실수를 두려워하는 것
- 생각으로 자신은 창의적이지 않다고 규정하는 것 등이 창의적인 사고를 방해하는 것

Dacey(1989)는 창의적인 사람들에게서 나타나는 특성을 자극과 기능에 대하여 개방적이며, 위험을 감수하며 복잡한 것을 선호하였다. 또한 다양성에 대하여 수용적이며, 모험에 대하여 인내심이 있고 일에 대하여 긍정적이고 남성과 여성의 특질을 모두 가진 양성성의 경향이 있다고 하였다.

Eysenck(1940)는 자극에 대하여 개방적, 내적 통제, 자율성, 융통성, 자기긍정 등이 나타난다고 하였다. Neff(1975)에 의하면 창의적인 아동들의 경우도

인내심과 책임감이 있으며, 융통성이 있고 사교적이며, 성공지향적인 경향이 나나난다고 보았다.

그러므로 창의성을 신장시키는 교실은 도전적인 학습자료 및 풍부한 경험을 제공하고 건설적인 비순응자의 행동을 수용하며, 긍정적인 자기 평가 및 우호적인 자아개념을 증진할 수 있도록 지지한다고 할 수 있다. 그리하여 창의성을 담당하는 교사는 창의적인 학습 분위기 뿐 아니라 창의성을 확장시키기 위한 활동을 통하여 창의성이 도출될 수 있는 분위기를 만들어 주어야 하는 것이다.

다음은 창의성을 확장시키기 위하여 할 수 있는 활동들이다.

1) 브레인스토밍

Osborn에 의하여 처음 소개된 브레인스토밍은 창의적인 아이디어기법으로 효과적으로 널리 사용되는 방법이다. 두뇌 폭풍이라고 하는 브레인스토밍은 특정한 문제나 주제에 대하여 폭풍이 몰아치듯이 생각나는 모든 아이디어를 내어 놓는 것이다.

6~8명으로 구성된 집단으로 리더를 정하고 리더는 도우미의 역할을 하는 회원에게 진정한 문제가 무엇인지 깨닫게 하고 아이디어를 낼 수 있도록 격려하며 회의에 집중할 수 있도록 노력해야 한다. 또한 도우미에게 서기를 맡겨서 개인이 내놓은 아이디어를 모두 기록하게 한다. 시간의 제한은 없으나 1시간 정도 진행할 수 있으며, 참가자들이 원형으로 앉는 것이 바람직하지만 제한이 있을 경우 마주 보는 것도 무방하다.

그룹의 구성원은 초보자나 익숙한 사람, 남녀노소 등이 함께 구성원을 이룰 경우 문제에 대한 폭넓은 시각으로 인하여 다양한 아이디어를 산출하는 데 도움이 된다. 브레인스토밍에 임하기 전에 사전 활동으로 리더와 토의 내용을 기록할 사람을 1명씩 선출하며, 기록에 누락되지 않도록 녹음기, 칠판, 커다란 기록지 등을 준비하는 것이 바람직하다. 또한 워밍업에 사용하는 주제는 간단하고 쉬운 것으로 선정하여 해본다.

워밍업활동의 예로는

- 동그란 것은 무엇이 있는지 말해 보기
- 세모난 것은 어떤 것이 있는지 말해 보기
- 동그랗고 말랑한 것은 어떤 것들이 있는지 말해 보기
- 빨갛고 뜨거운 것은 어떤 것이 있는지 말해 보기
- 향기가 나는 것은 어떤 것이 있는지 말해 보기
- 반짝이는 것은 어떤 것이 있는지 말해 보기
- 만약에 해가 뜨지 않는다면 어떻게 될까? 상상해 보기
- 화장지가 말을 할 수 있다면 어떻게 될까? 등을 표현해 보는 활동 등이다.

그러나 효과적인 브레인스토밍을 위하여 서로가 지켜야 하는 몇 가지 기본 규칙이 있다.

- 어떤 아이디어라고 해도 비판하거나 평가하지 않아야 한다는 것이다.
- 내놓은 아이디어가 비현실적이거나 터무니없는 것일지라도 모두 받아들여야 한다.
- 좋은 아이디어를 얻기 위해서는 폭풍과 같이 많은 생각들이 도출되어야 한다.
- 도출된 두 개 이상의 아이디어를 서로 결합하여 제3의 아이디어를 내놓을 수 있다(문정화, 2005).

2) 브레인라이팅(Brainwriting)

이 기법은 21개(가로 3개, 세로 7개)내지 28개(가로 4개, 세로 7개)의 정사각형으로 나눠진 종이를 참가자 수보다 한 장 더 가지고 6~8명이 시작하는 방법이다. 종이 위에 자신의 아이디어를 적는 방법이며 브레인스토밍의 기본 규칙을 따른다.

브레인라이팅은 진행자로부터 참가자들이 불공평한 대접을 받지 않는다는 것이 장점일 수 있으며, 자발성이 결여될 수 있는 것이 단점일 수 있다. 활동을 하기 위하여 그룹의 참가자들은 탁자에 둘러 앉아 한 장의 종이를 탁자 위에 두고 한 장의 종이를 가지고 활동한다. 각자 윗줄의 가로로 3개의 아이디어를 적고 탁자 가운데 있는 종이와 교환한다. 모든 종이가 다 채워질 때까지 이와 같은 방법으로 계속한다.

결정된 아이디어들은 두 가지 방법으로 처리할 수 있다. 한 가지 방법은 참가자 자신이 훌륭한 아이디어라고 생각한 것에 점을 찍는 것이며 각 참가자 구성원은 아이디어가 적힌 종이를 한 장씩 받은 후 그 중에서 가장 훌륭한 아이디어라고 생각되는 것에 3~5개 정도의 점을 찍는 것이다. 점을 찍은 후에는 종이 위쪽에 자신의 이름 첫 글자를 기록하고 오른쪽 사람에게 종이를 넘기는데 전체 인원의 이름이 적힐 때까지 계속한다. 다른 방법은 아이디어를 분류하는 것이다. 종이에 적은 아이디어를 1개씩 잘라서 탁자 위에 펼쳐 놓고 돌아다니며 같은 부류의 아이디어끼리 한군데에 모으는 것이다.

3) 마인드 맵핑(Mind Mapping)

마인드 맵핑은 1960년대 후반 영국의 학습방법연구회의 Tony Buzan이 고안한 것이다. 이 방법은 핵심개념들을 상호관련시키거나 통합하는 방식으로 이루어지는 시각적 사고 기법이다. 그리고 아이디어를 주제별로 묶고 선으로써 연결하여 관계를 나타내는 것이다. 또한 정보를 비선형이나, 색상별로 상징적인 형태로 조직하므로 복잡한 아이디어들을 빠르고 쉽게 파악할 수 있는 장점이 있으며 아이디어들 간의 관계를 확인하기가 매우 편리하다.

해결하고자 하는 대상이나 문제의 주요사항들을 하나씩 생각하고 방사선 모양이나 혹은 도심에서 뻗어 나간 길처럼 바깥쪽으로 선들을 그려 그 위에 적는 것이다.

6 창의성 증진을 위한 교사의 역할

창의적인 부모의 태도는 아동의 의견을 존중하고 표현의 자유를 주며 격려하는 양육태도를 보였다. 그리고 아동 스스로 많은 것을 결정하도록 하였으며, 사물에 대한 호기심이나 궁금한 것을 언제든지 표현하게 했고 자녀와의 친밀한 대화 시간을 많이 가졌으며 자녀에게 용기를 주고 함께 있는 것을 즐거움으로 여기는 것으로 나타났다(Amabile, 1989). 그러나 창의적이지 못한 아동의 부모 양육태도는 아동이 잘못했을 때 벌을 주고 부모 앞에서 화를 내지 못하게 했으며 부모의 결정에 의문을 제기하는 것은 허락하지 않았다. 또한 어떤 일을 가르칠 때 지나치게 구체적으로 설명하고 직접 지시하며, 아동을 비난하고 생각이나 제안을 거절하는 현상이 나타났다(한혜숙, 1995). 그러므로 창의성교육을 증진시키기 위해서는 허용적이며 용기를 주고 격려해 주는 부모의 역할이 중요하다. 그리고 부모와 마찬가지로 교사의 역할도 매우 중요하다.

교사는 창의성의 중요성에 대하여 깊이 인식하고 아동들의 창의성을 발견하고 지도하는 일을 힘써야 하는 것이다. 그리하여 창의성을 신장시키는 교사들에게서 나타나는 행동을 Clark(1996)는 다음과 같이 제시하고 있다.

- 독자적으로 학습하도록 학생들을 격려한다.
- 실수를 허용한다.
- 다양한 학습자료를 활용하는 학습을 제공한다.
- 좌절과 실패를 경험하여 학습할 수 있도록 격려한다.
- 사실적 지식도 소홀히 하지 않는다.
- 자기 평가를 게을리하지 않는다.

이와 같이 허용적인 분위기에서 창의성이 나타날 수 있다. 그러나 너무 규범적이며 갈등과 압력이 있고 자유가 제한되는 환경과 변화를 싫어하는 분위기 속에서는 창의성이 제한되며 오히려 창의적인 사고를 저해할 수 있는 것이다. 그러므로 창의성을 지지해 주어야 하는 교사는 창의적인 사고를 저해하는 항목들을 살펴보고 저해하는 요소들을 감소하도록 노력해야 할 것이다. 다음은 창의적인 사고를 저해하는 교사의 태도를 나타낸 것이다.

- 규칙과 원리에서 벗어나면 융통성 없이 무조건 안 된다고 강조하는 행위
- 자신의 아이디어가 공개되면 손해 볼까봐 꺼리는 분위기
- 자유가 제한되고 행동의 독립성이 유지될 수 없는 분위기
- 윗사람의 아이디어는 무조건 좋다고 강조하며 권위를 나타내는 분위기
- 창의적인 아이디어를 가진 사람을 소외시키는 싸늘한 분위기
- 그룹의 갈등, 압력이 작용하는 분위기
- 변화를 싫어하며 도전정신과 모험심이 허락되지 않는 분위기
- 급하고 바쁜 일에 쫓겨서 새로운 아이디어를 낼 시간적인 여유가 없는 분위기
- 권위적이거나 경직된 분위로서 유머가 통하지 않는 분위기
- 공상, 상상 등을 조소하며 허용하지 못하는 부정적인 분위기 등은 창의적인 사고를 저해하는 요인이 될 수 있다. 언제나 열린 마음으로 서로를 배려하는 분위기가 조성될 때 창의적인 사고는 나타내게 되는 것이다.

그러므로 창의성을 저해하는 요소인 권위적이며 제한된 분위기, 변화를 싫어하는 분위기, 부정적인 분위기 등을 제거하여 버리고 자유스럽고 허용적이며 격려가 있는 분위기를 만들어 줄 때 창의성은 유발되는 것이다.

이러한 창의적인 사고를 돕기 위하여 교사의 역할은 참으로 중요하다. 창의성을 도출해 내기 위해서는 교사 자신이 창의적인 사고를 할 수 있고 수용하려는 의지를 가지고 있어야 하며 긍정적인 마음으로 학습자를 바라 볼 때 스스로 흥미를 유발시켜 활동에 도움을 줄 수 있게 된다.

다음은 문정화(2005)가 제시한 창의적인 교사의 역할이다.

- 교사는 창의적인 행동과 이상행동을 구분할 줄 알아야 한다. 왜냐하면 창의적인 행동은 개발시키고 이상행동은 저지시켜야 하기 때문이다.
- 확산적 사고를 하는 독특한 행동의 학생들을 거부하지 말아야 한다.
- 지시를 통하여 문제해결하는 것은 도움이 되지 못한다. 스스로 문제해결을 하도록 돕는다.
- 다양한 교육적 자료를 통해 풍부한 자극을 받을 수 있도록 교실환경을 구성해야 한다.
- 주변의 사물이나 상황을 단순히 보지 않고 사물에 대하여 호기심을 가지고 탐구하고자 할 때 격려해야 한다.
- 교사는 창의성 교육에 대한 교수 방법, 새로운 지식, 그리고 프로그램의 연구 개발에 관심과 노력을 기울여야 한다.

창의적인 아동들을 길러내기 위하여 교사는 끊임없이 노력해야 하며 무엇보다도 아동의 사고와 태도를 잘 분별하여 창의적인 사고를 할 수 있도록 환경을 조성해 주고 자유로운 분위기를 만들어 주는 것이 무엇보다도 중요하다. 그러므로 프로젝트 활동을 통하여 지금까지 듣는 성경교육을 중점으로 한 교육에서 직접 참여하여 성경을 알아가는 활동은 창의적인 활동이라 할 수 있다. 또한 창의성 활동은 참신성, 특정한 목표를 효과적으로 달성하는 효과성, 파괴적인 행동이나 이기적인 것과 관련해서 사용하지 않는 윤리적인 면이 포함되어 있어서 성경을 직접 지신이 적용할 수 있다는 점에서 중요한 활동이라고 할 수 있다.

7 창의성 증진을 위한 예비활동

창의성 증진을 위하여 혹은 브레인스토밍을 실행하기 위하여 간단하게 사전에 예비활동을 통하여 자연스럽게 창의성 활동을 해 볼 수 있다. 그 중에 자유연상하기는 다양한 방법으로 생각하는 것인데 다각적인 방법으로 생각하기 위하여 일반적인 틀에서 벗어나 괴상하게 생각해 보는 것이 도움이 된다. 그리하여 다음의 활동들을 한 가지 선정하여 대략 10가지 정도 기록해 보게 한다.

- 빨갛고 뜨거운 것에 대하여 연상해 보고 떠오르는 생각을 기록한다.
- 굴러가는 모든 것에 대하여 연상해 본다.
- 차가운 것
- 말랑말랑한 것
- 반짝이는 것
- 향기가 나는 것
- 친구를 새로 사귀는 방법
- 주일을 즐겁게 보내는 방법
- 행복할 수 있는 방법
- 엄마를 기쁘게 할 수 있는 방법
- 아빠와 함께 할 수 있는 놀이 방법
- 만일 해가 뜨지 않는다면
- 화장지가 말을 할 수 있다면
- 세상에 칫솔이 없다면
- 자동차가 없다면

8 오감을 통한 창의성 활동

뇌발달은 감각기능과 관련이 있으며 뇌의 신경회로가 많이 형성되면 뇌 발달에 도움이 된다. 신경회로를 많아지게 하기 위해서는 오감을 자극하는 활동이 효과적이다. 따라서 오감을 자극하여 뇌 발달이 고루 발달하면 창의성의 발달에 도움이 되므로 오감을 발달시키는 활동을 살펴보기로 한다. 이에 전경원(2004)은 오감과 지성으로 창의성 키우는 방법을 다음과 같이 제안하고 있다.

- 라면 요리 10가지 만들기
- 나만의 새로운 주스 만들기
- 특허감 요리 만들기
- 신문 거꾸로 읽기
- 일란성 쌍둥이 관찰하기
- 양손의 다른 점 관찰하기
- 나의 감정 그려보기
- 나의 문제 그려보기
- 속담을 그림으로 그려보기
- 음식에서 나는 소리 혹은 느낌 느껴 보기
- 음악에서 냄새 맡기
- 엄마나 아빠, 그리고 아기의 체취 맡아 보기
- 과거의 타임머신을 타고 옛 물건을 둘러보거나 어렸을 때 모습 속에서 나 발견하기
- 뒤로 걷기
- 낙서 마니아 되어 보기
- 왼손(오른손)으로 적어 보기
- 타인에게 나 자신 알리기(PR)

- 타임캡슐 만들어서 나만의 중요한 것을 담아보고 간직하기
- 왼쪽 신발과 오른쪽 신을 바꾸어 신고 타인이 몇 분 만에 알아보는지 시간을 체크한다.
- 세계를 거머쥔 표정짓기
- 큰 실수한 것을 떠올리고 더 커졌다면 어떻게 되었을지 생각해 보기
- 나만의 트레이드마크 만들기
- 모든 것에 '왜' 라고 질문해 보기
- 남을 기쁘게 해 주는 것 5가지 이상 생각해 보기

제2장 프로젝트 접근법

1 프로젝트 접근법의 역사적 배경

'Project'라는 의미는 "생각한다", "탐색한다", "구상한다", "묘사한다" 등의 의미를 뜻한다. 이것은 마음 속에 생각한 것을 구체적으로 나타내고 형상화하기 위하여 자신이 스스로 계획을 세우고 활동을 실행하는 것이다. 그리하여 프로젝트 접근법이란 한 명 또는 그 이상의 아동이 특정주제에 대하여 깊이 있게 탐구하는 학습이다. 즉 흥미를 가지고 선택한 주제를 열의를 가지고 탐색하는 활동을 의미하는 것인데 아동은 흥미가 있고 몰입할 수 있을 때 가장 학습을 잘한다는 전제를 가지고 출발하는 것이다. 그러므로 아동의 존재가 자유를 보장받고 인격적으로 존중될 때 실현가능하게 된다.

프로젝트에 의한 학습의 첫 배경은 1830년대 Cobbet에 의한 교육방법으로 주입식 교육방법에 불만을 품고 자신의 가정에서 실생활에 필요한 활동을 통한 교육방법을 시도하며 오늘날의 프로젝트 학습방법과 유사한 방법으로 교육을 하였다(Stewart, 1986).

프로젝트법이 수업에 변혁을 가져오기 시작한 것은 19세기 말이며, 'Project'란 용어는 1900년 컬럼비아 대학에서 사용하였으며, 그 후 1908년 가정학습과제로 'home project'라는 용어를 사용하면서부터 프로젝트라는 용어가 일반화되었다(지옥정, 2006).

프로젝트에 의한 학습을 교수중심 활동으로 삼고자 시도했던 대표적인 인물은 Parker와 Dewey이다.

Parker는 '자연에 따른 학습방법'을 주장하면서 주입식으로 하는 기계적 수업을 비판하였다. 1875년부터 Quincy School에서 일명 'Quincy System'이라고 명명하는 새로운 방법을 시도하였고 Dewey는 교사에 의한 피동적인 교육이 아닌, 시식과 경험을 통한 통합을 시도하였으며, 아동주도적인 활동을 강조함으로써 새로운 통합교육과정의 구성방법에 관한 역할을 하였다(지옥정, 2006).

Dewey는 아동들이 흥미 있어 하는 문제를 해결하게 되면 스스로 탐구하고 사고하는 방법을 배울 수 있다고 생각했으며. 사고하는 방법의 학습이 곧 문제해결을 의미하였다. 또한 Parker와 Dewey의 교육방법은 읽고, 쓰고, 문장을 구성하고 사고하는 방법을 동시에 통합 학습하도록 한 새로운 시도로서 당시 교육과정 구성 및 학습방법에 대한 새로운 이정표로서의 역할을 하였다(Tanner & Tanner, 1980).

그리고 1980년대에 이르러 켓츠와 차드(Katz & Chard, 1993)는 전인교육의 목적을 위해 상호학문적, 다학문적인 접근을 강조하는 통합적 교육과정의 맥락에서 아동중심의 진보주의 철학에 기초한 "프로젝트접근법"을 재정립하여 유아교육자들의 관심을 끌고 있는 것이다(방인옥 외, 2003).

결국, 프로젝트 접근법은 Dewey의 이론적 바탕 위에서 Kilpartrick이 체계화한 '프로젝트법'을 Kats와 Chard가 오늘날의 유아교육 현실에 맞게 재조직한 교육방법이다(지옥정, 2006).

2 프로젝트 접근법의 목적 및 특성

1) 프로젝트의 목적

프로젝트 접근법의 목적은 '아동의 정신(mind) 계발'에 있다. 정신이란 지식, 기능, 정서적 · 도덕적 · 심미적인 감수성까지를 포함하는 개념이다. 그 동안의 학습형태는 교사가 지식을 전달하는 주체가 되며 아동은 수동적인 형태를 취하는 것이었다. 그러나 프로젝트 접근법은 아동이 학습현장에서 능동적으로 활동하여 학습자에게서 생성되는 모든 지식은 학습자 자신의 욕구가 반영된 탐구활동의 결과라고 보는 것이다. 그러므로 체험을 통하여 지식을 습득하는 교육계획이 이루어져야 하며 교사의 창의적인 수업정신과 철저한 사전 준비를 요구하게 되는 것이다.

켓츠와 차드(Katz & Chard, 1989)는 프로젝트 접근법의 네 가지의 학습목표를 제시하고 있다.

- **지식의 획득** : 사회적, 물리적, 논리수학적 지식과 개념적 표상적 지식
- **기술의 획득** : 사회적 기술, 학문적 기술, 의사소통기술
- **성향의 계발** : 흥미, 호기심, 탐구, 문제해결 등
- **정서발달** : 자존감, 소속감과 같은 주관적인 감정과 수용감, 자신감과 같은 긍정적 태도를 제시하고 있다.

즉 지식의 획득과 기능의 습득이며 그리고 성향의 계발과 느낌의 발달이다.

켓츠와 차드는 진보주의 철학에 기초한 분절된 내용이나 지식보다는 상호작용적이며 다학문적 접근과 통합적 교육과정을 적용시키는 것을 강조하고 있다.

그리하여 켓츠와 차드(Katz & Chard, 2000)는 프로젝트 접근법의 목적을 다음

과 같이 제시하고 있다.

- 학습자들에게 지적인 목적을 강조하는 것이 아니라 성취감을 느끼게 하는 것이다.
- 놀이와 프로젝트 활동을 통합함으로써 교육과정 운영에 균형을 이룬다.
- 학교에서 학습과 아동의 실제의 삶이 분리되지 않게 교육과 삶의 적용이 가능한 활동이 될 수 있다.
- 집단에 대한 소속감과 공동체 정신을 기를 수 있다.
- 아동이 학습에 대한 관심과 흥미를 갖게 하여 사회에 공헌할 수 있는 구성원이 되게 하기 위해서이다.
- 교사가 도전을 받고 자신의 일을 수행하도록 몰입하게 하는 것이다.

이와 같이 프로젝트 접근법은 개인주의를 강조하는 오늘날의 문제를 해소할 수 있는 공동체 정신을 기를 수 있는 학습방법이다. 또한 지식만을 알게 되는 것이 아니라 프로젝트 활동을 통하여 성취감을 느낄 수 있다는 것이다. 그리고 놀이를 통하여 하는 학습활동이므로 흥미를 느끼며 자발적으로 활동에 임할 수 있는 것이 특색이라고 할 수 있다.

2) 프로젝트의 특성

Trepanier-Street(1993)는 프로젝트접근법의 새로운 학습활동의 특성을 다음과 같이 제안하고 있다.

- 학습내용 선정에 지시적인 교사의 개입없이 아동이 함께 참여할 수 있다.
- 호기심과 흥미가 충족될 때까지 아동이 학습에 몰입할 수 있고 심화학습이 이루어진다.
- 실생활과 관련된 주제들을 선정하므로 의미있는 학습의 효과를 가진다.
- 관심있는 주제를 선정하여 직접 체험할 수 있는 기회가 주어짐으로 개념에

대한 이해가 쉽다.

- 지역사회, 이웃과 더불어 공동체 학습이 가능하다.

3 프로젝트 준비단계

프로젝트 접근법을 시행하기 위해서는 몇 단계의 과정을 필요로 한다. 즉 프로젝트 준비단계와 프로젝트 실행의 시작단계, 전개단계, 마무리단계를 의미한다.

또한 프로젝트 접근법에서 교사의 역할은 대단히 중요한데 교사는 정보 제공자, 계획자, 안내자 등의 역할을 수행하여 활동을 진행하는 아동을 충분히 관찰해야 한다.

프로젝트 준비단계는 실제 프로젝트에 들어가기 전에 교사가 여러 가지를 계획하고 준비하는 단계로서 아동은 참여하지 않는 단계이다. 준비단계에서는 교사의 준비가 얼마나 충실히 이루어졌는가는 프로젝트의 성패와 직접적인 상관관계가 있다고 할 만큼 프로젝트 진행에 중요한 영향을 미친다.

1) 주제 선정

(1) 바람직한 주제 선정의 중요성

적합한 주제가 선정되지 못할 때 프로젝트는 실패할 확률이 높다. 교사 자신이 '깊이 있는 탐구로서의 프로젝트'의 가장 기본적 전제는 유아들에게 유의하고 가치 있는 활동이어야 한다는 것이다. 주제는 아동이 주제를 이해하기 위한 다양한 체험 활동의 기회가 주어질 수 있는 것들로 선정되어야 한다. 바람직한 주제 선정 방법을 지옥정(2006)은 다음과 같이 제시하고 있다.

① 교사가 주제 선정 준거에 비추어 선정하는 방안

주제 선정 준거에 비추어 교사가 적합한 주제를 선정하는 방법이다. 주제 선정 준거의 가장 중요한 고려 요인은 '아동들의 일상생활과 관련된, 친숙하면서도 흥미 있는 주제'를 선정해야 한다는 것이다.

② 아동들의 흥미로부터 비롯되는 경우

아동들이 알아보고 싶은 것을 말하게 하여 주제를 선정하는 방법으로서, 아동들을 주제 선정에 직접 참여시키는 방법이다. 그러나 아동들이 선정한다고 해도 교사가 조정자의 역할을 하여야 한다.

③ 아동들의 과거 경험에 기초해 도출하는 경우

아동들의 지난 경험으로부터 주제를 도출하는 경우이다.

④ 아동들의 일상생활 장면이나 문제 상황에서 도출하는 경우

유아교육기관에서 생활하는 중에 발생되는 특별한 사건이나 문제 상황 발생을 의미하는 것으로서 교사가 사건이나 문제의 학습 가능성을 탐색하고 회의를 거쳐 학습 가능성에 대한 토의를 하고 분석하여 최종적으로 주제를 선정하는 경우이다.

⑤ 아동 활동 및 대화에 대한 교사의 관찰로부터 비롯된 경우

아동 활동에 대한 교사의 지속적인 관찰과 기록에 기초하여 주제를 도출하는 방법이다. 그러므로 교사가 아동들의 활동 및 대화에 대한 세심한 관찰을 하여 유아들의 대화 중 교사가 의미 있는 부분을 추출하여 주제의 타당성을 검토하여 최종적으로 주제를 선정하는 것이다.

⑥ 책 내용이 프로젝트로 연결되는 경우

아동들에게 책 내용 중 특별히 흥미를 끈 내용이 프로젝트 활동 주제로 발전하기도 한다.

가능한 주제 영역은 아동 자신에 관한 주제이며 지역사회에 관한 병원, 슈퍼

마켓, 119구조대 같은 주제가 있다.

(2) 효과적인 주제 선정

또한 임선정(2007)은 효과적인 주제 선정을 다음과 같이 제시하고 있다.

- 피아노, 곤충, 아빠 등과 같이 아동들과 친숙하고 실생활에 가까운 주제를 선정한다.
- 주제 선정시 견학에 어려움이 없도록 자전거, 놀이터, 음식점 등과 같이 직접관련이 있고 경험이 가능한 주제를 선정한다.
- 나무, 시계, 물고기 같이 자원을 주변에서 쉽게 구할 수 있는 주제로 선정한다.
- 처음 사용하는 경우라면 단원 중심과정에서 사용하던 자료를 활용할 수 있는 주제를 선정하는 것이 좋다고 하였다.

(3) 그 이외에 주제로 선정될 수 있는 것들

- 지역 축제, 국경일, 유명한 사람의 방문 등 지역행사와 현재 일어나고 있는 사건
- 길, 언덕, 이웃과 같은 장소에 관한 주제
- 시계, 달력, 공휴일과 같이 시간에 관한 주제
- 비, 물, 바람과 공기처럼 자연현상에 관한 주제
- 모양, 색깔, 대칭 등과 같이 내용이 자유로운 개념들(Content Free Concepts)
- 사막, 운송 차량, 발명과 같이 일반지식에 관한 주제
- 모자, 인형 , 옷 등과 같이 그 외의 것들

프로젝트 접근법에서는 교사, 부모, 주변의 사람들의 적극적인 배려와 지지가 수반되도록 이해를 도울 수 있는 활동을 펼쳐 나가야 한다. 아울러 프로젝트 접근법에서는 아동들 간의 상호작용이 필요하며 서로의 상호작용이 이루어지는 계획된 교수방법이 필요하다.

2) 교사가 미리 구성하는 주제망 예비(Topic Web) 구성

주제망 예비 구성이란 프로젝트 활동에 들어가기 전에 적절한 주제가 선정되면 주제에 대하여 계획안인 주제 조직망을 구성하는 것이다. 즉, 교사가 그 주제에 대하여 현재 가지고 있는 지식, 개념, 아이디어 등을 모두 생각해 내어 '망', 즉 주제를 중심으로 퍼져 나가는 형태로 조직해 보는 것으로 프로젝트 학습활동을 위한 계획의 출발점이 된다.

준비단계에서 교사가 구성하는 주제망은 그 주제와 관련하여 생각해 낼 수 있는 가능한 모든 영역이다. 주제조직망을 구성함으로써 체계적으로 아이디어를 조직할 수 있고 전개의 순서가 고정되지 않는 장점을 얻을 수 있다(방인옥 외, 2003).

프로젝트 준비 단계에서 교사가 주제망을 사전에 조직해 봄으로써 얻을 수 있는 효과는 다음과 같다.

- 교사 자신이 그 주제에 대하여 어느 정도 지식과 개념을 가지고 있는지 또는 어느 부분을 잘 모르고 있으며 흥미가 느껴지는 부분은 어떤 부분인지를 깨닫게 된다.
- 프로젝트 시작 단계에 들어가 유아들과 함께 교사-유아 공동 주제망을 구성할 때, 유아들의 브레인스토밍이나 유목화를 보다 효과적으로 도울 수 있으며 그들의 생각을 자신의 생각과 적절하게 통합할 수 있게 된다.
- 실제 프로젝트 활동이 이루어지기 전에 학습 내용의 기본적인 윤곽이나 방향을 예상할 수 있다.
- 교사의 예비 주제망은 프로젝트 자원 목록을 작성하는 데 중요한 기본 준거가 된다.

이와 같이 프로젝트 접근법을 통하여 얻어지는 교육적인 효과는 학습자에게 능동적인 학습태도를 조성해 주며 학습에 흥미를 갖고 임하기 때문에 뚜렷한 교육적 효과를 나타낸다. 그리고 부모의 적극적인 후원과 지지가 수반되는 교육방법이므로 학교와 가정과의 연계교육이 잘 이루어질 수 있다. 프로젝트 접근법의 활동을 위하여 브레인스토밍, 유목화, 주제망 등을 구성하는 활동들을 살펴볼 것이다.

(1) 브레인스토밍(생각모으기, 낱말 나열하기)

브레인스토밍은 생각모으기로서 어떤 주제에 관하여 집중적으로 생각을 모으는 것이다. 다른 사람이 적합하지 않은 생각을 하더라도 절대로 조롱하거나 비난하지 않는다는 약속 가운데 하기 때문에 자유롭게 생각을 발표할 수 있다. 의견을 모은 다음에는 그룹의 학습경험의 의견을 모으는데 협조한다.

아동들은 브레인스토밍을 통하여 친구들과 함께 생각을 모으고 주제에 관하여 확산적 사고를 할 수 있는 기회를 갖는다. 따라서 아동들이 주제에 대하여 어느 정도 알고 있는지 또 어떤 것에 관심이 있는지 파악할 수 있다. 이에 대하여 지옥정(2006)은 다음과 같이 제안하고 있다.

- **필요한 자료 준비** : 포스트잇 100장 정도, 볼펜, 책상 등을 준비한다.
- **주제에 관한 연상** : 주제에 관한 것을 머릿속으로 그려보는데 느낌, 소리, 냄새, 촉감 등 모든 감각과 관련지어 생각하도록 한다.
- **떠오르는 생각 적기** : 머리 속에 떠오르는 생각들을 기록하여 50~60개가 되도록 책상 위에 순서 없이 펼쳐 놓는다. 그러나 브레인스토밍을 이끌어가는 리더자는 다음과 같은 활동을 고려해야 한다.
  - 그룹의 리더를 결정하면 리더자는 문제나 주제를 소개한다.
  - 그룹에 의해 결의된 주제를 기록할 기록자를 결정한다.
  - 브레인스토밍이 진행되는 시간을 몇 분 정도 할 것인지 알려 준다.
  - 리더자는 결의된 내용에 대하여 발표한다.
  - 제안들이 효과적으로 실행될 수 있도록 방법을 간구한다.

(2) 유목화(친구찾기)

유목화는 브레인스토밍을 마친 후 비슷한 것 끼리 모아 소주제별로 분류하는 활동이다. 또한 유목화하는 방식도 몇 가지가 있다. 첫째, 교사와 학습자 전체가 하는 방법 둘째, 그룹별로 하는 방법 셋째, 학습자 개인이 하는 방법 등이 있다.

그러므로 브레인스토밍이나 유목화는 학습자의 경험, 연령에 따라 적절하게 선택하는 것이 좋으며 경험이 없을 때는 교사가 중심이 되어 학습자들과 함께 하는 것이 좋으며 익숙해지면 조별로 하고 더 익숙해지면 개인적으로 활동을 할 수 있다. 유목화 활동을 할 때는 다음과 같은 것들을 고려해야 한다.

- **유사한 단어끼리 그룹짓기** : 유사한 단어들을 분류한다.
- **그룹 재조정하기** : 어느 그룹에 너무 많은 단어들이 있으면 몇 개의 하위 그룹으로 다시 나눌 수 있다. 반면에 단어가 너무 적은 그룹은 다른 단어들을 생각해 보게 한다.
- **그룹에 제목 붙이기** : 분류하여 놓은 각각의 그룹에 제목이나 표제를 붙여 준다. 이를 위해 단어나 짧은 구절의 말을 선택하는데 다른 색의 종이나 펜을 사용하여 선명하게 드러내게 하는 것이 좋다.
- 유목화 과정 중에도 새로운 생각이 떠오르면 적당한 그룹에 덧붙일 수 있다. 유목화를 하는 인원도 브레인스토밍과 같이 4~5명 정도가 적당하며 가능하면 브레인스토밍을 한 조별로 하는 것이 좋다.

(3) 주제망 그리기

주제망을 그리게 되면 주제를 중심으로 망을 형성하게 되므로 주제가 몇 개의 소주제로 나누어져 있는지 빠진 항목은 무엇인지를 쉽게 파악할 수 있다. 살펴보면 다음과 같다.

- **프로젝트 주제 적기** : 항상 원으로 구성된 모양이어야 하는 것은 아니다. 만일 프로젝트 주제가 집이라면, 집 모양, 물이라면 물방울 등의 형태로 조직할 수 있다.
- **유목화된 그룹들의 제목 적기** : 주제망을 중심으로 하여 유목화된 각 그룹의 소주제를 적고 밑줄을 그어 준다. 밑줄을 긋는 이유는 소주제에 속해 있는 단어들과 서로 구분되게 하려는 것이다.
- **주제망 완성하기** 등이다(지옥정, 2006).

이와 같은 활동을 다시 정리하면 다음과 같다.

교사의 생각모으기에 대한 동기 유발이 필요하며 그룹별의 생각모으기에서 소제목을 정하고 유목화하는 친구 찾기활동이 필요하다. 또한 소제목에 따른 주제망에 그룹별 결과물 붙이고 교사와 그룹 모두가 함께 주제망을 확인하고 수정하거나 첨가한다. 그리고 함께 게시판에 전시하여 다른 그룹이 볼 수 있게 하며 주제를 다루는 동안 아동이 익히고 사용하게 될 기본적 어휘와 개념을 교사가 미리 선정해 보는 것이다.

모든 아동이 기본적으로 알고 활동에 임할 때에 도움이 되리라 생각하는 어휘들을 교사가 미리 제시해 주는 것은 바람직한 활동이다. 또한 기본 어휘로 선정한 단어들은 교사가 그림 카드로 만들어 프로젝트 초기에 아동들에게 설명해 준 후 프로젝트 기간 동안 벽이나 게시판 등에 게시하거나 또는 언어영역에 비치함으로써 전체 아동들이 활용하도록 할 수 있다. 활동을 위하여 컴퓨터 상자나 퀴즈식 단어 카드, 수수께끼 단어판 등을 이용하여 어휘를 익히도록 어휘 보충 활용을 한다.

3) 주제 활동을 위한 질문찾기 및 교육계획 예상안

주제망을 구성하고 나면 주제에 대한 활동을 찾아보기 위하여 질문찾기를 한다. 질문찾기를 위해 경험을 가진 학습자가 있는지 알아본다. 그리고 주제망을 위해 어떤 자원들이 준비되었으며 주제가 친숙한지를 고려한다. 이러한 질문찾기를 통해 자세히 관찰하는 동기화가 되며 질문을 기초해서 다양하고 활발한 활동이 진행될 수 있다. 또한 활동을 실시하는 목적이 분명해지며 흥미를 가지고 진행할 때 논의하는 기술방법을 익히게 되며 문제해결 능력이 향상된다.

프로젝트 시작단계에서 끝으로 해야 할 활동이 질문 목록 작성이다. 관심에 따라 질문이 많을 수도 있고 적을 수도 있으므로 활동을 지속하는 동안 다양한 방법을 활용한다.

- **궁금이 상자** : 편지함 상자를 만들어 궁금한 것이 있을 때마다 지속적으로 질문을 적어 넣고 귀가하기 전에 함께 해결해 보도록 한다.
- **주제와 관련 있는 모양의 질문종이** : 관심을 끌도록 주제와 같은 모양의 종이, 혹은 요일별로 다양한 색깔의 종이를 마련하여 궁금한 것을 적어 넣는다.
- **질문조사 기록지** : 질문을 작성하여 예상, 결과, 조사방법까지 모두 알아볼 수 있는 종이를 마련해 준다(임현정, 2007).

주제망 작성이 끝나고 나면 이를 기초로 하여 교육과정 영역별 학습 내용 및 활동 예상안을 구성해 보는 것이 필요하다. 교육과정 영역별 학습내용 및 활동 예상안을 작성하는 이유는 균형 있는 통합적 교육과정 운영을 위해서이다. 그리고 프로젝트 활동의 본 단계에서 아동들이 다양하게 질문하는 여러 가지 질문에 대한 활동의 연결이나 후속 활동에 대하여 쉽게 접근하기 위함이다. 또한 활동 예상안을 작성함으로써 자원 준비가 쉬워지고 실제 활동과의 관계에서 되어지는 것들과 비교함으로써 학습자들의 흥미 및 경험들을 알아볼 수 있다. 그러나 활동 예상안 구성은 아직 현장에서의 구체적인 활동으로 직결시키기에는 무리가 있을 수 있다. 그 이유는 활동 예상안을 작성했다고 해서

이 활동들이 프로젝트 과정 중에 그대로 다 이루어지는 것은 아니기 때문이다. 그리고 프로젝트 과정 중에 아동들의 독창적인 제안, 새로운 자원의 보충 및 전문적인 분야에 대한 부모들의 도움 등에 의해 교사들이 미리 예상하지 못한 활동들이 일어날 수 있기 때문이다. 그러므로 예상안은 활동을 미리 예상하는 것이므로 활동을 예상해 보는 것은 준비 활동, 즉 다음 활동을 위하여 예상안을 참조하면서 상황을 고려하고 끊임없이 활동을 재조정하는 활동인 것이다.

4) 자원 목록을 위한 준비 및 결과물의 환경 구성

프로젝트에 필요한 자원은 어린이들이 직접 경험해 볼 수 있는 실제 사물, 주제와 관련된 일을 하거나 취미활동을 하는 사람, 현장 장소 등을 포함하며 간접 경험이 가능한 주제와 관련된 책, 팜플렛, 사진, 비디오테이프, CD자료, 백과사전, 영상물 등이다. 이러한 자원 목록표를 벽이나 게시판에 붙여서 프로젝트 활동을 진행하는 동안 아동들의 생각과 의견을 반영하도록 하는 것이 좋다. 그리하여 언제나 더 필요한 것이 있을 때는 부모들과의 긴밀한 관계를 통하여 충원하고 지역사회에서 도움을 줄 수 있는 기관과 연계를 유지하고 자원을 찾아볼 수 있는 다양한 자료들을 준비하여 그 주제를 위한 프로젝트 자원에 관심을 갖고 구해 보도록 장려해야 한다. 또한 프로젝트의 효과적인 진행을 위해서는 부모들에게 알려서 협조를 요청하는 것도 좋은 방법이 될 수 있다.

부모들의 협조는 주제에 관한 여러 가지 자원을 구해서 보내 주는 일에서부터 전시회 및 발표회에 참여하여 아동들의 작품을 감상하고 의견을 제시하며 프로젝트 활동을 위해 다양한 차원에서 이루어질 수 있다. 전문적인 학부모를 통한 전문지식을 얻을 수 있고 현장을 직접 방문하여 도움을 주거나 시간이 허락하는 부모에게는 프로젝트 활동 진행에 직접 참여하여 전문적인 지식을 주고 의견을 제안할 수 있다.

또한 환경구성을 위해서 교사는 프로젝트 활동을 하면서 조사한 것들을 프로젝트 활동을 위한 보다 실제적인 준비를 위하여 환경을 구성하는 것이 바람직하다. 이는 아동들이 보다 흥미를 느끼고 프로젝트 활동을 활발하게 진행한 것을 학습자 자신, 부모, 다른 그룹들이 볼 수 있다. 그러므로 활동한 자료를 벽면, 게시판, 간막이 등에 적절하게 배치하거나 게시한다.

결과물에 따른 환경구성은 프로젝트 활동이 활발히 진행되었는지를 전체적으로 평가할 수 있는 준거자료가 되며 아동들이 프로젝트 활동 과정에 얼마나 적극적으로 임했는지를 평가할 수 있다. 또한 계속 추가되는 활동에 색상이 다른 펜을 활용하여 기록함으로써 같은 주제에 대하여 흥미의 변화를 확인할 수 있으며 동일한 주제에 대한 참고자료가 된다.

4 프로젝트 전개단계

1) 활동의 전개

프로젝트의 주제가 선정되고 범위가 결정되면 탐색할 것을 정하고 활동을 계획하는 과정이다. 즉 전개단계는 궁금한 것을 해결하는 과정이며, 질문을 통해 호기심을 자극하고 주제에 대하여 다양한 방법으로 다가가는 과정이다. 먼저 아동들이 관심이 있어 하는 분야에 초점을 맞추고 잘 알고 있는 것과 교육적 가치가 있는 것으로 고려하여 2~3개 정도의 소주제를 선정한다(임현정, 2007). 문제해결 방법을 찾기 위하여 자세히 관찰하기, 책을 통해 조사하기, 전문가의 설명듣기, 현장견학, 인터넷, 의견조사하기 등을 통하여 어떤 해결방법을 결정할 것인지 해결방법을 결정한다.

주제를 나누기 위한 내용을 위하여 주제에 관한 토의 및 경험 및 지식 정도를 표현하며 질문 목록을 작성하고 주제망을 구성하는 것이 좋다. 또한 교사는 주제에 대하여 아동들이 이미 알고 있는 내용, 프로젝트 주제와 관련된 아동들의 사전 경험 내용, 자원은 어떻게 조사하고 견학할 것인가에 대한 활동을 준비하는 것이 좋다. 이 활동을 위한 학습자는 개인적인 경험을 나누고 교사와 학습자들의 생각을 공유하며 서로 질문찾기 활동을 준비하는 것이다.

2) 프로젝트의 도입

아동들이 알고 있는 사전 경험을 표현하는 활동, 즉 말을 통한 표현, 그림을 통한 표현, 글을 통한 표현, 주형활동을 통한 표현, 역할놀이를 통한 표현을 통하여 의미를 찾을 수 있는데 지옥정(2006)은 다음과 같이 제시하고 있다.

(1) 아동

- 아동의 현재 지식과 흥미를 검토하여 스스로 그 주제에 대해 알고 있는 것이 무엇이며 경험한 것은 무엇인지를 점검하는 계기가 된다.
- 이전 경험을 표현하는 과정에서 주제에 대한 흥미가 유발될 수 있다.
- 친구들 간에 서로의 경험이나 지식 또는 생각을 공유할 수 있고 다른 경험을 비교한다.
- 자신의 경험을 발표하고 표현하는 기회를 통해 주제에 대한 흥미 뿐 아니라 친구들에 대해서도 더 관심과 흥미를 기울이게 된다.

(2) 교사

- 아동들이 그 주제에 대하여 어느 정도의 지식과 이해 또는 올바른 개념과 잘못된 개념 등을 가지고 있는지 파악할 수 있다.
- 아동들의 관심 방향을 파악하여 효율적이고 올바른 지도를 할 수 있다.

- 아동들의 이전 경험의 표현 내용과 방법, 선택 과정 및 결과물 발표과정을 통해 각 아동의 특성을 잘 파악할 수 있다.

3) 교사 및 아동의 공동 주제망

교사와 아동이 프로젝트 활동을 하기 전에 함께 공동으로 주제망을 구성해 보는 것이다. 이 활동을 사전에 구성해 봄으로써 아동은 해보고자 하는 주제에 대하여 확산적인 사고를 유발할 수 있는 기회가 주어지며 사물들 간의 관계를 논리적으로 생각해 보는 시간이 된다. 그리고 친구들과 함께 생각을 나누며 논의를 하는 과정에서 의사 소통하는 기회를 가지며 주제망 구성 과정에 직접 참여함으로써 학습할 내용을 미리 파악할 수 있다. 또한 교사들은 아동들이 그 주제에 대하여 얼마나 파악하고 있는지, 아동들이 사물 간의 관계를 어떻게 연결시키는지, 흥미를 보이는 부분은 어떤 것인지 사전에 파악하여 효과적인 지도를 할 수 있다는 장점이 있다(지옥정, 2006). 프로젝트 활동을 위하여 브레인스토밍을 하고 도출된 생각들을 유목화시키며 주제망을 구성하는 것에 대하여 살펴보기로 한다.

(1) 브레인스토밍

브레인스토밍은 아동들에게 '생각모으기'라고 소개될 수 있으며, 생각모으기는 교사와 아동 전체가 함께 문제해결을 위하여 아이디어를 생성해 내는 방법으로서 마치 폭풍우가 몰아치는 것과 같이 생각들을 내놓는 것을 의미한다, 브레인스토밍을 하는 방법으로는 교사와 함께하는 방법, 조별로 하는 방법, 아동 개인이 하는 방법의 세 가지가 있으며 토론과 의사소통 기술을 배울 수 있다.

브레인스토밍을 할 때는 다음과 같은 기본원칙이 있다.

- 서로 창출한 아이디어에 대하여는 절대로 비난하거나 비판해서는 안 된다.

- 다른 사람이 생각할 때 적합하지 않아도 수용해야 한다.
- 서로 창출해 놓은 아이디어는 많을수록 좋으며 많을 때 더욱 활성화될 수 있다.
- 창출해 낸 타인의 아이디어에서 자신만의 아이디어를 이끌어 낼 수 있고 두 개 이상의 아이디어를 결합하여 새로운 아이디어를 내 놓는 것을 의미한다.

(2) 유목화

주제에 관한 브레인스토밍이 끝나고 나면 같은 범주에 속하는 것 끼리 나누어 소주제별로 분류하는 유목화 작업이 필요하다. 유목화된 항목의 제목을 기록하는 것으로서 주제명을 중심으로 소주제를 기록하고 그 밑에 줄을 긋고 기록하는 것은 소주제의 단어들과 구분되게 하기 위함이다.

유목화를 아동들에게 친구찾기라고 소개할 수 있다. 친구찾기도 생각모으기와 마찬가지로 교사와 아동 전체가 함께 하는 방법, 조별로 하는 방법, 아동 개별로 하는 방법이 있다. 어떤 방법을 사용해야 할지는 브레인스토밍과 마찬가지로 유아의 연령이나 프로젝트에 익숙해진 정도에 따라 교사가 적절하게 선택해야 한다.

(3) 주제망 그리기

유목화 작업이 정리되고 나면 다음 과정은 주제망을 그리는 일이다.

주제망 그리기는 유목화에 비해 단순한 작업이다. 왜냐하면 이미 유목화된 내용들을 그대로 옮겨 붙이거나 적기만 하면 되기 때문이다. 주제망을 그리게 되면 이 주제가 몇 개의 소주제로 형성되어 있는지 빠진 부분은 없는지 확인이 가능하기 때문이다. 주제망을 그리는 방법은 두 가지로 생각해 볼 수 있다. 한 가지 방법은 교사가 중심이 되어 하는 방법이며 다른 한 가지 방법은 아동들이 중심이 되어 하는 주제망을 그려보는 방법이다.

주제망 구성은 아동들의 발달단계, 주제망 구성의 이해 정도, 흥미, 보조교사

유무 등의 요인에 따라 위에 제시한 방법들을 융통성 있게 활용한 다각적인 방법이 모색될 수 있다. 주제망 구성 작업을 교사간 유아간 또는 유아들 간에 주제에 관한 충분한 의사소통의 기회 이후의 구체적인 활동 내용과 방법을 모색하는 기회로 활용한다. 종이 중앙에 원이나 주제의 모양을 나타내는 그림을 그리고 주제를 기록한다.

4) 질문목록 작성

주제망이 구성된 후에는 주제에 대한 질문거리를 찾는 것이다. 교사는 아동에게 분명하게 질문을 정리해 주고 탐구해 보고 조사하는 것이 가능하도록 조정해 주는 것이 필요하다.

- 궁금이 상자 등을 이용해 질문을 장려하고 효과적으로 운영한다.
- 날짜별로 색깔이 다른 종이를 마련해 주어 흥미를 유발할 수 있고 또 질문을 날짜별로 분류할 수 있다.
- 질문내용들을 유목화된 소주제 별로 분류하여 유사한 질문을 확인할 수 있다.
- 책, 백과사전, 인터넷 등을 통해 조사한다.
- 부모, 주변 성인들에게 알아보기 등이다(지옥정, 1997).

질문을 하는 과정에서 논의하는 기술과 방법을 익히게 되고 주변 사물을 자세히 관찰할 수 있으며, 탐구하려는 성향이 길러지고 활동에 분명한 목적의식을 가지게 됨으로써 문제해결 방법을 학습하게 되는 것이다. 그에 비하여 교사는 아동들의 사고 발달 수준 및 흥미나 관심 방향, 활동에 몰입되어 있는 정도를 파악할 수 있다. 그러므로 교사가 여러 가지 외적 요인을 통해 지지 및 격려를 아끼지 말아야 할 것이다. 질문찾기를 하는 방법으로는 궁금이 상자 이용, 질문 게시판 이용, 매력적인 질문 종이 이용, 주제망 자체를 이용, 교사가 동일시 모델이 되어 주는 활동들이 있을 수 있다.

5) 프로젝트 활동의 활성화를 위한 현장견학 전 활동 및 현장견학

질문에 대한 조사나 탐구 활동을 위하여 몇 가지 질문을 위한 활동을 준비한다. 먼저 조사 · 탐구 방법을 위하여 다른 사람의 의견듣기, 주위 사람들에게 질문하고 설명듣기, 실험해 보기, 관찰하기, 평가하기, 책보기, 그림, 사진, 비디오 테이프, 시청각매체 등을 보며 참고자료로 활동한다. 또한 구체적 목표에 따른 특별활동으로 주제망에 있는 항목들을 면밀히 살펴보는 것과 친구들이 발표한 결과물을 살펴보는 것도 도움이 된다.

교사가 견학 전 활동을 하는 것은 교사는 아동들에게 프로젝트 주제에 관한 개념이나 사실을 알려주기 위함이며 프로젝트 진행 과정에 따라 새로운 조사 방법이나 표현방법을 체계적이고 전체적으로 지도하며 활성화하고 촉진하기 위해서이다. 사전활동을 통하여 교사와 아동 및 아동과 아동들 간에 정보를 공유하고 의견을 교환함으로써 부족한 부분을 보완할 수 있으며 최선을 다해 임할 때 학습 효과의 극대화를 꾀할 수 있다.

현장견학 전 준비를 위해 현장견학의 목표를 확인하고 현장을 사전에 답사하며 현장답사 현장에 미리 공문을 발송해야 한다. 그리고 교사와 아동은 다음의 것을 살펴보아야 한다(지옥정, 2006).

- 현장에 대해 아동들에게 설명해 주기
- 현장에 가서 볼 것 예상해 보기
- 질문 목록 확인하고 알아올 것 정하기
- 현장에서 지켜야 할 태도 정하기
- 기록 방법을 알려주거나 확인하기
- 준비물 챙기기
- 복장 정하기
- 자원봉사자의 역할 정하기

- 현장에서 관찰 및 조사하기
- 현장 사람들에게 질문하기
- 기록하기
- 여러 가지 물품 수집해 오기

5 프로젝트 마무리단계

프로젝트의 시작과 전개 그리고 마무리의 단계에서는 아동들이 프로젝트의 모든 과정을 하면서 그 동안 이루어 온 학습의 결과물, 전시회 및 발표회와 같이 자신들이 성취하여 얻어낸 결과들을 마련하여 부모나 주변의 다른 사람들에게 보여주고, 설명하며, 의견을 교환하는 일이 이루어지는 마무리단계이다. 그러나 프로젝트를 끝내는 것이 아닌 프로젝트의 절정을 이루는 단계로서 다음의 활동을 위하여 다시 출발하는 의미를 내포하고 있는 의미가 있다는 것에 의미를 두어야 한다. 그러나 아동들의 활동을 보고 프로젝트가 종결될 때라고 판단할 수 있는 단서를 지옥정(2006)은 다음과 같이 제안하고 있다.

- 주제망과 질문지 목록에 거의 다루어진 표시가 되어 있다.
- 교사가 프로젝트 준비단계에서 설정한 중심 개념이나 예상 활동들이 충분히 다루어졌다고 판단된다.
- 아동들 중 일부는 그 주제에 관심을 잃고 다른 주제에 관심을 나타내기 시작한다.
- 직접적인 연구와 조사를 위한 자원들이 거의 다 고갈되었을 때이다. 이렇게 하여 마무리단계를 거치면 활동을 통하여 얻어진 결과물들을 가지고 전시회 및 발표회를 할 수 있다.

6 전시회를 위한 방법 토의하기

교사와 아동들과의 토의를 거쳐 전시회 및 발표회의 날짜를 정하고 전시회를 위한 형식과 초대 대상을 정한다. 그러나 아동들의 발달 정도와 아동의 인원수, 교실의 크기 그리고 프로젝트 활동에 익숙해진 정도에 따라 항목을 정하는 방법을 다르게 하는 것이 좋다. 어떤 활동을 했는지 활동의 주제에 따라 다른 점이 있겠으나 결과만을 전시하거나 발표만을 하는 것 보다 전시를 하면서 부분적으로 발표도 하는 것이 이상적이다. 처음으로 하는 전시회일 경우는 교사가 주도를 하여 전시회 및 발표회 준비를 이끌어 주는 방법이 있고 아동은 부분적으로 참여하게 하는 것이 좋다. 활동의 경험이 많아서 익숙한 후에는 아동들이 능동적으로 참여하여 자신들의 방법으로 참신하게 참여하도록 하는 자율적인 방법이 있다. 지옥정(2006)은 전시회의 준비를 위하여 다음과 같은 것을 제안하고 있다.

- 전시할 항목과 내용이 정해지면 아동들의 발달 정도, 프로젝트 주제에 따라, 효과적인 전시회나 발표회를 위해 준비 일정표 만들기를 준비해야 한다.
- 이정표에 있는 항목을 준비할 아동과 전시회 당일 아동들이 맡을 각자의 역할 정해야 한다.
- 전시회 관람자들이 무엇을 학습하였는지 이해할 수 있도록 전시물을 효과적으로 고려하여 배치하도록 교실의 환경을 꾸미도록 한다.
- 아동들이 글씨를 쓸 수 있으나 익숙하지 못하면 교사와 함께 초대장 형식에 맞게 글귀를 정하고 아동들이 직접 초대장에 글을 써 보도록 하는 초대장 만들기를 해야 한다. 활동에 익숙하면 아동들이 각자 원하는 대로 쓸 수 있게 한다.
- 아동들이 전시회에서 맡은 역할은 손님에게 인사를 하고 전시장을 안내하는 일이다.

- 주제에 관련된 인형극, 음악극, 동극, 노래 부르기, 노래와 합주 외에 주제에 관련된 짧은 비디오 테이프를 보여 줄 수도 있으므로 준비된 프로그램을 발표하도록 한다.

모든 마무리를 위하여 결과물과 자료 정리를 해야 하는데 집에 가져가야 할 물건과 남겨둘 물건을 정한다. 그리고 전시되었던 물건 중 되돌려 주어야 할 물건과 자료장에 보관해야 할 물건들을 분류하고 마무리를 위해 해야 할 일을 효율적으로 분담할 수 있는 방법을 찾아야 한다.

마지막으로 교실을 정리하기 위하여 전시물을 떼어내고 정리된 후 교실안의 형태에 따라 모든 교구들을 제자리에 정리하고 청소를 청결히 하여 마무리를 잘 할 수 있도록 지도한다.

7 프로젝트 평가

학습효과에 대한 검증은 다양한 방법으로 할 수 있으나 프로젝트 활동의 평가의 종류와 내용은 아동에 대한 평가와 과정의 평가가 있을 수 있다. 먼저 프로젝트 진행 과정에서 나타나는 아동에 대한 평가는 아동의 지식과 이해능력의 정도, 문제해결 능력, 무엇을 배우고자 하는지, 친구와의 상호작용과 사회활동은 어떠한지를 각 아동별로 수시로 평가하여 프로젝트 과정에서 아동들을 적절히 돕는데 사용할 수 있다.

그 다음은 진행되고 있는 프로젝트 과정에 대한 평가인데 프로젝트가 바른 단계별로 시행되고 있는지, 교사와 아동, 부모의 역할은 적절한지 등을 반성, 평가해 보는 것이다. 이러한 평가의 목적은 아동과 활동과정의 두 부분에서 평가를 하여 곧바로 연결되는 다음 활동내용이나 방법의 개선 및 보완점을 발전적이고 효율적인 프로젝트 활동으로 아동에게 좋은 영향을 줄 수 있다.

그러므로 활동이 얼마나 성취되었는지, 이행된 프로젝트는 잘 이루어졌는지 활동의 문제점은 무엇이고 다음 프로젝트에서는 어떤 점을 유의해야 하는지, 교사와 아동 및 부모는 프로젝트 진행 과정에서 요구되는 역할을 바르게 수행하였는지 등을 평가하고 다음 활동을 위하여 참고자료로 활용하는 것은 더 나은 발전을 위한 필수요건이라고 할 것이다.

그러나 평가내용은 프로젝트 직후에 하는 평가, 즉 하나의 프로젝트의 종류가 마치게 될 때마다 시행하는 방법이 있는데 각 아동에 나타난 학습 효과를 평가하는 방법이다. 그리고 프로젝트 간 평가, 즉 여러 프로젝트 종료 후 시행하는 한 학기 또는 일년의 프로젝트 시행 기간을 거친 후 학년 초에 행해진 프로젝트와 학기말 또는 학년말에 이루어진 프로젝트를 놓고 발전 상태를 비교 · 평가해 보는 평가가 있다.

제3장 기독교교육의 의의

1 교육 및 기독교교육의 정의

교육의 의미를 살펴보면 다음과 같다. 교육은 영어로 'Education'이며, 이 말은 라틴어 'educare'이며 이는 'e'와 'ducare'의 합성어인데 'e'는 'out'의 의미를 가지고 있으며, 'educare'는 'lead up or bring up'을 의미한다. 그러므로 'educare'는 '밖으로 이끌어낸다', 즉 '끌어올린다'는 의미이다(한혜숙, 2005).

교육의 개념은 사전적 의미로 "교육은 지식을 가르치고 품성과 체력을 기름" 또한 "성숙하지 못한 사람이 심신을 발육시키기 위하여 일정한 기간 동안 계획적·조직적으로 행하는 교수적 행동"이라고 정의하였다(이기분, 2001).

또한 기독교교육에 대하여 Chadwick는 기독교교육을 "기독교인 교사에 의하여 기독교인을 가르침과 배움의 과정으로 인도하되 성령에 의해 통제되며, 하나님의 진리와 함께 살아 있는 관계를 맺도록 하는 것"(Chadwick, 1982)이라고 하였으며, Zuck(1972)는 "그리스도의 장성한 분량까지 이르기 위해 성령의 역사를 통하여 학생들이 하나님의 말씀과 교통하도록 관계를 맺어 주는 것"이라고 하였다.

그리고 미국의 기독교회협의회(NCCA, 1958)는 "사람들로 하여금 예수 그리스도 안에 나타나셨던 하나님의 사랑을 깨닫게 하여 하나님의 자녀로 성장하며, 하나님의 뜻에 맞게 살고 기독교 공동체와 역동적인 관계를 유지할 수 있도록 도움으로 여러 방법을 통해서 이 사랑에 믿음으로 응답할 수 있게 하는 일"이라고 하였다.

이와 같이 학자들의 정의를 종합해 보면 교육은 품성을 기르는 것이며 기독교교육은 하나님의 자녀로 성장하여 그리스도의 장성한 부분까지 이끌어 주어 진리와 함께 살아가도록 관계를 맺게 해 주는 일이라고 할 수 있겠다.

2 기독교교육의 목적

일반적으로 교육의 목적은 교육의 목적을 지지하고 있는 모든 원리 체계를 일반적인 과정으로 통합하며, 보편타당성을 가지고 있는 교육의 시대적 특성을 반영하는 것을 의미한다(김성린 역, 1982).

하나님의 형상으로 지음받은 인간은 종교적 존재이다. 성경은 인간이 하나님의 형상으로 지음받은 것을 강조한다(창 1 : 27). 그러므로 유아도 하나님의 피조물이며 종교적 존재인 것이다.

기독교교육의 목적에 있어서 Byrne(1981)은 "유아 기독교교육은 그리스도에 대한 교육이며, 그 교육의 결과로 그리스도의 인격과 행위를 닮아가게 하는 것이다. 그러므로 유아 기독교교육의 목적은 반드시 예수님이어야 한다"고 하였으며, 리챠드 오스머(Richard, R. Osmer, 1995)는 교회교육의 기본 목적을 "신앙이 일깨워지고, 지원받고, 도전받을 수 있는 장을 만드는 것"이라고 하여 신앙의 네 가지 차원을 다음과 같이 제안하고 있다.

신앙의 네 가지 탐구는 첫째, 신념교육으로서 신뢰의 기초가 되는 하나님에 대한 신념이다. 즉 성경의 이야기로서 예수 그리스도의 삶과 죽음 그리고 부활에서 절정을 이루는 하나님의 신실하신 행위를 가르칠 때 가능하다. 둘째, 관계교육으로서 신앙 안에서 타인들과의 관계로 인도해 주는 지속적인 하나님과의 관계이다. 즉 관계는 자신의 사랑과 예수 그리스도를 통한 하나님과의 신뢰의 관계이며 교수방법의 핵심은 학습자의 적극적인 참여와 나눔인 공동체가 나누는 토의법이다. 셋째, 헌신교육으로서 하나님을 향한 헌신이다. 즉 시간과 에너지를 투자하는 방법을 결정하는 것이며 배우려는 의지, 이전의 관념에 대한 재고, 새로운 신념에 입각하여 행동하는 일 등을 의미한다. 넷째, 신비교육으로서 하나님의 신비에 대한 인식은 하나님의 이해와 조절을 제한한다. 즉 신비의 의미는 "침묵을 지키다", "숨겨져 있다"이며 그것은 인간이 완전히 이해할 수 없는 것이다. 그러므로 신비는 "모든 관계의 한 부분인 타인성(Otherness)을 인정하는 것에 의거한다. 아무리 친한 관계일지라도 그 사람은 언제나 타인이며, 내 자신이 완전히 이해할 수 없는 존재이기 때문에 그 사람의 어떤 부분들은 숨겨져 있거나 비밀로 남아 있다"(Osmer, 1995). 그러므로 타인성을 인정하는 것이 신비를 인정하는 것이다. 왜냐하면 하나님은 창조주요, 역사의 주인이시고 인간은 피조물이며 역사에 참여하는 인간은 유한한 존재이기에 하나님의 타자성을 인정하는 것이 신앙의 핵심인 것이다.

이와 같이 학자들의 정의를 살펴볼 때 교육은 심신을 발달시키기 위하여 지식을 가르치고 품성과 체력을 기르도록 계속되는 경험의 재구성이며 기독교 교육의 목적은 그리스도의 장성한 부분까지 이끌기 위해 성령의 역사를 통하여 하나님의 말씀과 교통하는 관계를 맺도록 도와 주는 그리스도에 대한 교육이다. 아울러 그리스도의 인격과 행위를 닮아 이웃에게 섬김을 통한 그리스도의 사랑을 실천하는 것이라고 할 수 있다.

3 기독교 교육과정

1) 교육과정의 정의 및 개념 원리

교육과정(curriculum)의 어원은 라틴어의 '쿠레레'로서 '뛴다'는 동사에서 나왔으며, 말과 사람이 달리는 경주의 코스(course)라는 뜻이다. 그리고 미국영어사전의 1928년 개정판에서는 조금 더 구체적으로 발전되어 '교수요목'이란 의미로 풀이되었다(이종식, 1994).

교육과정에 대한 초기의 개념에 있어서는 '교실에 있어서의 지도(Instruction)를 위해 미리 마련된 교과들의 과정'이란 의미로 사용되었다. 그러나 현대교육에 있어서 교육과정의 개념은 광범위하게 사용되어진다.

기독교교육이 실시되는 모든 주제는 하나님의 말씀에 근거해야 하며 모든 활동은 그리스도의 사명과, 뜻 그리고 성령에 의하여 움직여야 한다. 그리고 기독교 교육과정의 중심은 하나님의 말씀인 성경이 그 원리가 되어야 한다. 따라서 기독교교육이 추구하는 성숙한 인격의 이상적 상은 '그리스도를 닮은 인격(Christlike Personality)'인 것이다(한혜숙, 1995).

하나님은 이스라엘 백성들에게 십계명과 쉐마(shema-신명기 6 : 4-9)인 교육명령을 통해서 하나님의 명령을 부지런히 가르치도록 하였다.

"이스라엘아 들으라 우리 하나님 여호와는 오직 하나인 여호와시니 너는 마음을 다하고 성품을 다하고 힘을 다하여 네 하나님 여호와를 사랑하라 오늘날 내가 네게 명하는 이 말씀을 너는 마음에 새기고 네 자녀에게 부지런히 가르치며 집에 앉았을 때에든지 길에 행할 때에든지 누웠을 때에든지 일어날 때에든지 이 말씀을 강론할 것이며 너는 또 그것을 네 손목에 매어 기호를 삼으며 네 미간에 붙여 표를 삼고 또 네 집 문설주와 바깥문에 기록할 지니라(신명기 6 : 4-9)."

이스라엘의 가정은 하나님의 뜻이 실현되는 곳으로서 쉐마는 히브리교육의 핵심을 이루는 것이며 생활 속에서 자녀들에게 가르치고 전수해야 하는 자녀 교육의 근본원리라고 할 수 있다. 그리하여 가정은 최초의 학교이며 부모는 최초의 교사가 되는 것이다.

이종식(1994)은 기독교 교육과정의 역사를 살펴볼 때 구약시대의 교육과정, 신약시대의 교육과정으로 나누어 살펴보았다.

에덴동산의 교육과정은 교육의 장소는 에덴동산이며, 교사는 하나님이다. 그리고 학생은 아담과 하와이었으며, 교육내용(교육과정)은 하나님의 말씀이라고 하였다.

죄가 없는 무죄 상태에서의 교육은 가장 이상적인 교육의 형태라고 볼 수 있다. 교육자인 하나님과 피교육자인 인간이 인격적으로 만나서 교육활동이 시작되었기 때문이다. 그러나 인간에게 죄가 들어온 선악과 사건 이후에는 하나님이 주신 여자가 선악과를 먹게 해서 핑계, 탓 그리고 두려움으로 변하게 된 것이다(한혜숙, 1995).

신약시대 교육과정은 예수 그리스도가 교사가 되어 설교, 교훈, 대화, 논쟁, 비유 등을 교육과정으로 볼 수 있다. 예수님의 교육방법은 실천적 생활과 모범을 통하여 하나님의 권위로서 교육의 이상인 에덴동산에서의 무죄상태의 교육을 완성시키고 스승으로서의 참 교육방법을 가르쳤다(Wilson, 1974). 신약시대의 교육은 '선포(Kerygma)'와 '교육(Didache)'이라는 방법을 택하였다.

기독교 교육과정을 구성하는 원리는 성경을 정확 무오한 하나님의 말씀을 믿는 신앙의 바탕에서 출발되어야 함을 정정숙(1997)은 강조하고 있다.

- 하나님 중심원리로서 삼위일체 하나님이 교육과정의 중심이다. 창조와 계시를 바로 알고 그리스도를 통하여 하나님 앞에서 생활을 영위하는 존재로서 자각이 있어야 한다.
- 성경 중심원리로서 기독교 교육과정은 성경을 핵심교육과정으로 해야 하며,

성경이 계시하여 주는 그리스도의 구속이 성경의 주제임을 인식시켜야 한다.

- 실제성의 원리로서 하나님의 중심원리와 성경 중심원리를 어린이의 생활 경험에 적용하여 생활의 전 영역에 하나님의 주권적 역사를 나타내는 기독인을 양성하는 것이다.

2) 성경 교육방법

리챠드 워렌((Warren, 1984)은 성경을 공부하기 위하여 시간을 마련, 관찰한 것을 기록할 노트를 준비, 성경공부 참고를 위한 주석, 사전과 같은 보조자료들, 성경 공부하기 전 간략한 기도 등으로 준비해야 함을 언급하고 있으며 성경을 공부하는 역동적인 교육방법을 12가지로 소개하고 있다.

(1) 헌신적인 성경 공부방법

짤막한 성경의 한 부분을 선정하여 내 삶에 적용할 수 있도록 성령께서 깨달음을 주도록 묵상하는 방법이다.

(2) 장 요약 성경 공부방법

성경 66권의 어느 한 권을 최소한 5번 정도 읽고 자신이 발견한 사상들을 요약하여 기록하는 방법이다.

(3) 성품 성경 공부방법

자신이 닮고 싶은 성품을 선정하여 성경이 그 성품에 대하여 기록한 것을 공부하는 방법이다.

(4) 주제 성경 공부방법

주제를 한 가지 선정하여 알고 싶은 것을 3~5가지 적고 질문을 만들고 참고구절 등을 찾아보고 나의 질문에 해답을 적어 보는 방법이다.

(5) 인물 성경 공부방법

성경의 많은 인물 중에서 한 사람을 선택하여 그 사람의 태도, 장단점, 귀감이 되는 사항 등을 찾아보는 방법이다.

(6) 제목 성경 공부방법

어느 특정한 부분의 제목을 선정해서 그 의미를 비교하고 자신이 내린 결론을 요약하여 다른 사람과 토의해 보는 방법이다.

(7) 낱말 성경 공부방법

성경에 기록된 낱말을 선택하여 원래의 의미 등을 조사해 보는 방법이다.

(8) 성경 배경 공부방법

성경에 쓰여진 당대의 역사, 지리, 문화, 정치 등을 알아보는 방법이다.

(9) 책 개관 성경 공부방법

성경 66권의 한 권을 선정하여 일반적인 방법으로 읽어 보고 몇 번 더 읽어 본 뒤에 책에 대한 내용 배경 등을 요약해 보는 방법이다.

(10) 장 분해 성경 공부방법

성경의 어느 한 장을 선택하여 단어 하나하나의 의미를 살펴보고 장이 주는 깊은 의미를 숙고하는 방법이다.

(11) 책 분해 성경 공부방법

장 분해 방법과 책 개관 성경 공부를 다한 후에 66권의 어느 한 권을 여러 번 읽은 후에 책의 중심 주제와 내용에 대한 책별 공부방법이다.

(12) 절 문해 성경 공부방법

성경의 한 구절을 선정하여 풀어 쓰기를 하며 관주를 찾아보고 주어, 동사, 목적어 등을 통하여 주는 의미를 자신의 삶에 적용하는 공부방법이다.

4 기독교교육의 내용

어떠한 내용을 담고 있어야 진정한 기독교교육이 될 수 있는지를 살펴보는 것은 참으로 중요하다. 약간의 성경과 관련된 내용을 담고 찬송과 예배, 그리고 기도를 하는 것을 기독교교육의 내용으로 보지는 않는다. 정희영(2000)은 기독교교육을 위한 내용은 성경과 관련되어 모든 교과의 내용이 기독교적인 안목으로 조정되고 해석되어져야 하며 교육과정에서 이루어지는 모든 내용이 성경적인 가르침에 의해 이루어질 때 그 내용은 기독교 아동교육을 위한 내용이 될 수 있다고 하였다.

이와 같이 기독교교육의 내용은 성경을 중심으로 가르쳐야 하지만 성경만을 가르치는 것이 기독교교육은 아니며 일반적인 내용도 가르치되 그 중심은 성경이 되어야 한다는 것이다. 바른 성경적인 가르침이 되기 위해서는 통합적인 가르침이 되어야 한다. 통합이란 수직적, 수평적 통합을 의미하는데 가르치며 배우는 모든 영역은 하나님의 영역에 속하며 기독교교육의 영역에 속하는 것이다(한혜숙, 2005).

이스라엘 종교교육의 내용은 ① 쉐마 ② 가족의 통과 의례로서 출생기념으로 나무를 심는 의식, 할례, 성인식, ③ 절기의식으로서 유월절, 오순절, 나팔절, 속죄절, 장막절 ④ 토라, 즉 모세오경으로서 창세기, 출애굽기, 레위기, 민수기, 신명기의 다섯 권 ⑤ 탈무드이다. 그들은 이상과 같이 이스라엘의 생활전반에 관한 구전율법의 집대성으로서 구두로 전달하고 발전시켜 왔다(김명자 역, 1980).

송영란(2003)은 아동 기독교교육 내용으로 성경, 하나님, 예수님, 성령, 교회, 부활, 영생, 예배, 기도, 찬송, 죄와 죄사함, 헌금으로 분류하여 제시하였다.

이 경우, 이혜상(1998)은 유아 기독교교육의 내용을 하나님, 예수 그리스도,

성령, 교회, 죄사함, 부활, 영생으로 제시하고 있다.

한혜숙(1995)은 성경, 하나님, 예수님, 성령, 죄, 부활, 구원, 마귀, 천사, 천국, 지옥, 예배, 기도, 찬송, 헌금, 교회 등을 내용으로 제시하였다. 그러나 본서에서는 기독교교육의 내용으로 성경, 하나님, 예수님, 성령, 죄, 구원에 대하여만 살펴보고자 하며 아동의 흥미유발을 위하여 분류주제를 대략 30가지로 나누어 성경의 내용을 관심 분야별로 살펴보는 창의적인 성경 프로젝트 활동을 소개하고자 한다.

1) 성 경

(1) 성경의 의미

성경은 인간의 언어로 기록된 하나님의 감동(God breathed)으로 이루어진 말씀이며 인간을 향하신 하나님의 영감된 계시다(딤후 3 : 16). 성경이란 단어는 헬라어 "비블로스(Biblos)"에서 유래된 것이며 현대식 영어표기인 바이블(Bible)은 고대 불어의 "기록들"을 의미하는 '비블리아(Biblia)'에서 유래되었다. 이것이 성경이 되었다(두란노서원 편, 1994).

① **연대와 기간** : B.C. 1500년부터 A.D. 100년까지 1600년간 기록된 책이다. 구약은 히브리어(약간의 아람어)로 신약은 헬라어(희랍어)로 기록되어 있다.

② **성경의 저자** : 선지자, 목자, 세리, 의사, 제사장, 학자 등 40명의 사람들에 이해 기록되었다.

③ **성경의 주제** : 하나님의 감동으로 된 것이며 핵심 주제는 예수 그리스도이다. '이 성경이 내게 대하여 증거하는 것이로다'(요 5 : 39). 하나님(요 8 : 18)도 예수님(요 8 : 18)도 성령님(요 14 : 26)도 예수를 증거하였다.

④ **성경의 형성사**

- **구약의 형성사** : 구약 39권은 율법서, 역사서, 예언서, 시서로 구성되어 있다. A.D. 90년 얌니아 회의에서 구약 39권이 최종 확정되었다.

• **신약의 형성사** : 초대교회도 신약 성경 없이 400년을 지냈다. A.D. 70년 경 예수님의 제자가 사도 요한 외에는 모두 세상을 떠났다.
그 당시 복음서, 행전, 계시록이 많이 나타났다. 그 중에서 널리 읽혀지고 좋은 내용을 모아 A.D. 393년 카르타고회의에서 신약 27권이 확정되어 성경 66권이 완성되었다(강문호, 1999).

(2) 성경의 권위

성경의 권위는 그리스도교회에 있어서 절대적인 권위를 지닌다. 성경은 정확무오하며, 기독교 신앙과 생활 규범의 지침서가 되는 하나님의 말씀이라는 데에 그 권위의 핵심이 있다.

1 성경의 영감성(Inspiration)

성경은 성령의 감동과 지시에 의해 기록되었기 때문에 일점일획이라도 틀림이 없다. 영감은 성경저자들로 하여금 오류와 상관없이 보호를 받도록 하기 위하여 성령께서 성경의 저자들에게 특별히 주셨던 설명 불가결한 능력이다(Wright, 1947).

성경이 하나님의 영감을 받았다는 영감에 대한 정의는 가우센(L. Gaussen)의 정의가 대표적이다. "영감은 성서저자들이 성서를 기록할 때에 자기들이 평상시에 쓰고 있던 말을 사용하는 문제까지 인도해 주며 저자들로 하여금 모든 오류와 탈락과는 상관없이 보호를 받도록 하기 위해, 성령께서 옛적에 성서저자들에게 특별히 주셨던 설명불가(說明不可)한 능력이"라고 정의하였다(이현갑, 1991). 그에 의하면, 영감은 본질적으로 "인도"(guidance)이다. 즉 성령께서 성경기록에 사용되어진 말과 이용되어질 자료－사상(thought)과 개념(concepts)과 말(words)－를 선정하는 일을 인도 감독하셨다. 한 마디로 "인도하심"이다. 한나 박사도 "성령께서 마음에 역사하시는 비상한 힘(agency)인데 그 결과 그 힘에 참여하는 자는 과오도 결함도 실패도 없이 하나님의 진리를 파악하며 전달할 수 있게 된다"는 것이다(이현갑, 1991).

② 성경의 무오성

신·구약 성경은 하나님의 말씀으로 신앙과 행위에 대하여 정확 무오한 유일의 법칙이다. 성경은 신앙과 인류구원이라는 전제하에서 이해될 수 있다. 그러므로 성경은 과학적, 역사적, 도덕적, 인용 혹은 해석에 오류가 없다.

그러나 노아의 음주, 다윗의 간음행위 등이 옳은 것으로 간주되는 것이 아닌 그 시대의 도덕 정도를 반영한 것으로 절대적이 아니라 상대적으로 허용 된 것들도 있다. 성경에 기록된 낱말이나 특수한 어귀, 특수사건 혹은 특이한 기사 등에 관심을 갖기 보다는 정신적 내용과 문맥을 이해, 강조하면서 신앙의 기초로 삼아야 한다.

(3) 성경이 하나님의 말씀인 증거

① 성서의 신빙성(외면적 증거)

그리스도께서 구약을 인정하신 사실에서 드러난 증거이며 역사와 고고학에서 드러난 증거이다(이현갑, 1991). 하나님은 전지전능하시며, 사랑이시기 때문에 죽을 수밖에 없는 인간을 위하여 구원의 길을 제시해 주셨다. 그리하여 구원의 길을 문서로 기록하여 놓았으며 성경을 말살하려는 많은 핍박이 있었으나 성경은 사라지지 않았다. 또한 성경의 기적들은 성경의 신적 속성임을 증거하고 예언의 성취됨이 하나님의 말씀임을 증거한다.

② 성서의 완선성(내면적 증거)

성서가 변조되었다는 증거가 없으며 성령이 영감으로 인하여 고유의 권리를 가진다(이현갑, 1991).

예수 그리스도를 중심인물로 하고 있으며 내용이 통일성이 있다. 또한 인간의 영혼의 질병을 치유하는 정확한 길을 제시하며 인간의 영혼에 만족과 기쁨을 준다.

성경을 유아에게 접근할 때에도 성경 본문에 충실해야 한다. 예화는 유아가 이해할 수 없는 상징적 형식을 취하는 것이 많기 때문에 주의해야 한다. 어린이의 성장 발달에 비추어 그 적절한 시기를 잘 활용할 때 유아의 신앙심은 길러져 가게 된다.

2) 하나님

"데오스(Theos)"는 헬라어로 하나님을 의미한다. 하나님은 스스로 존재하셨고 현재도 계시며 영원히 계실 것이다. 모든 것은 처음과 끝이 있다. 그러나 하나님은 시작도 끝도 없으신 영원하신 분이다.

(1) 하나님의 존재 및 이름

하나님의 존재는 스스로 계신 분이므로 하나님 자신 속에 있다(창 1 : 1), 그러므로 하나님이 계신 것을 믿음으로 출발한다(히 11 : 6). 그리고 영적으로 거듭나면 알 수 있다(요 3 : 3). 하나님은 인간을 창조하셨으며 아버지가 되신다. 하나님의 명칭은 그 분의 인격을 나타내신다. 철학자인 아리스토텔레스는 하나님을 "만물의 제일 근원"으로 생각했으며 라이브니쯔(Leibnitz)는 "사물의 최종적인 원인이 하나님이라 불리운다"고 했다. 또한 피히테(Fichte)는 "하나님은 우주의 도덕적 질서로서 실제로 생활 속에 움직이는 질서"라고 했다(이현갑, 1991). 이와 같이 많은 사람들이 하나님의 살아계심을 인정하고 있다. 그러므로 하나님은 만물의 근원이 되시며 근원의 유지와 목적이 되는 영원하시고 완전하신 영이신 것이다. 다음은 하나님의 이름을 나타내는 것이다.

[1] 구약성서의 명칭

① 엘(El) : 엘로힘의 단수형이며 위엄과 권위를 표현한다. 창세기 12 : 8의 벧엘은 하나님의 집을 의미한다. 왕상 17 : 1의 엘리야는 '나의 하나님은 여호와이시다'란 뜻이다.

② 엘로힘(Elohim) : 복수명사이다. 하나님에 대한 일반적인 이름이며, 처음(first) 혹은 앞(infront)이라는 의미로 세계의 창조주와 통치주, 즉 일반적인 주권자, 재판관 그리고 천사를 지칭하기도 한다.

③ 엘리온(Eliyon) : '위로 오른다, 높다'의 의미를 가지고 있으며 숭고하고 존귀하신 분으로서 하나님의 지상 주권을 의미하는 것이다.

④ 야훼(Yahweh) : '존재하시다'라는 의미로서 오직 하나님께만 사용되어지는 고유명사로서 하나님께서 자기 백성들에게 세우신 언약을 기념하는 칭호이다.

⑤ 아도나이(Adonai) : "주인" 혹은 "주님"을 의미한다.

⑥ 여호와(Jehowah) : 출 3 : 14의 히브리어 "자존하다"에서 유래되었고 하나님 자신의 이름이며 "구속자"를 의미한다. 또한 불변성을 가리키는 이름이다.

⑦ 엘 사다이(El Shaddai) : 전능한 하나님(창 17 : 1)

⑧ 엘 올람(El Olam) : "영생하시는 하나님"(창 21 : 33)(두란노서원 편, 1994)

2 신약성서의 명칭

① 하나님(Theos) : "지극히 높으신 분" 혹은 "지극히 높으신 분 하나님" 그리고 "전능자"로 번역되었다. 국가적인 관념을 개인적인 관념으로 바꾸어 "나의 하나님", "너의 하나님", "우리 하나님"과 같이 소유격으로 사용되어졌다.

② 주(Lord) : 지배자로서의 하나님과 왕의 권세와 권위를 기지신 분으로 지칭하며 근본적인 관념은 "알파와 오메가", "시작과 끝", "처음과 나중"이라는 용어에서 나타나고 있다.

③ 아버지(Pater) : 하나님은 이스라엘의 아버지요(신 32 : 6 ; 사 63 : 16) 이스라엘은 하나님의 아들이라고 하였다. 하나님의 영적 자녀로서 신자들에 대한 윤리적 관계를 표시하기도 한다(이현갑, 1991).

(2) 하나님의 사역

하나님의 사역에는 일회적 사역과 계속적 사역이 있다.

[1] 일회적 사역

창조사역과 구원계획 사역이 있다.

① **창조사역** : 사람이나 시간이 있기 전에 하나님이 천지를 창조하신 사역으로 이는 과학이나 이성으로는 해결 불가능하다.

② **구원계획 사역** : 이 사역은 예수 그리스도를 통한 죄 용서와 인간 구원계획 사역을 말하는 것이다.

[2] 계속적 사역

하나님께서 피조세계를 한 순간도 버려두지 않으시고 언제든지 계속해서 돌보아 주시고 인도해 주신다. 이 사역은 창조 때에는 나타나지 않았던 것이 시간의 흐름에 따라 역사 안에서 성장하고 발전하고 진화하는 사건 외에도 사람의 출생과 사망, 하나님의 힘이 필요한 상황에 개입, 개인의 신앙과 믿음을 위한 성령의 사역 등이 포함된다(이경우 외, 1998).

[3] 하나님의 본성

- 하나님은 영이시다(요 4 : 24).
- 하나님은 빛이시다(요일 1 : 5).
- 하나님은 사랑이시다(요일 4 : 8).
- 미움, 사랑, 권고 등이 나타나시므로 인격체이시다.

[4] 하나님의 속성

① 비윤리적 속성

- 무엇이든지 다 할 수 있는 전능(Omnipotence, All powerful) 하신 분이시다(계 19 : 6).
- 무엇이든 다 알 수 있는 전지(Omniscience)하신 분이시다(욥 37 : 16).

- 동시에 어디든지 계실 수 있는 편재성(Omnipresent)이 있으신 분이시다.
- 결코 변하지 않으시는 불변성((Immutability)을 소유하신 분이시다(두란노서원 편, 1994).

② 윤리적 속성

- **거룩**(Holiness : 성결) : 모든 악과 죄에서 분리되어 계시는 분이시다.
- **의로움과 공의**(Righteousness and Justice) : 하나님의 거룩한 성질을 하나님의 표준이라고 할 때 의로운 분이 되시며 보상과 형벌을 주시므로 율법을 시행하는 분으로 볼 때 하나님은 공정하신 분이 된다(이현갑, 1991).

3) 예수님

(1) 그리스도의 명칭

예수는 하나님의 아들, 메시야, 그리스도, 인자, 주, 하나님의 독생자, 임마누엘 등으로 부른다. 예수는 헬라어로 예수아(Jeshua)라고 하는 히브리어를 번역한 말이며, '야훼는 구원', 또는 '자기 백성을 구원할 자'(마 1 : 21)라는 의미이다. 메시야는 헬라어로 그리스토스이며 영어로는 Christ로 그리스도라고 하는데 '하나님의 부르심을 받아 거룩한 기름부음을 받은 사람'이라는 의미 이다. 이는 히브리어 메시야와 같은 의미이다(단 9 : 25). 또한 하나님의 아들은 그리스도의 신성을 의미하며 인자(人子)는 예수의 특수성과 초인간적 특성을 의미한다. 그리고 주(主)는 그리스도의 고귀한 인격과 최고 권위를 표현한다. 하나님의 독생자는 그리스도의 신성을 의미하는 명칭으로서 그의 독특한 출생을 의미한다(한혜숙, 1995).

(2) 그리스도의 직분

그리스도는 인성과 신성을 지닌 완전한 하나님이시며 완전한 사람이다. 하나님이 인간이 되셔야 했던 이유는 하나님의 약속을 확증, 하나님 아버지를 계시하기 위해, 사람이 받을 형벌을 대신 받으시기 위해, 삶의 모범을 보여주기 위해, 재림을 대비하기 위해서이다(Thiessen, 1949). 그리스도에 대한 성경적 근거는 다음과 같다.

1 신성에 대한 성경적 근거

- 예수의 특수성을 의미하는 '인자'(단 7 : 13)
- 전능하신 하나님(사 9 : 6)
- 아버지(마 11 : 27)
- 성결의 영, 하나님의 아들(롬 1 : 4)
- 그리스도시며, 살아계신 하나님의 아들(마 16 : 16)

2 인성에 대한 성경적 근거

- 여자의 후손(창 3 : 15)
- 마리아 처녀가 잉태한 아들(사 7 : 14)
- 말씀이 육신이 되셨음(요 1 : 14)
- 육체적으로 성장(눅 2 : 40, 52)

그리스도는 인성을 가졌으나 성령으로 잉태되었기 때문에 원죄와 관계가 없다. 그러므로 고후 5 : 21에 그리스도는 죄를 알지도 못하는 분으로 묘사되어 있다. 그리하여 무죄하시기 때문에 죄의 대속에 적합한 분이시며, 필요한 분인 것이다. 그리스도는 모든 하나님의 속성을 소유하신다(한혜숙, 1995).

(3) 구약성경에서 나타나신 예수님(신의 현현)

- 아브라함에게 나타남(창 18 : 1-10).
- 이삭에게 나타남(창 26 : 24-25).
- 야곱에게 나타남(호 12 : 2-4).

- 모세에게 나타남(출 3 : 2-14).
- 여호수아에게 군대장관으로 나타남(수 5 : 13-15).
- 이사야에게 나타남(사 6 : 1, 5, 8).
- 스가랴에게 나타(슥 1 : 8-13)났다. 주의사자란 단어들은 성육신 이전의 그리스도를 인정하는 이름들이다(두란노서원 편, 1994).

예수님은 좋으신 분이시다. 그러나 우리 모두에게 명령하신 것이 있다.

- 영생, 승리, 안식, 자유를 주시기 위해 예수님께로 나아오라고 하셨다.
- 섬김, 사랑, 용서, 충성 등을 예수님께 배우라고 하셨다.
- 자기 십자가를 지고 '나를 따라오라'고 하셨다.
- 예수님 안에 거하라고 하셨다.
- 증인이 되라고 하셨다.

"오직 성령이 너희에게 임하시면 너희가 권능을 받고 예루살렘과 온 유대와 사마리아와 땅 끝까지 이르러 내 증인이 되리라 하시니라(행 1 : 8)."

기원을 나타내는 BC나 AD는 예수님을 기점으로 결정한 것이다. 즉 BC (Before Christ : 그리스도 탄생 전, 기원전)는 525년 스키티아 출신의 연대사가(年代史家) · 신학자인 디오니시우스엑시구스가 교황의 명을 받아 《부활제의 서(書)》를 저작한 데서 '그리스도 기원'은 비롯된다. 9세기 샤를마뉴 시대에 일반화하여 오늘에 이른다. 독일에서는 v.Chr.G., 프랑스에서는 av.J.C.라고 약기(略記)한다. 세계인류가 흘러온 역사를 보편적인 기록을 남기기 위해서 예수의 출생을 기준으로 결정한 것이다. 이는 로마시대인 6세기 중엽에 결정되었다.

AD(라틴어'Anno Domini : 아노도미니'로 '예수의 해'라는 의미)는 그리스도 기원……년에, 또는 기원 후……년이라고 할 때 사용한다.

성경의 주인공은 예수님이다. 성경에서 밝히려는 중심주제는 무엇인가를 고민해야 한다. 예수님은 자기 목숨을 내놓고 인간을 사랑하여 구원한다. 이 관점을 가지고 위대한 진리가 역사 속에서 어떻게 일어나는지 일어난 일들을 통해 엮어져 나간다. 예수님이 태어나신 B.C. 166년은 바벨론에 나라를 잃은 이래 처음 유다가 독립을 한 때이다. 그때 혁명을 일으킨 가문이 마카비 가문이며, 유다를 통치하도록 안티파스를 임명했다. 그는 헤롯왕가의 첫사람으로서 헤롯안티파스라는 사람이다. 그는 동방(메소포타미아지역으로 추측) 탄생의 별을 보고 경배하러 찾아온 박사들을 보고 에돔사람 헤롯은 왕권에 대한 도전으로 느끼고 아기를 제거하려고 한 것이다. 그리하여 예수님은 이집트(애굽)로 피난가서 살다가 헤롯이 죽자 갈릴리 나사렛으로 귀향한다. 헤롯이 죽고 그의 아들 아켈라오가 유다를 다스린다.

예수님의 탄생을 기록한 성경은 마 1 : 18-2장 ; 눅 2 : 1-7절이다. 그리고 소년 예수의 유일한 기록은 성전에 올라가신 눅 2 : 41-52 이다. 그리고 세례요한에게 침례(세례)를 받으시고(마 3 : 13-17 ; 막 1 : 9-11 ; 눅 3 : 21-22), 유대광야에서 40일간 금식기도를 하셨다(마 4 : 1-11 ; 막 1 : 12-13 ; 눅 4 : 1-13). 예수님이 태어나시고 공생애를 시작하신 연대를 중심으로 역사적인 사실이므로 예수님의 삶을 통해 그분을 알아가는 것은 의미가 있다고 생각한다.

4) 성 령

(1) 성령의 사역

성령은 성부, 성자, 성령의 삼위일체 중 한 위(位, Person)이신 인격이시다. 성령은 인격만이 가질 수 있는 사고와 의지와 감정이 있다. 성령은 하나님(Godhead)의 제삼의 품격이시다. 하나님과 예수는 인격이시므로 삼위일체이신 성령도 아버지와 아들과 같이 인격이신 것이다(Palmer, E. H. 1965).

성령이 오셔야 하는지에 대한 것은 요 16 : 8에 기록되어 있다.

- 죄에 대한 책망 : 멸망으로 이끄는 원죄와 징계로 이끄는 자범 죄에 대하여

책망하시기 위해서이다.

- **의에 대하여 책망** : 율법에 대한 의, 도덕적인 자기의 의로서는 하나님께 갈 수 없다. 다만 의롭다 칭함을 받으므로 가능한 것이다(롬 3 : 21-22).
- 심판을 책망하기 위하여 오셨다. 그러나 예수님을 믿는 자는 세상 끝 날에 심판받지 않는다(행 3 : 15).

마가의 다락방에 불 같은 성령이 오시기 전부터 성령은 이 땅에서 활동하고 계셨다. 그 예로서 다윗이 "'나를 주 앞에서 쫓아내지 마시며, 주의 성신을 내게서 거두지 마소서(시 5 : 11)"라고 고백한 시편을 보면 알 수 있다. 성경은 성령께서 인격적인 특성뿐 아니라 신성도 겸비했음을 보여주는 것이다. 따라서 이 신적 속성은 성령이 하나님이라는 증거가 된다(한혜숙, 1996).

그러므로 성령은 인격이기 때문에 인간이 죄를 깨닫게 하고 인간을 하나님께로 인도하며, 우리 안에 계셔서 죄를 이길 힘을 주시는 것이다. 요한복음 16장 17절에 "……. 내가 떠나가는 것이 너희에게 유익이라 내가 떠나가지 아니하면 보혜사가 너희에게로 오시지 아니할 것이요 가면 내가 그를 너희에게로 보내리니"라고 하셨다. 또 성령은 예수님의 사역의 제한성을 초월하여 십자가의 사역과 부활을 시간과 공간을 초월하여 개인에게 적용되는 것이다(이혜상 외, 1998). 성령은 예수님의 승천의 선물이다. 예수 그리스도는 이 땅에서 소수의 사람들과 상대하며 사역을 감당하였으나 십자가에 못박혀 죽으신 후 부활 승천하시고 보내시겠다고 약속하신 보혜사 성령을 보내 줌으로써 한 번에 동시적으로 많은 일을 하신다. 성령이 주는 은사는 여러 가지가 있으니 ① 지적인 은사로서 지혜, 지식, 분별의 은사를 주신다. ② 정적인 은사로서 방언, 예언, 방언 통역 등과 같은 은사를 주신다. ③ 의지적 은사인 믿음, 신유, 능력을 주신다.

성령이 하시는 일은 ① 예수 그리스도를 믿게 한다. ② 성령은 예수 그리스도를 알게 한다. ③ 예수 그리스도를 높이는 일을 한다. 그러므로 성령을 소멸치 않기 위해서 우리는 항상 기뻐하며 쉬지 말고 기도하고 범사에 늘 감사해야 하는 것이다. 성령은 창조 때부터 세상 끝까지 계속적으로 활동할 것이며 성령은 진리 가운데 인도하신다.

(2) 성령의 인격적인 특징들

- 성령은 지성과 지각이 있으므로 사고할 수 있다(행 15 : 28, 엡 1 : 17)
- 느낄 수 있다(엡 4 : 30).
- 의지가 있으므로 선택할 수 있다(고전 12 : 11).
- 모든 성경의 저자이며 일을 하며 행동할 수 있다(딤후 3 : 16, 행 1 : 16)(두란노서원 편, 1994).

(3) 성령을 받았을 때 삶에서 나타나는 표적들

다음과 같은 표적이 나타나는 것을 알 때 성령에 대하여 훨씬 더 잘 이해되어질 수 있다.

- 자신의 나쁜 습관이 사라진다.
- 자기를 통제할 수 있는 제어 능력이 생긴다.
- 세상에서 중히 여겼던 부귀 권세보다 영적인 가치를 알게 된다.
- 불화를 일으키는 사람이 변화되어 주변 사람을 화목하게 하는 평화 조성자(Peace Maker)가 된다
- 모든 일에 포용하는 수용능력이 생긴다.
- 삶의 목표가 하나님을 향한 것으로 변화된다.
- 문제를 만날 때 도전적인 사람으로 변화된다.
- 주변 사람들을 위해 희생하는 헌신하는 자가 된다.
- 늘 긍정적인 사고를 하게 된다(한혜숙, 1995).

(4) 성령의 사역

다음과 같은 일에 성령께서 사역하였음을 알 수 있다.

- 세상을 만드셨다(창 1 : 2, 시 104 : 24-26).
- 그리스도의 탄생을 알려 주었다(마 1 : 20).
- 하늘의 비밀을 계시해 주는 성경의 영감(사 34 : 16-17, 행 1 : 16, 벧후 1 : 21, 딤후 3 : 16)
- 중보기도(롬 8 : 26)
- 구원을 이루어 주심(요 3 : 3-5, 요 14 : 16-20)
- 성화(살후 2 : 13)
- 성도를 도우신다(요 14 : 16).
- 교회를 보호 승리하게 하신다(요 16 : 13, 엡 2 : 22).
- 전도의 능력을 준다(행 1 : 8, 13 : 4).
- 그리스도의 능력을 나누어 주신다(고전 12 : 11)(엄도성, 1999).

이 외에도 불의를 행하지 않게 도와 주시는 일, 믿음을 가질 수 있도록 마음을 움직여 주는 일, 사물을 판단할 수 있는 판단능력, 합력하여 선을 이루도록 하나 되게 하고 은사를 주는 일(고전 12장, 엡4장) 등을 하신다. 그러나 성령은 기도하지 못할 때, 감사하지 못할 때, 그리고 하나님의 뜻대로 살지 못할 때 근심하신다.

5) 죄

(1) 죄의 기원

죄는 하나님 보다 높아지려는 욕망이었으며 "네가 범죄 하였도다. 너 덮는 그룹이 그러므로 내가 너를 더럽게 여겨 하나님의 산에서 쫓아 내리라(겔 28 : 16)" 라고 기록하며 계명성(Lucifer)과 그의 타락에 관한 이야기가 겔 28 : 15-17

과 사 14 : 12-15에 기록되어 있다. 계명성 이전에는 죄가 없었다. 루시퍼는 마귀, 즉 사탄이 되었다(두란노 서원 편, 1994). 하나님은 피조물들에게 순종성과 불순종성을 주셨는데 불순종성이 나타나는 것이 죄이다. 루시퍼의 마음 그것이 바로 죄의 근원이지만 인류 역사에 있어서 죄의 기원은 아담과 하와가 뱀에게 시험을 받아 선악과를 따먹음으로써 시작되었다. 예수님을 제외한 아담으로 시작해서 죄는 누구에게나 있다.

(2) 죄의 정의

죄에 대하여 몇 가지의 의미가 있다. 그 의미를 중심으로 살펴보면 다음과 같다.

- 하마르티아(Hamartia)로서 '과녁이 빗나갔다', '해야 할 일을 못했다'라는 의미이다. 그러므로 거룩하신 수준에 도달하지 못하는 "부족한 표적", 사랑해야 하는 데 사랑하지 못한 것도 죄이며, 사무엘은 기도하기를 쉬는 것도 죄라고 했다(삼상 12 : 23).
- '파라바시스' 의 죄의 의미는 '줄을 따라 가지 못했다' 라는 뜻이며 1회 쓰여 있다. 즉, 선악과를 따먹어서 범죄한 경우인데 따먹은 것은 하나님의 줄을 따라가지 못한 죄다(딤전 2 : 14).
- '파라프토마' 의 의미는 '미끄러져 넘어졌다', '자제하지 못했다' 라는 뜻이다. 이는 죄를 짓지 않으려고 노력하다가 육신이 약하여 자제하지 못한 죄를 의미하는 것이다.
- '오훼이레마' 는 '빚' 또는 '부채' 라는 뜻이다(마 6 : 12). 이는 주기도문에서 "우리가 우리에게 죄 지은 자를 사하여 준 것 같이 우리의 죄를 사하여 주옵시고" 라는 부분의 죄가 '오훼이레마' 이다. 주님께 죄를 지으면 부채를 지게 되는 것이다(강문호, 1999). 그 이외에 다섯째, 하나님의 권세에 거역하는 불순종이 죄이다(엡 5 : 6).

- 죄는 하나님의 의지에 끼어들어 거룩한 권위의 영역에 자신의 의지를 대치시키는 "침범(Trespassing)"이다(마 6 : 14).
- 경건치 아니한 것(Ungodliness)이 죄이다(롬 4 : 5, 롬 5 : 6).
- 믿지 않는 것도 죄이다(막 9 : 24).
- 나면서부터 범하기 쉬운 행위로서 옳지 못한 행실의 부정(Iniquity)이 죄이다(막 7 : 20).
- 하나님께서 정하신 경계를 벗어난 것, 즉 "이탈(transgression)"이 죄이다(두란노서원 편, 1994).

인류 최초의 범죄의 결과 및 인간에게 미치는 영향은 다음과 같다.

죄의 결과는 하나님으로부터 멀어져 고난의 삶이 시작되었고 환경까지도 저주를 받아 고난이 환경으로도 시작되었다.

- 교제단절, 즉 하나님으로부터의 교제가 끊어져 하나님으로부터 분리시켰다.
- 인성의 부패로서 신체와 영혼의 모든 기능의 손상을 가져왔다.
- 하나님의 지음받은 형상을 상실하게 되었다.
- 죄책감으로 인하여 하나님께 대한 공포심을 불러일으켜 도덕적 악 변화를 가져 왔다.
- 죽음과 생활의 고통이 임하였다.
- 환경의 저주로 인한 자연의 저주 및 낙원과 생명나무로부터 쫓겨났다. 이와 같은 죄의 결과 뿐 아니라 인간에게도 많은 영향을 미쳤다. 죄는 요 9 : 39처럼 소경가 같이 보지 못해 영적인 일을 왜곡시키는 것이며 어두워지게(엡 4 : 18) 하고 양심을 굳게(엡 4 : 190) 하며 영혼을 부패(롬 1 : 21-22)시키는 것이다.

(3) 죄의 성질

1 유전성

죄는 유전성이 있는데 아담과 하와의 원죄가 온 인류에게 죄인이 되게 하였다.

② 전염성

가나안 정복에 대한 두려운 마음이 모세의 격려보다는 정탐꾼의 회의적인 보고가 마음에 더 받아들여졌고 그 결과 불신앙(Unbelief)의 죄를 범했다.

③ 형벌성

로마서의 말씀에 "한 사람으로 말미암아 죄가 세상에 들어오고 죄로 말미암아 사망이 왔나니… 사망이 모든 사람에게 이르렀느니라" (롬 5 : 12)

④ 발육성

야고보서에 의하면 "욕심이 잉태한즉 죄를 낳고 죄가 장성한즉 사망을 낳느니라" (약 1 : 15)

(4) 죄로 인한 형벌의 목적

형벌의 목적은 죄인을 변화시켜 새로운 삶을 살게 하는 것이며 범죄의 방지로서 같은 죄를 다시 짓거나 다시는 짓지 않도록 경각심을 불러일으키기 위함이다. 그러므로 죄 용서가 벌용서는 아니다.

다윗이 우리아의 아내 밧세바로 인하여 범죄하였고 그 죄로 인하여 자녀가 죽는 결과를 가져왔다(삼하 12 : 18). 죄는 용서받아도 벌은 용서받지 못하며 반드시 보응이 따르는 것이다. 그러므로 죄를 회개하기 위해서는 죄를 인정하고 하나님께 그 죄를 고백해야 한다(시편 51).

인류를 대표하여 아담이 지은 범죄로 인해 죄인된 아담을 둘째 아담인 그리스도께서 죄를 지고 인류를 구원하기 위하여 성육신하여 오셨으며 십자가에 못박혀 죽으셨다.

"그가 찔림은 우리의 허물을 인함이요 그가 상함은 우리의 죄악을 인함이니 그가 징계를 받음으로 우리가 평화를 누리고 그가 채찍에 맞음으로 우리가 나음을 입었도다(사 53 : 5)."

6) 구 원

(1) 구원의 정의

구원은 죄의 파멸에서 구해 주시기 위해 준비된 하나님의 사랑이다. 구원을 통해 하나님은 영원한 생명과 댓가 없이 주는 은혜를 주셨다. 구원은 새로운 출생이며 성령으로 다시 태어나야 하는 것이다.

구원은 히브리어로 야솨인데 이는 '해방하다', '보존하다', '도와 주다', '정복하다' 의 의미이다. 헬라어로는 흐르오마이인데 이는 '구출하다', '구해내다', '보호하다', '안전', '건강', '병고침'이라는 의미이다.

신앙이란 죄와 죄의 결과로부터 구원을 얻기 위해 그리스도를 받아들이는 영혼의 운동으로 하나님의 약속을 믿고 신뢰하는 것이다. 신앙에 대하여 칼빈은 "우리를 향한 하나님의 자비를 확고하고 확실하게 인식함이다" 라고 하였으며, 벌콥은 "그리스도 안에 있는 하나님의 약속에 대한 성심적 신뢰" 라고 하였다(한혜숙, 1995).

구약에서 아사셀 양(레 6 : 10)은 인간의 죄를 짊어지고 해마다 7월 10일에 죽는 양이다. 예수 그리스도의 죽음은 우리의 죄가 전가된 아사셀양의 모습이며 예수 그리스도는 사랑으로 오셨고 공의로 죽으셨다. 십자가는 하나님의 사랑과 공의를 만족시키는 절묘한 자리이다. 그러므로 복음의 동기는 사랑이요, 복음의 방법은 죽음이요, 복음의 장소는 갈보리요, 복음의 결과는 구원이요, 복음의 능력은 선교이다(김문호, 1999).

(2) 구원의 서정(순서)

칼빈과 루터의 견해 등이 조금씩 다르지만 의미를 이해하기 위하여 개혁파의 구원을 제시한다.

- **소명** : 그리스도에 의해 이룩된 구원은 사람들을 초청하시는 하나님의 은혜로운 사역이다(롬 8 : 30).

- **중생** : 헬라어로 '아나겐나오' 라고 하며 이는 '변화된다', '성취된다,' '출생한다'의 뜻이다. 사람 안에 새 생명의 원소를 심고 영혼의 주관적 성향을 변화시키는 하나님의 행위, 즉 하나님의 자녀가 되는 것(요 3 : 3-5)이다.
- **회심** : 구원과정의 한 부분이다. 죄인이 죄에서 떠나 하나님께 돌아가는 의식적인 변화(요일 1 : 9이다).
- **신앙** : 죄와 죄의 결과로부터 구원을 얻기 위해 그리스도를 받아들이는 영혼의 운동으로서 하나님의 약속을 신뢰함이다(막 1 : 15). 신앙은 하나님의 선물이며, 성령님이 조성자시다.
- **칭의** : 하나님이 의롭다 여겨 주시는 단계(롬 8 : 30)이다. 칭의의 특징적으로 나타나는 행위는 첫째, 죄책제거, 즉 죄의 공포에서 벗어나게 하는 것이다. 둘째, 점진적 과정이 아니며 반복되어지지 않는다. 셋째, 성부가 실행하시는 성부의 사역이다.
- **수양** : 사람을 외계의 세속적 가족으로부터 하나님 자신의 가족 중에 전입시키는 행위(요 1 : 12)이다. 공포에서 해방되며 하나님과의 간격 없는 교제가 이루어진다.
- **성화** : 칭의된 죄인을 죄의 오염에서 건지셔서 그의 전 성품을 하나님의 형상으로 닮게 하시는 성령의 사역이다(롬 8 : 14). 성화의 특징으로는 악의 요소를 제거하며, 영적 성장이며 전 인격에 영향을 미치며, 영혼에 호소한다.
- **성도의 견인** : 택함을 받은 자들을 기어코 구원을 받도록 하시는 하나님의 사역이다(딤후 4 : 18). 선택은 변하지 않기 때문에 택함을 받은 자는 확실한 구원을 얻게 한다.
- **영화** : 하나님의 자녀로서 극치의 거룩한 생활을 하는 단계, 그리스도의 재림으로 이루어지는 구원의 완성이다(롬 8 : 30). 즉, 하나님의 자녀들이 영혼과 신체가 죄와 사망의 세력으로부터 완전히 해방되는 구속의 최종완성이다(한혜숙, 1995).

또한 이현갑(1991)은 하나님의 은혜가 선행적 은혜(Prevenient Grace)에 응답한 사람에게 특별히 나타난다고 다음과 같이 말한다.

- 택하시고 예정하시는 과정(엡 1 : 4-6)
- 구속(엡 1 : 7, 8)
- 구원(행 18 : 27)
- 성화(롬 5 : 21 ; 딛 2 : 11, 12)
- 보존(고후 12 : 9)
- 봉사(히 12 : 28)
- 그리스도께서 나타나실 때 있을 최종적인 은혜 제시(벧전1 : 13), 이것을 하나님의 특별은혜(Special Grace)라 칭한다.

(3) 구원의 성취

구원은 하나님의 마음 속에서 이미 계획된 것이다(엡 1 : 4, 벧전 1 : 20). 그리고 구원은 하나님의 은혜이다. 그리하여 구원은 예수 그리스도로 인하여 성취되었다. 예수는 구원의 근원이다. 히브리서 5장 8절에 “그가 아들이시라도 받으신 고난으로 순종함을 배워서 온전하게 되었은즉 자기를 순종하는 모든 자에게 영원한 구원의 근원이 되시고”라고 기록되었다. 예수는 구원을 위하여 이 땅에 오셨고(딤전 1 : 15) 구원을 위하여 죽으셨다.

갈라디아서 4 : 1-5절에 “그리스도께서 하나님 곧 우리 아버지의 뜻을 따라 이 악한 세대에서 우리를 건지시려고 우리 죄를 위하여 자기 몸을 드리셨으니 영광이 저에게 세세토록 있을지어다”라고 기록되어 있다. 구원은 하나님의 사랑으로 인하여 주어졌다. 죄가 없으시기에 죽으셨던 예수님은 다시 사셨고 하나님께서 주신 사명을 모두 완성하셨기에 승천하셨다.

“다른 이로서는 구원을 얻을 수 없나니 천하인간에 구원을 얻을만한 다른 이름을 우리에게 주신일이 없음이니라”(행 4 : 12) 구원은 하나님이 우리에게 값없이 주신 선물이다. 그리하여 그리스도인은 승리의 삶을 살 수 있는 것이다. 예수님은 구속받은 자를 죄의 실재(The presence of sin)에서 구하시기 위해 다시 오실 것이다. 하나님의 자녀는 죄의 형벌에서 구원을 받았고(과거), 죄의 권세에서 구원받고 있으며(현재), 그리고 죄의 실재에서 구원받게 될 것(히 9 : 28)이다(두란노서원 편, 1994).

제4장 창의적인 성경프로젝트

프로젝트 접근법을 활용한 '창의적인 성경프로젝트'는 유아교육기관에서 성경을 알아가는 활동으로 활용하면 유용하다. 교회에서도 성경프로젝트는 아동을 대상으로 하지만 초등학교, 중학교, 고등학교, 대학생, 청소년에 이르기까지 다양한 계층이 모두 할 수 있는 분야이다. 또한 교회의 구역예배를 통해 성인들이 성경프로젝트를 할 수도 있다. 그리하여 성경프로젝트를 하기 이전에 아동들이 성인과 다른 특성에 대하여 알아보고자 한다. 아동의 특성을 김금주(2005)는 다음과 같이 제시하고 있다.

- 아동들은 체험적이며 직접적이고 구체적 경험을 통해 배운다.
- 감각을 통해 배운다.
- 흥미, 요구에 따라 끊임없는 질문과 호기심을 통해 스스로 배운다.

이와 같이 아동의 학습특성을 만족시킬 수 있는 것은 주입식이 아닌 놀이를 통해서 학습하는 것이며, 이것이 유아교수·학습법의 전략으로 대두되게 되었다. 유치원의 창시자인 Fröbel은 놀이를 통하여 표현하고 창조하고자 하는 내면의 충동을 가장 잘 표출하는 것이 놀이라고 하였으며, Piaget는 놀이행동을 통해 인지발달을 측정할 수 있다고 하였다(김금주 외, 2005). 또한 Vygotskey는 놀이의 가치를 구체적 사고에서 추상적 사고로의 전환을 돕는 잠재적인 새로운 능력을 드러내는 확대경으로 보면서, 학교와 같은 형식적인 상황에서 실현되기 이전에 놀이를 통해 먼저 나타난다고 하였다(Johnson, 1999, 김금주 외, 2005).

그러므로 아동들이 흥미, 호기심, 탐구심을 가지고 스스로 능동적으로 학습할 수 있도록 적용하는 것이 창의적인 성경프로젝트인 것이다.

1 성경프로젝트의 특성

이미 살펴본 바와 같이 프로젝트란 의미는 계획한다, 연구한다, 기획하다, 탐색하다 등이며, 이것은 자신이 생각하고 있는 것을 구체적으로 나타내고 형상화하며, 어떠한 것을 계획을 세워 고안하고 수행하는 활동을 의미하는 것이다.

프로젝트란 학습자의 욕구가 반영된 탐구활동이며, 체험을 통하여 지식을 습득할 수 있게 고안되어야 하고, 교사의 철저한 사전 준비가 필요하다. 아동이 흥미를 가지고 선택한 주제를 열심히 탐색하는 것을 의미하며, 이는 존재가 인격적으로 존중되는 것을 의미하며 학습자의 자유가 인정될 때 실현가능한 것이다.

프로젝트 접근법은 단순한 교과과정 뿐 아니라 발달영역의 통합, 교사와 아동, 지역사회, 부모의 통합 및 집단생활에서의 아동상호간의 사고의 통합, 과거경험, 지시 정도, 학습내용의 통합, 체계적 접근법과의 통합, 학문의 통합 등 다각적인 측면의 통합과정에서 이루어지기 때문에 성경공부에 유용한 학습형태라고 볼 수 있다. 창의적인 성경프로젝트는 다음과 같은 특색이 있다.

- 학습내용 선정 방법과 교수 · 학습 방법을 함께 제시하는 교육, 즉 방법론적 이론으로 전통적 교사에 대한 대안형태의 교육이다.
- 심화 학습형, 전문 탐구형, 문제해결의 유형을 모두 포함한다.
- 학습내용이 아동 개개인에게 유의미해야 함을 강조한다.
- 학습과정이 시작, 전개, 마무리의 3단계 과정으로 구분되는데 각 단계마다 중심사건과 과정, 아동들의 활동 내용이 다르며 유기적인 관계 속에서 교사의 관심 및 역할이 달라진다.
- 바람직한 교육을 위해 부모, 주변 사람들, 지역사회 구성원들과의 협력적 관계를 강조하는 집단학습과정이다.
- 교사와 아동, 아동과 아동간의 적극적인 사고의 교류와 상호작용 및 협동적 학습이 될 것을 강조하는 교사와 학습자가 주도적인 학습형태이다.
- 아동들 간의 상호작용이 풍부하게 조장되도록 집단에 대한 소속감과 공동체 의식의 발달을 돕는다.

성경프로젝트 활동을 할 때 교사의 역할은 학습과정 중에는 권위적이 아닌 돕는 파트너로 활동을 해야 하며 문제를 해결하도록 자극자가 되어야 한다.

2 성경프로젝트 교사의 역할

1) 교사의 준비

교사가 그의 사역을 감당하기 위해서는 하나님의 소명을 받아야 한다. 그 이유는 세상의 모든 일이 하나님의 섭리 아래 이루어지기 때문이다. 가르침을 받는 학생들에 대한 사랑이다. 하나님의 백성들이 가져야 할 덕목 가운데 가장 중요한 것은 사랑이며(고전 13 : 13) 가르침에 대한 관심과 기쁨이다. 가르치는 일은 즐거움을 요구한다. 아동의 필요에 대한 감수성을 개발시키고 그들을 자극하여 새로운 것을 탐구하도록 하는데 관심이 없다면 참다운 교육자가 될 수 없다.

교사는 자신의 가르침에 대하여 관심을 가지고 자신이 가르치는 아동들이 새로운 지식을 배우고 발전을 도모할 때 보람과 기쁨을 느끼는 것이다. 그러나 성경프로젝트 활동을 위해서는 훈련을 통하여 잘 준비된 자가 잘 할 수 있다. 교사는 무엇보다도 기독교적인 세계관과 인생관을 이해하고 그것을 교육이론과 실제에 적용할 수 있는 사람이어야 한다. 또한 자기가 가르치는 교과목에 깊은 지식이 있어야 하며, 교사는 아동을 잘 지도할 수 있는 영적인 체험과 성숙한 인격을 갖춘 사람이어야 하며 이것을 위하여 계속적인 노력이 필요하다. 그리고 효과적인 가르침과 교육내용, 아동의 수, 연령, 장소에 따라서 적절한 교육방법을 활용할 수 있도록 준비되어야 한다. 교사는 태어나는 것이 아니라 훈련되어지는 것이며 자신에게 주어진 은사를 극대화시킬 때 하나님 나라를 위해 아름답게 쓰임받는 것이다. 성경프로젝트 활동을 위하여 교사는 다음과 같은 활동을 준비하여야 한다.

- 전체 프로젝트의 기본방향을 설정한다.
- 활동내용을 선정한다.
- 교사의 브레인스토밍
- 풍부한 자원목록 및 준비
- 사전활동과 활동을 마친 후의 활동을 비교한다.
- 활동결과에 대한 평가
- 다음 활동을 위한 계획을 세운다.
- 활동에 따른 학부모에게 보내는 사랑의 편지를 작성한다.

| 편지의 예시 |

아침 이슬반 부모님들께!

희망찬 새 학기가 시작되었습니다. 새로운 만남을 준비하는 동안 많은 기대를 했습니다. 1년 동안 함께 지낼 아침 이슬반 친구들은 어떤 모습일까 궁금하기도 하고 앞으로 성경프로젝트 활동을 통해 어떠한 모습으로 발전할지 그리고 그 속에서 얼마나 재밌고 새로운 것들을 발견할지 부푼 가슴을 안고 ^^* 친구들을 기다립니다.

이번 한 주 동안은 많은 기대 속에서 새로운 친구들과 선생님도 만나고 아침이슬반도 새롭게 꾸미었습니다. 아침이슬반의 게시판도 친구들의 성경프로젝트 활동작품들을 진열할 기대 속에 작품을 기다리고 있답니다.

앞으로 1년 동안 함께 웃고 함께 생각하고 함께 행동하면서 따뜻한 솔잎향기반 울타리를 만들었으면 합니다. 언제나 아이들의 편에서 먼저 생각해 보고 아이들과 함께 커가는 멋~찐 아침이슬반 선생님이 될 수 있도록 노력하겠습니다.

아침이슬반 친구들이 한걸음씩 전진해 나갈 때마다 아침이슬반 가족들의 아낌없는 칭찬을 부탁드리며, 부족함이 있으면 언제든지 지적해 주시고 문제가 발생했을 때는 함께 생각하고 해결하도록 노력하는 아침이슬반이 되었으면 합니다.

아침이슬반 친구들의 1년이라는 소중한 시간을 저에게 맡겨 주신 것에 대해 진심으로 감사드리고 행복한 한 해 되시기를 바라며 주님의 은총이 함께 하시길 바랍니다.

아침이슬반 친구들 ‥

언제나 함께해요!. 샬롬!

0000년 0월 0일 아침이슬반을 사랑하는 000 선생님

2) 교실환경 준비

- 토론 가능한 학습분위기 조성
- 자원을 수집하고 보관 가능하며 열람할 수 있는 자원
- 학습활동의 전시 공간 마련

3) 교사를 위한 모임

- 전체 교사가 모여 주제에 대하여 다양한 아이디어를 수렴한다.
- 유목화(친구찾기)에 따른 역할을 분담한다.
- 자원준비에 따른 역할을 분담한다.
- 선배 및 경험이 많은 교사의 조언과 프로젝트의 전반적인 평가를 실시한다.
- 교사일기를 작성하여 아동 개인의 관찰을 기록하고 학부모와의 상담자료 혹은 가정으로 결과를 보내서 가정과의 연계지도를 활용한다.

❙아동관찰 기록일지 예시❙

아동이름 : ○○○ 관찰일시 : ○월 ○일 ○○시 교사이름 : ○○○

내용 : 교사가 아동을 관찰한 내용을 기록한다.

4) 아동을 위한 모임

- 학기 초 반배정이 되면 아동을 잘 관찰하여 그룹을 정하고 스스로 그룹의 명칭을 정하도록 한다.
- 그룹은 학기에 따라 변경할 수 있다.
- 프로젝트 활동을 위한 약속과 규칙을 정한다.
- 권위적이지 않아야 하며 융통성을 부여한다.
- 사전에 철저히 자원을 준비하여 시간이 낭비되는 것을 잘 관리하도록 하며, 시간의 중요성을 알게 한다.

지금까지 창의성과 프로젝트 접근법 그리고 기독교교육에 대하여 살펴보았다. 창의성을 유발하는 방법을 인지하여 교사의 마음을 열고 교사의 마음이 열린 가운데 아동의 성경공부의 활성화를 위하여 창의적인 기법과 프로젝트 접근법을 활용하여 아동들이 함께 참여하며 능동적인 학습방법을 할 수 있게 한다. 즉 교사와 아동, 아동과 아동이 함께 공유하며 공동체적 학습이 일어나도록 하는 것이 창의적인 성경프로젝트 활동인 것이다.

켓츠와 챠드(Katz & Chard, 2000)는 프로젝트 접근법의 목적을 학습자들에게 지적인 목적을 강조하는 것이 아니라 성취감을 느끼게 하는 것이며, 놀이와 프로젝트 활동을 통합함으로써 교육과정 운영에 균형을 이룰 수 있다는 것이다.

그러므로 창의적인 성경프로젝트는 학교와 교회에서 학습과 아동의 실제의 삶이 분리되지 않게 교육과 삶의 적용이 가능한 활동이 될 수 있으며 집단에 대한 소속감과 공동체 정신을 기를 수 있고 아동이 성경에 대한 관심과 흥미를 갖게 할 수 있다.

이와 같이 창의적인 성경프로젝트는 개인주의를 강조하는 오늘날의 문제를 해소할 수 있는 공동체 정신을 기를 수 있는 학습방법이며 지식만을 알게 되는 것이 아니라 성경프로젝트 활동을 통하여 성취감을 느낄 수 있다는 것이다.

그리고 놀이를 통하여 하는 학습활동이므로 흥미를 느끼며 자발적으로 활동에 임할 수 있는 것이 특색이라고 할 수 있다. 일반적으로 성경은 어렵다고 생각하며 듣는 교육으로 이루어지기 때문에 흥미를 느끼기가 쉽지 않다. 그리하여 개인주의로 흐르고 있는 아동들의 생각을 공동체 정신으로 바꾸어 주며 주입식이나 듣는 성경이 아닌 자신이 직접 찾아보며 알아가는 학습방법인 성경프로젝트 활동은 아동들에게 흥미를 줄 것이다.

그리하여 성경프로젝트 활동을 위하여 창의적인 성경프로젝트의 분류 주제 내용을 살펴보고자 한다.

3 창의적인 성경프로젝트 활동의 분류 주제 내용

유대인들은 국가가 멸망한 이후에 박해를 받고 뿔뿔이 흩어져 어려움을 당했으나 오늘날까지 민족적 정통성과 종교적인 정체성을 유지해 왔다. 이것이 바로 신앙교육의 중요성이라고 할 수 있다. 신앙은 듣고 배우는 과정을 통해서 이루어지며 신앙교육을 위한 교본은 하나님의 말씀이며, 이 교육은 가정에서 시작되어야 한다(미션성경). 그리고 그 이외에 학교나 교회학교 교육을 위해 이루어지는 것이다.

일반적인 교육과정 속에서는 삶의 다양한 일상경험들을 분석하여 교육적 의미를 지닌 내용으로 구조화할 필요가 있으며, 이것이 교육 내용이 될 수 있는 것이다. 삶의 경험 세계에서 성공적인 경험을 하는 데는 관련된 지식, 아이디어, 기술, 가치, 태도 등이 풍부해야 한다(방인옥 외, 2003). 이것을 다시 학습자의 연령, 흥미, 요구 등의 발달특성에 따라 문화적 맥락, 즉 가정, 지역사회, 문화적 전통이나 관습 등의 특성과 논리 수학적, 물리적, 사회적 지식의 지식차원에 맞게 조직한 것이 교육내용이 된다. 필립 메이는 성경(약 3 : 17)을 풀어 교육내용을 결정할 때 위로부터 난 지혜를 '성결', '화평', '관용', '양순', '긍휼', '선한 열매가 가득함', '편벽 없음', '거짓이 없음'의 8가지를 소개했다. 또한 교수방법으로 모범이신 예수 그리스도의 3R 정책을 소개하였는데 어린이를 영접(Receiving)하고, 반응(Response)하며, 존중(Regard)하는 것이라고 하였다(임희옥, 2007).

임희옥(2007)은 "기독교적인 것이 어떤 것인지 고뇌해야만 한다. 즉 고뇌는 우리의 철학(인간이 어떤 존재인지, 진리가 무엇인지)을 성경에 비추어 기독교세계관으로 조명하는 것이며, 지식(유아에게 가르칠 지식과 가르치는데 필요한 지식)이 성경적인지 확인하는 지식"이라고 하였다. 즉 아동교육에 있어서 기독교적인 것이 어떤 것이냐를 질문하는 것으로서 기독교 유아교육의 범위를 교회와 교육기관으로 볼 때 교회에서의 교육은 성경을 가르치되 성경말씀을 어떻게 생활에 적용을 할 것인가를 가르치는 것이다. 그리고 기독교 학교에서의 교육은 성경만을 가르치는 것이 아니라 성경을 중심으로 그 여러 가지 교과목을 통합적으로 가르치는 것을 의미한다(정희영 외, 2007).

그러므로 성경을 가르치는 것은 교회에서의 교육을 강조하는 것이 아니라 성경을 통해서 모든 것을 생활에 적용하는 것이다. 그리하여 기독교 세계관이란 하나님의 계시(성경)의 중심적인 진리들을 숙고함으로 체계화된 진리인데 창조-타락-구속이라는 틀을 가지고 있으며 여러 가지 형태의 세계관을 성경적 입장에서 평가, 비판하는 척도가 된다. 성경을 통하여 세상을 보는 것이다.

그러므로 아동교육의 범위는 영적인 영역에만 국한시켜서는 안 된다(임희옥, 2007). 그렇다면 기독교적인 세계관이란 무엇을 가르치는 것인가를 논하게 된다. 기독교 세계관의 의미 중 세계관을 Wolters(1985)는 "한 사람이 사물들에 관하여 갖고 있는 기본적 신념들의 포괄적인 틀"이라고 정의하였으며, Sire(1995)는 "이 세계의 근본적 구성에 대해 견지하고 있는 일련의 전제"라고 보았다. 가르치는 모든 교육의 내용은 하나님이 창조하신 영역에서 벗어나는 것이 없다. 골로새서 1장 16절과 17절은 "만물이 그에게서 창조되되 하늘과 땅에서 보이는 것들과 혹은 왕권들이나 주권들이나 통치자들이나 권세들이나 만물이 다 그로 말미암고 그를 위하여 창조되었고 또한 그가 만물보다 먼저 계시고 만물이 그 안에 함께 섰느니라"라고 기록되었으며 세상의 모든 것들과 보이지 않는 것까지 하나님의 영역에 있음을 나타내고 있다. 그러므로 무엇을 가르칠 것인가를 고민해야 한다.

임희옥은(2007) 그 첫째 과제를 계시(성경)의 중심적 진리인 창조-타락-구속의 기독교 세계관 세우기이며, 둘째, 기독교 세계관으로 가르치기에서는 '무엇을 위해 가르칠 것인가?'이다. 그러나 일반교육은 철학이나 이론적 배경을 기초로 하여 인간이 어떤 존재인지, 무엇이 아름답고 선한 것인지, 우주와 자연을 어떤 눈으로 바라보는지, 진리가 무엇인지를 설명해야 한다, 그러나 기독교의 진리는 하나님이며 성경말씀이며 예수님이다. 즉 기독교 교육과정에서의 학습활동의 목적은 학습활동 안에서 하나님께 예배하고 하나님께 반응하도록 돕는 것이다. 일반교육과정의 지식이란 과학적인 자료들로부터 얻어낸 것이라면 기독교 진리란 하나님을 알아가는 것이다. 하나님은 사랑이시며, 그 사랑으로부터 시작하는 지식은 관계 속으로 안내한다(임희옥, 2007). 정희영(2007)은 기독교 아동교육의 원리를 다음과 같이 제시하고 있다.

- **하나님 중심의 원리** : 모든 지식은 하나님으로부터 나오고 인격적인 관계를 맺어야 하며, 그 지식은 하나님을 위해 사용되어져야 한다.
- **성경중심의 원리** : 성경은 전체 교수-학습과정의 방향을 제시하며, 모든 교육적 계획을 뒷받침해 주는 기준을 제공한다.
- **통합교육의 원리** : 인간은 다차원적인 존재이며 영적인 존재이므로 수평적 · 수직적인 면에서의 통합이 이루어져야 한다고 하였다.

| 인물 성경 공부방법 |

앞에서 소개한 리챠드 워렌의 12가지 방법(제3장 p. 64 참조) 중에서 인물성경 공부방법은 성경프로젝트에서 실시하려고 하는 방법의 일부분이므로 분석방법을 알아보는 것은 중요한 자료가 될 것이므로 살펴보고자 한다.

성경 속 인물의 태도를 살펴보는 것은 삶에 대한 적용점을 배울 수 있는 장점이 있다. 또한 하나님의 말씀 가운데 언급된 그들의 삶을 통해 긍정적이고 부정적인 점과 그들의 실패가 주는 체험을 통하여 지혜를 얻고 교훈을 삼을 수 있다.

워렌은 "사람은 하나님 앞에서 중요하다. 성경은 하나님께서 사람을 다루신 것에 대한 기록이며, 사람들을 통해 나타내신 하나님의 계시"라고 하였다. 그리하여 성경의 인물을 연구하기 위하여 첫째, 성경의 인물 중에서 몇 주간을 공부해야 하는 사람이 있고 몇 시간이면 공부할 수 있는 사람이 있는데 그 중에서 짧은 시간에 알아볼 수 있는 사람부터 하는 것이 흥미를 가져올 수 있다는 것이다. 둘째, 인물 공부를 하는 중에 그 사람처럼 살아보는 것이다. 셋째, 같은 이름이 많이 있으므로 혼동하지 않도록 정확한 찾기를 해야 한다. 넷째, 그 사람에 대한 모든 참조 구절들을 찾아보고 자신이 알아볼 때까지는 주석의 인물들의 평가를 찾아보지 말라는 것이다. 그 이유는 편견을 가질 수 있기 때문이다. 그리고 이러한 인물들을 더 정확하게 알아보기 위해서 몇 부분으로 나누어 제시하고 있다.

- 공부하기 원하는 성경의 인물을 선정하여 닮아가는 이치를 깨닫는 기회로 삼아라.
- 그 인물에 대한 모든 참고 구절의 목록을 만든다.
- 인물에 대한 첫인상을 기록한다.
- 인물의 연대표를 만든다.
- 그 인물의 성품을 찾아본다.
- 그의 생애를 통해 나타난 진리들에 대한 다른 성경말씀을 찾아본다. 예를 들어,

"심는대로 거둔다"는 말이 그의 생애가 보여주고 있는가를 알아보는 것이다.

- 중요한 교훈들을 요약한다.
- 그 인물로부터의 깨달음을 기록한다.
- 개인적인 적용을 기록한다.
- 중요한 교훈들을 요약한다.
- 공부한 결론의 내용을 전달하기 쉽게 만든다.

워렌의 인물 성경 공부는 개인이 하는 것이므로 많은 양을 알아볼 수 없기 때문에 적은 시간에 할 수 있는 것을 요구하고 있다. 그러나 성경프로젝트 활동은 그룹이 하기 때문에 각자가 관심이 있는 분야를 토의하고 각자 나누어서 그 부분을 알아볼 수 있으므로 많은 양의 시간을 필요로 할지라도 가능하게 할 수 있다는 장점이 있다.

성경의 전체 내용을 쉽게 익히기 위하여 헨리에타 미어즈(2003)의 짧게 요약한 내용을 제시하면 다음과 같다.

- 구약

〈모세오경〉

세상이 창조된 창세기
행군소리 요란한 출애굽기
율법이 실려 있는 레위기
지파들이 등장하는 민수기
율법 준수를 재 다짐하는 신명기
이 모세오경은 세상에서
제일 오랜 기록이라네.

〈역사서〉

용감한 여호수아 가나안으로 이끌고

사사기의 유다인은 하나님을 거역하네.
다윗의 이름을 룻기와
사무엘 상하에서 볼 수 있네.
열왕기 상하에서는 히브리 민족이
참으로 비참하게 되었네.
역대기 상하에서도 동일한 모습을 볼 수 있네.
에스라 때 포로되었던 유다인이 돌아오고
느헤미야 때에는 성벽을 쌓고
에스더 왕비는 그 백성을 구하네.
이 책들을 '역사서'라 부르네.

〈시가서〉

욥기에서 우리는 충실한 믿음을 보고
시편에서는 다윗의 찬송시를 읊는다.
잠언은 우리를 슬기롭게 해 주고
전도서는 지상 향락이 헛됨을 보이네.
솔로몬의 아가는 그리스도께 대한 사랑의 노래요
이 다섯 책이 '시가서'라.

〈선지서〉

그리스도 오실 것을 말하는 이사야
백성을 경고하는 예레미야
무너질 거룩한 성을 생각하여 애통하는 예레미야의 애가
기이한 일들을 말하는 에스겔
열국을 예언하는 다니엘
회개하라 외치는 호세아

심판이 예언된 요엘
진노를 설명하는 아모스
경고를 주는 오바댜
그리스도 부활하실 것을 말하는 요나
그리스도 나실 곳을 말하는 미가
나훔에는 니느웨가 보이고
하박국엔 갈대아의 죄가 보인다.
스바냐엔 유다의 죄가 보이고
학개에선 성전이 재건된다.
스가랴는 그리스도에 대하 말하고
말라기는 요한을 설명해 놓았다.
선지서는 17권이요
구약은 모두 합쳐 39권이라네.

신약

마태, 마가, 누가, 요한 모두 함께
그리스도와 그의 생애를 말해 주고
사도행전에선 성령의 일하심을 보네.
로마서는 은혜의 구원을
고린도 전후서는 교회에 대한 가르침을
갈라디아서는 하나님의 은총을
에베소서는 우리가 '그리스도 안'에 있음을
빌립보서는 그리스도의 기쁨을
골로새서는 높임 받으시는 그리스도를
데살로니가 전후서는 종말을
디모데 전후서와 디도서는 목자들을 위한 지침을

빌레몬서는 자선을,
열세 개의 서신을 바울이 썼네.
히브리서는 모든 유대율법이
어떻게 그리스도를 미리 보여주었는가를 일러주고
야고보는 우리에게 믿음의 행위로 살 것을 말해 주며
베드로는 꾸준함을 가르쳐 주고
요한은 그리스도인의 사랑을 높이 말하네.
유다는 악인의 종말을 보여주고
계시록은 하늘나라를 나타내 주네.
신약은 모두 합쳐 27권이라네.

미어즈의 리듬에 맞춘 성경 66권의 요약은 성경을 이해하는데 도움이 될 수 있어서, 아동들의 성경 이해를 위해 인용하였다.

참된 지혜를 얻는 것은 하나님을 경외하는 것이다(창 1 : 7-9). 하나님은 지혜의 근원이 되시며 말씀을 지키는 것이 참 지혜에 이르는 길인 것이다. 그리하여 그 지혜를 얻기 위해서는 세상의 지식에서 얻어지는 것이 아니라 성경 말씀 속에서 얻게 되기 때문에 성경을 흥미 있게 알아야 하는 것이다. 성경은 택함받은 백성에게 계시된 하나님의 말씀이며(벧후 1 : 20,21) 삶을 규정하는 최고 권위를 지닌 규범이다. 율법을 이스라엘에게 주신 것은 계시된 법을 쫓아 거룩하신 하나님을 닮도록 하기 위함이다. 하나님의 말씀 안에 거할 때 생명과 소망이 있으며(요 5 : 39), 우리의 삶이 말씀중심의 삶이 되어야 함을 강조한 것이다(딤후 3 : 15, 미션성경).

그리하여 성경프로젝트는 하나님의 말씀을 통해서 프로젝트 활동을 진행하기 때문에 성경을 더 자세하게 알아보며, 흥미위주로 진행하는 것이라고 할 수 있다. 그리하여 성경의 내용을 전반적으로 주제별로 분류하여 주제에서 암시적인 의미를 담고 아동들이 하고 싶어 하고 관심 있어 하는 부분을 조사하고 알아보는 활동이라고 할 수 있다. 아동의 흥미를 끌어내기 위해 주제의 부분을 성경에서 호감이 있고 귀감이 되는 사람을 '호감' 성경프로젝트에 넣었고 성경에 나오는 인물 중에 바람직하지 않은 인물들을 '비호감' 성경프로젝트에 넣었다. 그리고 이웃과 더불어 함께 지낼 수 없어 왕따를 당한 인물로 분류하였다. 색깔을 주제로 성경의 의미를 알아보는 '색깔' 성경프로젝트, 거짓말을 한 인물을 중심으로 찾아보는 '거짓말' 성경프로젝트, 선과 악으로 나누이거나 열심과 그렇지 않은 사람 등 서로 비교해 볼 수 있는 '비교' 성경프로젝트, 감사할 줄 모르고 버릇이 없는 인물들을 '싸가지' 성경프로젝트, 유월절을 기념하기 위한 교훈의 '음식' 성경프로젝트, 사도 바울의 선교 여행에 대한 '여행' 성경프로젝트, 왕을 중심으로 한 '왕' 성경프로젝트, 성막이 지니는 의미와 종류에 대한 '성막' 성경프로젝트, 성경에도 남을 살해한 나쁜 이야기인 '살인' 성경프로젝트, 절기를 중심으로 절기를 알아가는 '절기' 성경프로젝트, 안하무인격으로 도리에 어긋나는 '모르쇠' 성경프로젝트, 기도의 종류를 알아보는 '기도' 성경프로젝트, 죽었다 살아난 사람을 알아보는 '부활' 성경프로젝트, 이름이 바뀌어지고 삶의 변화를 일으키는 '이름짓기' 성경프로젝트, 성경에 있는 고대의 지역 이름을 현대의 이름으로 찾아보는 '옛이름' 성경프로젝트, 중등부 이상이 할 수 있는 성경의 단어의 의미를 다른 성경에서 영어로 구분해 보는 '영어의미' 성경프로젝트 등으로 나누어 프로젝트 활동을 진행하도록 하였다. 내용과 실제적인 활동의 예시는 대략 30가지로 분류하였다. 더 자세한 활동은 성경프로젝트의 실제에서 다루어질 것이며 30가지 주제 이외에도 많은 활동주제를 만들 수 있으므로 교사의 경험의 유무, 능력, 연구하는 모습 등에 의해서 활동이 활성될 수 있고 실패도 경험하게 될 것이다. 다음은 성경프로젝트의 주제를 분류한 항목이다.

4 창의적인 성경프로젝트의 분류 주제

인물프로젝트에 있어서 성경에서 긍정적인 인물을 호감이 있는 인물, 즉 '호감' 성경프로젝트, 호감이 가지 않는 인물을 비호감 인물로 나누어서 '비호감' 성경프로젝트의 주제에 넣었다. 그리고 요즈음 아동들이나 사회에서 왕따를 당하는 사례가 많으므로 성경에서 왕따를 당한 인물들을 알아보면서 그들이 왕따를 당하게 된 경위를 프로젝트 활동을 하면서 원인을 발견하고 반성해 보는 사례로 삼을 수 있으면 좋을 것 같다. 그리하여 자신의 성격에 의해서 자랑하기를 즐겨한 요셉과 이웃들과 좋은 관계를 맺지 못하고 돈을 사랑해서 소외된 삭개오 등을 '왕따' 성경프로젝트 주제에 선정하였다. 또한 자살이 많이 일어나고 있는 요즈음 '살인' 성경프로젝트를 통해서 주님만이 생명의 주인 되심을 알 수 있으며, 그 이외에 인물의 비교, 색깔의 상징을 통한 의미, 성경에서 거짓말을 하게 된 사람들, 감사할 줄 모르는 싹수가 없는 사람들을 더 실감나게 경험하기 위해 은어인 '싸가지' 성경프로젝트로, 모르는 것으로 일관하는 '모르쇠' 성경프로젝트 등 아동들의 흥미를 유발시키고 호기심과 관심을 불러일으키기 위하여 은어 등을 첨가하여 성경프로젝트의 분류 주제로 선정해 보았다.

1) '호감' 성경프로젝트

인물을 위한 성경프로젝트 활동을 할 때 알아볼 수 있는 것을 워렌은 평판(주변사람, 하나님 등), 성품, 배경(조상, 이름 등), 중요한 사건들, 관계, 인격, 영적인 생활(성별된 삶, 하나님 말씀에 대한 태도 등)을 알아보는 것을 제안하고 있다(이명희, 1984).

아브라함(창 22 : 1-14)과 같이 믿음의 조상이 된 인물, 이삭(창 18 : 1-18, 마 1 : 2, 행 7 : 8)과 같이 아버지께 순종함으로 축복을 받은 순종의 인물들을 지칭하는 것이다. 호감이 가는 인물로는 다음과 같은 사람들이 있다.

아브라함, 야곱, 이삭, 요셉, 에녹, 노아, 모세, 여호수아, 아론, 사무엘, 다윗, 다니엘, 솔로몬, 에스라, 에스겔, 엘리야, 예레미아, 이사야, 베드로, 바울, 예수, 사도요한 등이다.

2) '비호감(Anti)' 성경프로젝트

그리스도인 생활의 주된 목적은 주님의 성품을 계발시켜 나가는 것이다. 나쁜 성격을 좋은 성품으로 변화시켜 그리스도와 같이 되어 가는 것이다. 비호감 인물을 통하여 부정적인 성품과 긍정적인 성품을 구별하고 그것을 돕기 위해 고안되면 좋을 것이다.

성경의 인물 중에 기록되어 있으나, 별로 바람직하지 않은 인물로서, 예수님을 배신한 가롯 유다(막 14 : 10,눅 6 : 16) 혹은 사울(삼상 9장-11장 ; 13-28 삼하 1장) 임금 등을 알아보는 활동이다.

3) '왕따' 성경프로젝트

신앙은 관계인데 그것은 자신의 사랑을 예수 그리스도를 통하여 드러내신 하나님과의 신뢰의 관계이다. 그러므로 성경과 교리, 교회에 대한 지식만으로는 부족하다. 교회교육이 하나님에 대한 신념들을 형성하도록 지식을 전달하는 것도 좋지만 그 지식은 개인의 삶에서 하나님과의 적극적인 현존을 인식하는 것이다. 즉 교회교육은 관계적 차원을 지원하고 양육되어지는 면에 관심을 쏟아야 한다. 하나님과의 깊은 관계를 위하여 혼자만이 신앙생활을 잘하려고 하는 것이 아닌 공동체적인 관계 속에서 서로를 나누는 삶이 되어야 하는 것이다. 그런데 성경 속의 인물 중에는 하나님의 계획 속에서 자신을 형제들에게 너무 나타내다가 형제들로부터 소외되는 인물도 등장하며 물질을 탐하다가 이웃들로부터 소외되는 인물 등이 등장된다. 그리하여 이웃들에게서 소외당하는 인물 중에서 호감인물의 분류에 넣을 수 있으나 요셉(창 30 : 22-34, 요 4 : 5)의 경우는 약점일 수 있는 하나님이 주신 비전을 형제들에게 자랑하다가 애굽에 팔려가는 부분을 왕따의 분류에 넣었다. 그리고 세리인 삭개오(눅 19 : 1-19)는 이웃과 화목하지 못하고 돈을 사랑했기에 한때는 이웃사람들에게 배척을 당했으므로 왕따의 분류에 넣었다.

4) '색깔' 성경프로젝트

색깔만 있는 글 없는 그림책으로 구원을 설명한다. 예수님을 영접함으로 천국의 백성이 되며, 하나님의 자녀로서 새 생명 안에서 성장하는 방법을 알게 한다. 글 없는 그림책의 색깔은 다음과 같은 상징의 의미를 나타내고 있다.

- 검정 색깔 : 죄의 방(롬 6 : 23)
- 빨간 색깔 : 보혈(히 9 : 22)
- 하얀 색깔 : 죄사함(요 1 : 12)
- 황금 색깔 : 천국(계 21 : 3)
- 초록 색깔 : 성장(빌 1 : 27)을 나누어 그 의미를 찾아보는 활동이다.

5) '거짓말' 성경프로젝트

사전에서는 거짓말을 "그렇지 않은 것을 그렇다고 꾸며 하는 말"을 의미한다. 살아가면서 때로는 선의의 거짓말을 하기도 하지만 성경에는 거짓말을 하여 성령을 속이고 죽게 되는 아나니아와 삽비라(행 5 : 1-62)부부가 있으며, 하나님의 명령을 거역하고 다른 곳으로 가다가 풍랑을 만나 회개하는 요나(왕하 14 : 23, 욘 1 : 1, 마 12 : 39-41 ; 16 : 4 ; 눅 11 : 29-32)가 있다. 그리고 야곱(창 25 : 19-35 ; 29 : 46-50, 마 1 : 2 ; 8 : 11, 눅 1 : 33 ; 요 4 : 5-6, 행 7 : 8, 롬 9 : 13

히 11 : 9)처럼 아버지를 속이고 형의 축복을 빼앗는 인물들이 있으므로 그러한 사람들을 알아보는 활동으로 하기 위하여 거짓말 성경프로젝트 분류에 넣었다.

6) '비교' 성경프로젝트

좋은 면에서든지 나쁜 면에서든지 서로 견주어 보는 것을 비교라고 한다. 성경에는 선과 악한 면에서 비교되는 인물이 있으며, 말씀을 듣는 사람과 말씀을 전하는 분을 대접하기 위하여 봉사하는 면에서 비교가 되는 인물들이 있다. 때로는 다른 사람들이 나보다 더 우월하다고 인정하여 시기가 나기 때문에 죽이려하는 왕들의 비교가 있다.

① 성경의 인물 중에서 왕비로 비교되는 와스디와 에스더(에스더 1장-10장)는 같은 점(왕비, 아름다운 미모, 임금의 명령 거역)과 다른 점(와스디는 폐위, 에스더는 유대인 생명살림)이 있다. 그러므로 왜 이와 같이 왕비이면서 임금의 명령을 어겼으나 와스디는 폐위가 되고 에스더는 나라를 구하고 축복을 받은 인물들이 되었는지를 비교해 볼 수 있다.

② 봉사 잘하는 마르다와 말씀 잘 듣는 마리아를 비교하는 것이다. 음식대접을 하기 위해 봉사에 힘쓰는 마르다에게 예수님은 마리아가 말씀을 듣는 좋은 일을 선택했다고 하셨다. 마리아와 마르다(눅 18 : 38-41, 요 11 : 1-40 ; 12 : 2)의 행동을 통해 자신의 적용점을 찾아볼 수 있다.

③ 인본주의적인 사울(삼상 9-11장, 13-28, 행 13 ; 21)과 신본주의적인 다윗(삼상 : 기름부음 16 : 1-13, 수금을 타서 사울병 고침 16 : 14-23, 골리앗과 싸움 삼상 17장, 요나단과의 우정 삼상 18 : 1-4, 사울왕의 시기 삼상 18 : 5-9, 미갈과 결혼 삼상 18 : 20-29, 사울에게서 도망 삼상 19-22장)을 비교할 수 있다.

④ 룻과 오르바(룻 1 : 14-시어머니를 따르는 룻과 친정으로 떠나는 오르바) 등이 있다.

7) '싸가지(싹수없는)' 성경프로젝트

"싹"은 사물의 근원이나 시초를 의미한다. 그리하여 장래성이 없는 사람을 싹수가 없다고 속되게 표현해 그런 사람을 '싸가지가 없다"고 한다. 그리하여 호기심을 일으켜 흥미를 끌고자 성경의 인물 중에서 은혜를 모르는 사람들을 싸가지가 없는 사람으로 지칭해서 싸가지 성경프로젝트의 분류에 넣었다.

문둥병에 걸린 10명의 문둥병자 중에서 병 고침을 받은자 9명은 가버리고 1명만 감사한 사람(레 13 : 45-46, 눅 17 : 11-19)과 주인의 은혜를 잊고 배은망덕한 하갈(창 21 : 9-21), 그리고 악하기로 이름 난 이세벨(왕상 16, 19, 21장, 왕하 9 : 7-10, 30-37) 등을 보면서 나는 누구인가? (외적인 나, 내면적인 나, 사명받은 나)에 대하여 생각해 볼 수 있는 부분이다.

8) '음식' 성경프로젝트

애굽에서 출애굽할 때 모세가 하나님의 말씀대로 바로에게 행하던 마지막 10번째 재앙 중에서 모든 첫째가 되는 장자가 죽는 재앙이 있었다. 그러나 죽음을 면하게 되는 방법이 양의 피를 바른 이스라엘 백성에게는 재앙이 임하지 않고 죽음을 면하는 일이었다. 그리하여 애굽에서 고생하며 노예로 살던 그날을 잊지 않고 기억하며 이스라엘 백성이 유월절을 기념하며 먹는 음식의 종류가 있다. 즉 ① 양고기 : 누가 죽어야 산다는 예수 그리스도의 의미 ② 쓴나물 : 노예생활 할 때의 쓰디쓴 그때를 잊지 말자는 의미 ③ 무교병 : 누룩 없는 빵은 죄를 제거하고 살자는 의미 ④ 붉은 포도주 : 구속의 피를 의미 (현대에 이르러 추가된) ⑤ 달갈 : 달갈은 약하지만 삶은 달걀은 강하다는 것을 의미 ⑥ 카로셋(Charoset) : 노예시절의 벽돌을 의미 ⑦ 소금물 : 노예생활에서의 수고와 땀을 잊지 말라는 의미를 나타내고 있다.

9) '숫자' 성경프로젝트

성경에는 숫자들이 나온다. 성경에 대하여 알아보는 방법에 흥미를 주기 위하여 숫자별로 알아보는 활동이라고 할 수 있다. 그 예로는 예수님 제자 12명, 성령의 열매 9가지, 성경목록 66 등의 숫자를 통해 성경을 알아보고 창세기의 우주와 인간의 창조에 대하여 날짜별로 알아보는 활동이다.

- 빛과 어두움의 창조
- 궁창(하늘)
- 땅과 바다
- 해, 달, 별
- 새, 짐승, 물고기
- 남자, 여자 창조

10) '반역' 성경프로젝트

반역의 의미는 배반하고 모역한다는 뜻이다. 역사에도 나라를 어렵게 하고 반역한 많은 사람들이 있다. 성경에도 스승을 배신하거나 하나님의 사역을 방해한 무리들이 있다. 그들을 찾아보고 프로젝트 활동을 하면서 우리 자신과 무엇이 다르며 나는 어떠한 인물로 성장할 것인가를 생각해 보며 우리의 삶에 적용하여 그러한 인생을 살지 않도록 교훈이 되어야 할 것이다. 반역한 사람들을 제시하면 다음과 같다.

- 고라와 나단 일당이 모세와 아론을 반역함(민 16 : 1-33).
- 세겜사람들이 아비멜렉을 반역함(삿9 : 22-25)
- 한 비류가 사울을 반역함(삼상 10 : 27)
- 아브넬이 이스보셋을 반역함(삼하 3 : 6-21)
- 압살롬이 다윗을 반역함(삼하 15 : 7-18 ; 15)

- 세바가 다윗을 반역함(삼하 20 : 1-22)
- 이스라엘 10족속이 르호보암을 반역함(왕상 12 : 16-19)
- 여호야다가 아달랴를 반역함(왕하 11 : 14-16)
- 이스라엘 백성이 하나님을 반역함(렘 11 : 19)
- 가롯 유다가 예수님을 반역함(마 26 : 14-16, 47-56)

11) '임신(신비)' 프로젝트

예전과 다르게 현대는 아기들을 많이 낳지 않으며, 한 가정에 아기가 1명인 가족이 많이 있으므로 이모, 고모, 삼촌 등의 명칭도 사라질 것 같다. 그러나 성경에는 분명히 자녀 번성은 축복(창 24 : 60, 28 : 3)임을 명시하고 있다. 축복은 사람을 통해 하나님의 복을 받는 것(창 27 : 4, 창 28 : 1)이며, 복은 하나님이 사람에게 직접 주는 것(창 22 : 17, 창 26 : 29, 창 28 : 3)이다. 기업의 축복(창 28 : 4), 언약의 축복(창 48 : 15, 16), 하나님의 은혜(민 6 : 25) 등으로 묘사하고 있다. 성경에는 불임 중에 하나님께 간구함으로 인하여 자녀를 낳은 기록이 있다. 이삭을 낳은 사라(창 11 : 30)는 야곱과 에서를 낳은 리브가(창 25 : 21) 그리고 라헬(창 30 : 1)은 요셉과 베냐민을 낳았으며 사무엘을 낳은 한나(삼상 1 : 5), 삼손을 낳은 마노아의 아내(삿 13 : 2,3), 수넴여인(왕하 4 : 14), 엘리사벳(눅 1 : 7) 등이 있다.

12) '선교 여행' 성경프로젝트

사전에서는 선교를 '종교를 널리 선전하여 전도하는 것'이 선교라고 정의하고 있다. 사도바울은 이방인들에게 복음을 전하고자 먼 여행을 하였다. 사도바울이 선교를 하기 위해 여행한 흔적을 따라서 선교 여행을 해 보는 활동으로 그리스, 터키 등의 국가에 대하여 많은 것을 알아볼 수 있다.

사도바울의 1차(행 13 : 1-4), 2차(행 15 : 1-5), 3차(행 18 : 23-21 : 46) 전도여

행을 중심으로 활동하는 활동으로서 전도여행지의 도시들, 문화, 배경 등을 알아 볼 수 있다.

13) '왕' 성경프로젝트

왕은 한 나라의 대표가 되어 그 나라의 모든 것을 주관하는 사람이다.

성경에 나오는 최초의 왕은 누구인가 다윗과 솔로몬은 어떤 일을 했으며, 잘못한 것은 무엇인가? 그리고 북이스라엘과 남 유다왕을 중심으로 이스라엘의 역사 및 왕들의 업적을 살펴볼 수 있는 활동이다.

14) '옛 이름' 성경프로젝트

시대가 지나면서 국가의 명칭이나 지역의 이름이 바뀌는 경우가 있다. 성경에는 중동지역이나 그밖의 많은 지역이 기록되어 있다. 조금더 성경을 잘 이해하기 위하여 그 당시의 지역명을 현재의 지명으로 알아보는 과정이다.

애굽, 마케도니아, 바벨론, 바사, 서바나 등의 지역은 현재는 어디인가? 등의 질문을 가지고 알아볼 수 있다.

15) '모르쇠' 성경프로젝트

'모르쇠'의 의미는 아는 것이든 모르는 것이든 모두 모른다고 잡아떼는 것을 의미한다. 그리하여 성경의 인물 중에는 모르쇠로 일관하여 축복을 받은 기생 라합이 있고 다말과 같이 자손을 얻기 위해 시아버지를 선택하는 무례한 사람도 있다. 그러나 그들을 통해 우리에게 주는 교훈이 있다. 그러한 사람들을 알아봄으로써 그들이 지탄받을 것만 있는지 아니면 그들이 주님을 위해 위험한 일들을 감행했는지를 살펴보면서 우리의 신앙을 다시 점검하는 계기가 될 것이다.

압살롬은 부모도 모르고 불효한 사람이며, 기생 라합은 모른다고 했지만 가족을 구원했고, 다윗과 같이 훌륭한 왕도 권력을 가지고 밧세바를 차지하고 자신의 충성스런 부하를 죽게 하는 범죄를 저지른다. 이러한 다양한 종류에 대하여 알아보며 적용점을 찾아보는 것이다.

16) '부활' 성경프로젝트

부활의 의미는 죽은 자가 다시 살아나서 새 생명을 얻는 것을 의미한다. 죽었다가 다시 살아나서 부활을 경험하는 사람들이 간혹 있기도 하다. 그러나 성경에는 죽었다가 다시 살아난 사람들이 기록되어 있으며, 가장 확실한 근거는 예수님께서 죽으셨다가 삼일 후에 살아나신 사건이다. 그리하여 성경에 등장하는 나사로, 야이로의 딸, 두기고, 과부의 아들, 예수님 등은 죽었다 살아난 사람들이다. 이러한 과정을 통하여 우리의 영혼을 구원한 주님의 큰 사랑을 알아가는 활동이다.

17) '살인' 성경프로젝트

현대에는 인명경시 풍조로 인하여 물질, 원한, 갈등 등으로 인하여 많은 사람들이 살인을 행하고 있다. 또한 남을 해치기도 하지만 자신이 목숨을 끊는 자살의 경우도 많이 발생한다. 자신의 생명은 포기하고 타인의 생명도 가볍게 여기는 시대가 되었다. 생명존중이 사라지고 있으므로 더 늦기 전에 생명의 소중함을 되새겨 보아야 할 것이다. 살인 프로젝트 활동을 학습한 후에는 모든 생명은 하나님으로부터 기인하여 우리가 생명을 마음대로 다룰 수 없으며 그 결과는 죄인인 것을 깨닫게 하기 위하여 살인 프로젝트를 다루었다.

가인은 농부이며 아벨(창 4 : 3-8)을 죽인 최초의 살인자다. 성경에 나타난 순교자들이 있다. 이세벨이 죽인 선지자들(왕상 18 : 4), 스가랴(대하 24 : 21-22),

침례(새례)요한(마 14 : 2-12), 사가랴(마 23 : 25), 스데반(행 7 : 57-60), 야고보(행 12 : 2), 안디바(계 2 : 13) 등이다. 순교자를 알아보는 것도 중요하지만 자살이 급증하고 있는 이 때 자살 금지의 근거를 성경을 통해 알아보고 생명의 근원되시는 하나님만이 생명의 주인이심을 깨닫고 결단하는 활동의 시간이 되는 활동이다.

18) '성막' 성경프로젝트

성막의 모형은 하나님께서 모세에게 주셨다(출 25-40장). 성막은 구약 이스라엘 백성이 애굽에서 나와 광야생활을 하는 도중 애굽을 떠날 때의 기쁨과 승리로운 삶대신 원망과 시비로 신앙생활에 혼란이 왔을 때 모세를 통해 십계명을 주셨고 계명을 지키며, 하나님과 교통하게 하려고 주신 특별한 은혜의 집이며, 제사의 처소로서 범죄한 자들이 속량과 구속을 얻는 성전이었다. 모세는 성막을 세워 백성들을 모이게 했고 하나님과 백성들이 같이 거할 수 있는 처소인 성막을 완성하기 위하여 많은 물건들을 모았다. 성막은 그리스도와 십자가의 구속을 의미하는 상징이기도 하다. 성막이 주는 영적인 의미도 있지만 하나님께서 설계도면을 알려주시고 짓게한 성막을 통하여 하나님의 놀라우신 사역을 이해하는 활동이다.

19) '절기' 성경프로젝트

절기의 의미는 "민족적 · 종교적으로 중요한 사건들을 기념하기 위해 지키는 정기적인 의식 또는 축제를 말한다. 고대 이스라엘에서는 공동체적 감사를 위해 절기를 지켰다(아가페 성경사전, 2002)."

이스라엘 민족의 초창기에는 '순례절기'와 '기타절기' 사이에 구별이 있었다. 순례절기에는 태양력에 의해 계산된 공동적인, 즉 무교절, 칠칠절(오순절), 초막절에 한정되었다. 바벨론 포로기 후에 오경의 규정에 입각하여 '정경적 절기' 들과 구별이 이루어졌다. 정경적 절기로는 안식, 월삭, 안식년, 희년, 유월절과 무교절, 칠칠절, 초막절(수장절) 등이 있다. 그리고 비전경적 절기로는 수전절, 부림절, 율법기념 등으로 절기를 지켰다(아가페 성경, 2002).

유월절, 무교절, 추수절, 오순절, 나팔절, 속죄절, 초막절 등은 무엇을 의미하며 다른 이름이 있는가에 대하여 알아보는 활동이다.

20) '기도' 성경프로젝트

솔로몬은 물질축복이나 승리를 구하지 않았다. 하나님의 뜻에 합당한 기도를 하였기에 구는 더욱 많은 축복을 받았다. 기도는 하나님의 힘을 빌어 인간의 이기적인 욕심을 채우려고 하는 행위와는 구별되어야 한다. 성경적인 기도(왕상 3 : 6-9)는 먼저 하나님의 나라와 그 의를 구하는 자는 모든 것을 얻을 수 있다.

기도를 함으로 인하여 우리가 얻는 유익은 첫째, 욥기 33장 12절에서 13절에 기록된 바와 같이 하나님을 인식하게 된다. 둘째, 역대하 7장 14절 말씀과 같이 진리를 깨닫게 된다. 셋째, 시편 107편 17절에서 20절의 말씀과 같이 위기를 극복한다. 넷째, 마태복음 26장 41절과 같이 죄의 유혹을 물리칠 수 있다. 다섯째, 누가복음 18장 1절과 같이 자기 자신을 통제하게 된다. 여섯째, 야고보서 5장 14절과 같이 능력을 받는다. 일곱째, 요한복음 14장 13절과 같이 하나님께 영광을 돌리게 된다.

기도는 영적 교제, 은혜의 통로, 주의 뜻을 알 수 있는 기회, 회개의 기회, 담대함을 얻는 기회가 된다. 기도의 종류, 능력, 기도의 중요성 등을 알아보는 활동이다.

21) '영어 의미' 성경프로젝트

성경의 단어 의미를 다양한 영어 성경을 찾아봄으로써 그 뜻을 더 자세히 알 수 있는 활동이다. 그 예로서 극동방송에서 방송한 ① 네 부모를 공경하라 ② 시편 23편 등을 제시하였다. 다른 성경구절들을 다양한 영어 성경 등으로 찾아볼 수 있는 활동이다. 한국어로 번역된 단어의 의미들을 더 정확하게 시사해 주는 점이 있다.

22) '이름짓기' 성경프로젝트

고대 사회에서 이름은 그 사람의 신분과 성품을 나타내는 것으로 여겨졌다. 당시(창 32 : 29) 우상을 섬기는 이교도들은 신의 이름을 알면 그 이름을 부름으로써 신의 능력을 마음대로 행사할 수 있다고 믿었다(미션성경, 2002). 야곱이 자신의 형 에서를 만나기 전 홀로 남아서 어떤 사람과 날이 새도록 씨름을 하며 내게 축복하지 않으면 가지 않겠다고 하였다. 그 사람이 야곱에게 네 이름이 무엇이냐고 물었고 야곱이라고 대답하니 그 사람이 네 이름을 '이스라엘'이라 부를 것이며 네가 하나님과 사람으로 더불어 이기었음이라고 하며 이름을 바꾸어 주었다(창 32 : 24-30). 그 이외에도 성경에는 하나님께서 '아브람'이었던 이름을 '아브라함'으로 고쳐 주었고 아브라함의 아내인 '사래'를 '사라'로 고쳐 주신 사례들이 있다. 또한 마리아가 성령으로 잉태되었을 때 이름을 '예수'라고 하라고 미리 알려 주기도 한 기록들이 있다. 그리하여 하나님의 이름의 종류도 많이 있으므로 그러한 사례들을 찾아서 프로젝트 활동을 하면서 하나님에 대하여 더 잘 알아가는 활동이 될 수 있다.

하나님의 이름의 종류에 대하여 알아보는 활동으로서

- 엘로힘 : 창조주, 통치주, 주권자
- 엘리온 : 숭고하고 존귀하신 분

- 야훼 : '존재하시다'의 의미고유명사, 자기 백성에게 세우신 언약을 기념하는 칭호 등의 다양한 하나님의 이름을 알 수 있고 성경의 인물 중에서 부모가 지어준 이름이 바뀌어지는 인물 등에 대하여 알아보는 활동이다.

23) '왕관(면류관)' 성경프로젝트

히브리어 '네제르'는 "관"이며 헬라어 '스테파노스'는 영예를 의미하는 뜻으로서 그의 성직자나 운동경기의 승리자들에게 수여되었던 관을 가리킨다. 왕의 권위와 위엄을 나타내기 위하여 왕은 왕관(면류관)을 시편 21 : 3에는 하나님께서 정금면류관을 왕에게 씌우셨다고 기록하고 있다. 신약에서는 헬라어 '스테파노스'가 운동경기에 승리한자에게 주어졌던 관이나 화환을 의미한다. 바울은 고전 9 : 25에서 선수들이 운동경기에서 승리하고 면류관을 얻기 위해 자신을 절제하며 훈련하는 것을 언급하고 있다(아가페, 2002).

미스코리아 혹은 일등, 최고 이러한 단어들이 아동들에게 익숙하고 그렇게 되기를 희망하는 단어들이 되었다. 그리하여 최고를 이루었을 때 받게 되는 왕관(면류관)을 믿음의 소유자들이 받을 수 있기에 나 자신도 면류관을 받을 수 있게 되는 것이므로 면류관에 대하여 알아보는 활동이다.

24) '족보' 성경프로젝트

족보는 "한 족속의 세계(世系)를 적은 책"을 의미한다(국어사전, 2000).

우리 민족은 대부분의 가정에 족보를 가지고 있으며, 자신의 가정의 뿌리를 통해 자녀들의 교육에 자긍심을 심어주는 경향이 있다. 그리하여 영적인 자긍심을 위하여 예수님의 족보가 형성되는 과정을 살펴봄으로써 인성을 지닌 예수님을 더 많이 이해할 수 있으며, 나아가서는 그 족보가 내 자신과 어떤 관계가 있는지 살펴보는 좋은 기회를 가질 수 있는 활동이다. 먼저, 마태복음 1 : 1-16은 예수 그리스도, 즉 메시야의 족보를 하향식으로 나열하고 있다.

다음으로 누가복음 3 : 23-38은 예수님의 족보에 대하여 언급하고 있는데 상향식으로 언급하고 있다.

25) '마귀' 성경프로젝트

성경사전에서 마귀는 하나님의 대적자인 또 다른 이름이다. 귀신은 비교적 작은 힘을 가진 악령을 말하며, 구약이 마귀나 귀신과 관련된 언급을 하고 있는 반면에 신약은 보다 발전된 귀신론을 보여주고 있다. 천사들 중의 일부가 타락하여 자신들을 마귀의 지배 아래 두었다고 말하고 있다. 귀신의 왕(마 9 : 34)인 마귀는 '거짓의 아비'와 '처음부터 살인한자'(요 8 : 44)로 불리운다. 귀신에게 사로잡힌 사람들에게 귀신을 보냄으로써 그리스도의 구원 사역을 방해한다(아가페, 2002).

아동들에게 마귀는 두려운 존재이기도 하지만 신비하게 느껴지는 존재이기도 하다. 그리하여 마귀나 귀신의 존재를 프로젝트 활동을 통해 조사해 봄으로써 신앙생활에서 도움이 되게 하기 위하여 선택해 본 활동이다.

그러므로 마귀나 귀신을 두려운 존재로만 대할 것이 아니라 정확하게 인지하여 예수님의 이름으로 물리치며, 프로젝트 활동을 통하여 능동적으로 대처하는 자세를 갖는 것도 중요하다고 하겠다.

26) '시간(유대인)' 성경프로젝트

성경에 나오는 시간을 현대적인 시간으로 환산하여 그 시대의 시간개념을 이해하는 활동이다. 구약과 신약의 시간을 나누어서 살펴볼 수 있다. 다음 시간의 출처는 미션성경에 있는 것이다.

> 이사야 38 : 8에 기록된 히스기야의 선왕 아하스가 만든 해세계인 아하스의 일영표는 몇 개의 계단을 나누고 그곳에 비치는 해의 그림자를 이용하여 시간을

재는 기구였다. 역사가 헤로도투스의 기록에 의하면 일영표는 바벨론에서 최초로 만들어졌고 앗수르에 전달되었다. 아하스가 다메섹에 머물러 있는 디글랏빌레셀을 방문했을 때 일영표에 대한 지식을 가져왔다고 한다(왕하 18 : 10, 미션성경, P1011).

27) '여성' 성경프로젝트

아담은 하나님이 최초로 만든 인간이었으며, 세상에 있는 재료로 만들었고 하나님에 의해 생명이 주어졌다. 아담은 하나님의 형상대로 창조되었고 여자는 아담을 돕는 배필이었다. 여자에 대하여 아담은 너무 흡족하여 "내 뼈 중의 뼈요 살 중에 살이라 이것을 남자에게서 취하였은즉 여자라 칭하리라 하니라(창 2 : 23)"는 고백을 하였지만 하와는 사탄에게 속아 죄를 범하였다. 그 이후 성경에는 바람직한 여성, 죄를 범하였지만 예수님의 족보에 기록되는 여성 등 많은 여성들이 성경에 기록되었다. 그리하여 그러한 여성을 알아보는 프로젝트 활동을 통하여 하나님의 크신 섭리를 알아보는 것은 의미가 있다고 할 것이다. 찾아볼 인물로는 다음과 같은 사람들이 있다.

이브, 사라, 하갈, 나오미 , 도르가, 디나, 드보라, 들릴라, 리브가, 라헬, 레아, 루디아, 룻, 라합, 미갈, 미리암, 한나, 밧세바, 아비삭, 에스더, 요게벳, 십보라, 수넴여인, 와스디, 에스더, 이세벨, 마리아, 마르다, 안나, 브리스길라 등이다.

28) '천사' 성경프로젝트

천사는 하나님의 뜻을 대행하는 영적 존재이다(시 8 : 5 ; 히 1 : 4).

▌천사유형▐

① 천사장 미가엘(단 10 : 13 ; 유 1 : 9) : 하나님의 백성을 위해 사단과 싸우는 천사로 묘사(계 12 : 7)

② 그룹은 생명나무의 수호자(창 3 : 24), 하나님 보좌의 운반자(시 18 : 10), 언약궤 및 성전 보물의 수호자 등으로 묘사(출 25 : 18-20)
③ 하나님의 보좌 주위에서 하나님을 섬기는 스랍
④ 가브리엘 : 하나님의 계시를 전달하고 해석한다(단 8 : 16).

29. '단어의미' 성경프로젝트

유치원 아동에게는 어렵고 초등학교 이상의 아동들은 가능한 활동이다. 성경을 기록한 언어들이 아람어, 히브리어, 헬라어 등이므로 성경 속의 기록된 단어들은 한글로 번역을 했지만 난해한 부분이 있다. 그리하여 낱말의 정의, 어원, 용법 등을 자세히 찾아보는 활동으로서 저자의 의미를 가능한 알아보는 활동이다. 이 활동을 위하여 성구사전, 주석, 영한사전, 성서백과 사전 등을 준비한다.

단어를 알아볼 수 있는 목록으로는 다음과 같다.

구원, 복, 그리스도, 죄, 믿음, 거룩, 순종, 생수, 사랑, 율법, 복음, 중생, 성화, 소망, 안식, 영혼, 온유, 자비, 절제, 보혜사, 지혜, 회개, 온유, 양선, 침례, 제사 등이다.

30) '일반적인 주제'로 접근하는 성경프로젝트

성경말씀 속에서만 하나님을 만날 수 있는 것은 아니다. 일반적인 주제를 통해서 하나님을 알아갈 수 있는 것이다. 예를 들어, 아버지 활동을 하며 하나님 아버지를 알 수 있고, 가족을 통해서 하나님의 사랑을 알 수 있으며, 물 등을 통해서 생수의 근원이신 하나님을 알아갈 수 있다. 그리고 기독교인이 아니지만 그들을 통해서 나 자신을 돌아볼 수 있는 계기도 될 수 있고 그런 계기를 통해 그들을 더 잘 이해할 수 있겠고 잘 이해하려면 편견이 있는 부분은 사랑을 통해 이해시키고 사랑으로 다가가면 그들도 우리와 같은 예수님의 제자가 될 것이다. '비기독교인들은 왜 기독교인을 싫어할까?'라는 주제를 가지고 활동을 해 볼 수 있으며, 물을 알아보고 생수의 근원에 대하여 알아보는 활동이다.

31) '드라마'를 통한 성경프로젝트

부유한 환경에서 연약하게 성장한 환경 때문인지 요즈음은 상처를 받는 사람들이 많은 것 같다. 그리하여 아동들과 청소년들의 마음에 있는 상처를 씻어내도록 성경에서 주인공 역할에 해당하는 인물이나 조연과 같이 부족함이 나타나는 인물들을 설정하여 비블리오 드라마를 통하여 표현해 봄으로써 문제를 해결하고 서로의 아픔을 기도해 주며 사랑을 나누는 활동이다. 예를 들면, 야곱의 아내인 라헬과 레아를 선정하여 사랑받지 못했던 레아의 입장에서 자신의 마음을 표현한다. 또한 봉사하는 마르다와 말씀을 듣는 마리아 중에서 봉사에 열심인 마르다의 입장에서 표현해 보고 야곱과 에서 중에서 야곱에게 축복을 뺏긴 에서의 입장에서 자신을 표현해 본다. 그리고 아기를 갖지 못한 사라의 입장과 아기를 낳은 하갈의 입장 중에서 선택하여 그 마음을 나누어 보며, 요셉에게 사랑을 빼앗긴 다른 형제들의 입장에서 자신을 표현해 보는 가운데 내마음 속에 문제로 남아 있던 문제들이 해결되는 것이다. 그러면 성경의 인물을 중심으로 표현하는 비블리오 드라마에 관하여 살펴보고자 한다.

이와 같이 특정주제 혹은 흥미를 유발하는 주제를 분류하여 선정된 프로젝트의 주제명을 아래와 같이 분류해 보았다. 성경프로젝트 활동을 실시할 때 참고가 될 만한 내용을 제2부 활동편에서 살펴보고자 한다.

제2부 활동편

제 1 장 창의적인 성경프로젝트 활동을 위한 예시

1 성경프로젝트 활동주제 : "호감" 성경프로젝트

1) 예상주제 : 지혜의 솔로몬

- **반명** : OO반
- **주제** : 솔로몬
- **추정기간** : OOOO년 O월 OO일-O월 OO까지
- **교사** : OOO
- **목표** : 솔로몬은 하나님께 재물이나 명예를 더 많이 갖기를 원하지 않고 백성을 다스릴 지혜를 구했다. 하나님은 솔로몬에게 지혜뿐 아니라 모든 것을 더욱 축복하셨다. 솔로몬의 지혜를 통해 지혜를 얻기를 소망하며 하나님을 기쁘게 하는 사람이 되게 한다.
- **준비물** : 성경, 주석, 인터넷, 성경이야기 동화, 인터넷 등
- **전시 및 행사** : 프로젝트를 마친 후 유아교육기관 및 교회의 ○주년 기념행사

에 결과물 전시

소그룹 정하기

① 학기 초에 아동을 관찰하여 개별 평가한 후에 그룹을 정한다.

② 그룹의 명칭과 리더와 기록자를 선정한다.

③ 그룹의 역할과 규칙정하기

④ 계속 같은 그룹을 형성해도 좋고 그룹을 바꾸어서 해도 무방하다

| 사전 준비를 위한 교사 노트 만들기 |

① 프로젝트의 기본 방향을 설정한다.

② 교사는 사전에 교사 주제망을 그려보거나 타교사와 브레인스토밍이 가능하다.

③ 아동의 발달 수준을 고려하여 활동내용을 선정한다.

④ 자원준비를 충분히 한다.

| 교사일지 |

① 알찬 활동 계획

② 사전계획과 사후 활동을 비교해 볼 수 있다.

③ 자원에 대한 상세한 안내를 한다.

④ 활동 결과에 따른 소개 및 평가를 한다.

⑤ 다음 활동에 대한 계획을 세우며 시간을 조절한다.

2) 브레인스토밍

브레인스토밍은 '생각모으기'이며 생각모으기는 교사와 아동 전체가 함께 문제해결을 위하여 아이디어를 발생해 내는 방법으로서 마치 폭풍우가 몰아치는 것과 같이 생각들을 내놓는 것을 의미한다. 브레인스토밍을 하는 방법으로는 교사와 함께하는 방법, 조별로 하는 방법, 아동 개인이 하는 방법의 세

브레인스토밍 기록지 예시

일시 : 리더자 : 기록자 :

그룹 참가자 이름 :

주제 :

아이디어

1)

2)

3)

4)

5)

6)

7)

8)

9)

10)

가지가 있으며 토론과 의사소통 기술을 배울 수 있다. 여기에 소개되는 것은 교회학교 교사 그룹(5명)이 실행한 브레인스토밍이다.

브레인스토밍을 할 때는 기본원칙이 있으며 성경프로젝트 예시를 위하여 다시 한번 소개한다.

- 서로 창출한 아이디어에 대하여는 절대로 비난하거나 비판해서는 안 된다.
- 다른 사람이 생각할 때 적합하지 않아도 수용해야 한다.
- 서로 창출해 놓은 아이디어는 많을수록 좋으며 많을 때 더욱 활성화될 수 있다.
- 창출해 낸 타인의 아이디어에서 자신만의 아이디어를 이끌어 낼 수 있고 두 개 이상의 아이디어를 결합하여 새로운 아이디어를 내놓는 것을 의미한다.

다음은 교회학교 교사들이 솔로몬에 대한 브레인스토밍을 하여 생성된 아이디어를 소개한 것이다.

- 돌판, 제사장, 인물, 벌목, 규빗, 물두멍, 놋, 화목제, 언약궤, 보석, 정금, 문설주, 궁, 금꽃, 기둥
- 풍족, 달란트, 재산, 축복, 총명, 부귀, 꿈, 소원, 기도, 영광
- 칭찬, 퀴즈, 최고
- 모정, 지혜, 법, 아기, 선택, 심판, 두 여자, 칼
- 유다, 예루살렘, 히위, 백향목, 블레셋, 에돔, 레바논, 아모리, 이스라엘, 애굽, 골방
- 찬양, 타락, 연설, 바지, 시편, 춤, 사랑, 비파, 대적, 잠언, 업적, 악기, 수금
- 여왕, 시바여왕, 왕좌, 왕, 다윗
- 욕심, 유혹, 양보, 사랑, 착한마음
- 인생, 기도, 믿음, 향기, 축복, 일천번제, 행복
- 기둥, 건축, 금, 백합화, 백향목, 그물, 지성소, 석류

- 악한 것 : 헛됨, 죽음, 살인, 칼
- 심판, 다윗, 왕, 왕관, 망토, 비단옷, 의자, 명예, 부귀
- 아가서, 잠언, 성경, 생명, 지혜, 아기
- 술람미, 여인, 부인들

3) 유목화

주제에 관한 브레인스토밍이 끝나고 나면 같은 범주에 속하는 것을 분류하여 소주제별로 분류하는 유목화(친구찾기) 작업이 필요하다. 유목화된 항목을 모아 제목을 기록하는 것으로서 주제명을 중심으로 소주제를 기록하고 그 밑에 밑줄을 긋거나 도표 등을 활용하여 기록하는데 이러한 기록을 하는 것은 소주제의 단어들과 구분되게 하기 위함이다.

유목화를 아동들에게 친구찾기라고 소개할 수 있다. 친구찾기도 생각모으기와 마찬가지로 교사와 아동 전체가 함께 하는 방법, 조별로 하는 방법, 아동 개별로 하는 방법이 있다. 어떤 방법을 사용해야 할 것인가 역시 브레인스토밍과 마찬가지로 아동의 연령이나 프로젝트에 익숙해진 정도에 따라 교사가 적절하게 선택해야 한다. 다음은 브레인스토밍에서 생성된 아이디어들을 소주제별로 분류하고 소주제명을 기록하여 분류한 것이다.

성전 건축	돌판, 제사장, 인물, 벌목, 규빗, 물두멍, 놋, 화목제, 언약궤, 보석, 정금, 문설주, 궁, 금꽃, 기둥
일천 번제	풍족, 달란트, 재산, 축복, 총명, 부귀, 꿈, 소원, 기도, 영광
좋아 하는 것	칭찬, 퀴즈, 최고
재판	모정, 지혜, 법, 아기, 선택, 심판, 두 여자

지명	유다, 예루살렘, 히위, 블레셋, 에돔, 레바논, 아모리, 이스라엘, 애굽, 골방
행위	찬양, 타락, 연설, 바지, 시편, 춤, 사랑, 비파, 대적, 잠언, 업적, 악기, 수금
왕	여왕, 시바여왕, 왕좌, 왕, 다윗, 왕, 왕관, 망토, 비단옷, 의자, 명예, 부귀
마음	욕심, 유혹, 양보, 사랑, 착한마음
축복의 삶	인생, 믿음, 향기, 축복, 행복
성전건축의 구성	기둥, 건축, 금, 백합화, 백향목, 그물, 지성소, 석류
악한 것	헛됨, 죽음, 살인, 칼
지혜의 모든 것	아가서, 잠언, 성경, 생명
여자	술람미, 여인, 부인들

4) 주제망

유목화 작업이 정리되고 나면 다음 과정은 주제망을 그리는 일이다.

주제망 그리기는 유목화에 비해 단순한 작업으로서 이미 유목화된 내용들을 그대로 옮겨 붙이거나 기록하기만 하면 되기 때문이다. 주제망을 그리게 되면 이 주제가 몇 개의 소주제로 형성되어 있으며 빠진 부분은 없는지 확인이 가능하기 때문이다. 또한 추가로 내용이 삽입될 때마다 여러 가지의 색깔펜으로 기록함으로써 추가된 내용의 주제망을 잘 분별할 수 있다. 그리는 방법은 두 가지로 생각해 볼 수 있다. 한 가지 방법은 교사가 중심이 되어 하는 방법이며 다른 한 가지 방법은 아동들이 중심이 되어 하는 주제망을 그려보는 방법이다.

주제망 구성은 아동들의 발달단계, 주제망 구성의 이해 정도, 흥미, 보조교사 유무 등의 요인에 따라 위에 제시한 방법들을 융통성 있게 활용한 다양한 방법이 모색될 수 있다.

주제망 구성 작업은 교사들 간에 그리고 아동들 간에 또는 교사와 아동들 간에 주제에 관한 충분한 의사소통의 기회를 갖고 그 이후의 구체적인 활동 내용과 방법을 모색하는 기회로 활용해야 한다. 종이 중앙에 원이나 주제의 모양을 나타내는 그림을 그리고 주제를 기록한다. 다음은 주제망을 나타낸 것이다.

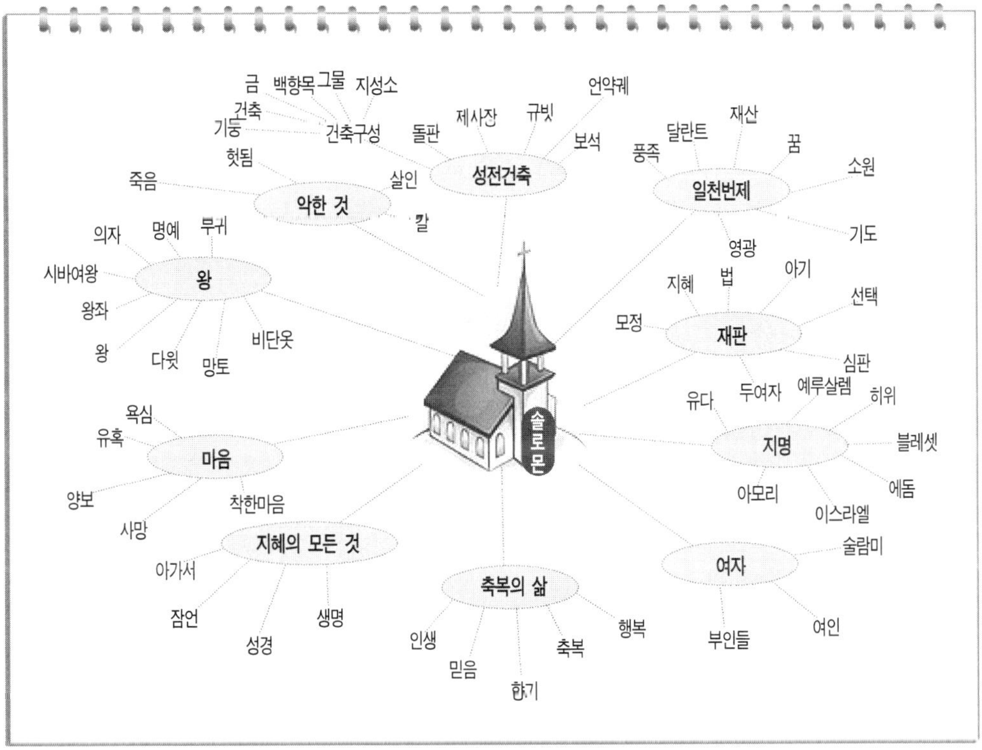

5) 자원을 위한 목록표

가정과 교육기관이 서로 상호보완하며 교육기관은 필요한 자원들을 요구하고 가정에서는 보내오는 것을 기록한 것이다.

	유아교육기관	교회학교	가정
시작단계	• 솔로몬에 관한 동화책 • 시바의 이야기책 • 예루살렘성전 그림 • 쉬운 성경 • 재판그림 • 궁굼이 상자 만들어 놓기	• 성경 • 비디오 • 솔로몬에 관한 동화책 • 시바의 이야기책 • 예루살렘성전 그림	• 성경 자료 찾기 • 인터넷 자료모음 • 이스라엘 왕 조사
전개단계	• 비디오 자료 • 성경사전 • 백과사전 • 인터넷 자료 • 전문가 초청하기	• 성전의 모형 • 성경사전 • 주석 • 우상에 관한 자료 • 시바 여왕의 나라 이디오피아 위치 조사	• 폐품자료(성전 만들기)
마무리단계	• 발표자료 만들기 • 전시준비 • 동극을 위한 환경 준비 • 영상 자료	• 토론하기 • 전시준비 • 조사한 것 부모님께 편지 보내기	• 교사노트 • 관찰노트

6) 도입단계 및 전개단계

	도입 및 전개 내용	준비물
도입 및 전개	A. 주제가 정해지면 이전 경험을 나눈다. • 솔로몬에 대한 이야기 듣기 • 토론하기 -그 동안 들은 이야기 -솔로몬의 지혜	• 소그룹 이름적은 표 • 리더 정하기 • 기록자 정하기 • 포스트 잇 • 전지 • 색깔 사인펜

	• 자원 소개하기 • 표상하기 B. 브레인스토밍, 유목화, 주제망 그리기 • 소그룹 나누기 • 소그룹 이름정하기 • 리더 정하기 • 기록자 정하기 • 조사하기 • 개념 정리하기 • 2차 질문 만들기 • 조사결과 발표하기 C. 질문 만들기 • 지혜란 무엇인가? • 솔로몬은 누구인가? • 우상은 무엇인가? • 성전은 무엇하는 곳인가?	• 쉬운성경 • 성경동화 • 성경DVD • 교사관찰 노트 • 전단지 종류별 모음

7) 마무리단계

활동을 마친 후 마무리를 위해 무엇을 할 것인지 토의한다.

	마무리 내용	준비물
마무리 단계	A. 토론하기 • 내가 솔로몬이라면 어떻게 할 것인가? • 하나님을 잘 섬기려면 어떻게 해야 할까? • 우상은 어떻게 해야 할까? • 하나님이 기뻐하시는 일은 무엇일까? B. 임금되어 보기 • 왕관 만들기 • 임금 옷 만들기 • 임금의 정견발표	• 활동 기록자료 • 전개단계의 사진자료 모음 • 교사의 관찰 일지 • 사진 촬영하여 CD 제작 • 인터넷 자료 찾기

	• 규칙 정하기 • 역할 정하기 C. 다음활동을 위한 흥미도 관찰 • 교사는 이번 주제의 흥미가 떨어지는지 관찰한다. • 흥미가 떨어지면 다음 주제를 정한다. • 흥미가 지속되면 계속 솔로몬에 대한 다른 부분을 조사한다. • 벽에 붙여놓은 질문지에 계속 궁금한 것을 적어 놓는다. • 궁금한 것을 궁금이 상자에 넣고 더 조사한다.	

2 성경프로젝트 활동주제 : "비호감" 성경프로젝트

1) 예상주제 : 가롯 유다, 빌라도

- 반명 : OO반
- 주제 : 빌라도
- 추정기간 : OOOO년 O월 OO일-O월 OO까지
- 교사 : OOO
- 목표 : 성경의 인물 중에서 바람직하지 않은 인물들은 왜 그렇게 했으며 그들의 결과는 어떠했는지 그 결과를 보고 교훈을 삼는다.
- 준비물 : 성경, 주석, 인터넷, 성경이야기 동화, 인터넷, DVD 등
- 전시 및 행사 : 프로젝트를 마친 후 유아교육기관 및 교회학교에 결과물 전시

2) 브레인스토밍

그룹으로 나누어 브레인스토밍을 하여 생성된 아이디어는 다음과 같다.

- 교만, 죽일놈, 우유부단, 비열, 겁쟁이
- 네로, 참수형, 희롱, 가시면류관, 채찍질, 홍포
- 바리세인, 헤롯, 유대인, 사마리아인,
- 법정, 심문, 재판, 고소, 정좌, 공회, 질문, 재판관, 결박, 사형선고

3) 유목화

브레인스토밍에서 생성된 아이디어들을 소주제로 분류하여 소제목을 기록하였다.

성격	교만, 죽일놈, 우유부단, 비열, 겁쟁이
고난	네로, 참수형, 희롱, 가시면류관, 채찍질, 홍포
지역	바리세인, 헤롯, 유대인, 사마리아인
총독	법정, 심문, 재판, 고소, 정좌, 공회, 질문, 재판관, 결박, 사형선고

4) 주제망

유목화하여 소주제를 기록한 내용을 잘 볼 수 있도록 주제망을 그리고 빠진 부분은 없는지 확인한다.

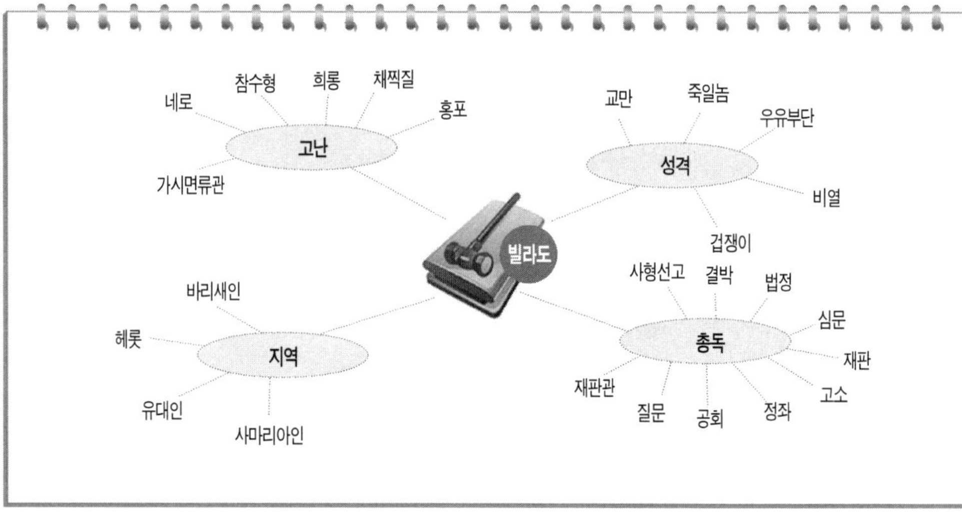

5) 자원을 위한 목록표

	유아교육기관	교회학교	가정
시작 단계	• 빌라도에 관한 동화책 • 로마의 이야기책 • 재판하는 그림 • 쉬운성경 • 군중들의 함성 녹음	• 성경 • 비디오 • 빌라도에 관한 동화책 • 재판하는 그림책 • 예루살렘성전 그림 • 재판받는 예수님	• 성경자료 찾기 • 인터넷 자료모음 • 병사들, 군중에 관한 자료
전개 단계	• 비디오 자료 • 성경사전 • 백과사전 • 인터넷 자료 • 목사님 초청하여 빌라도 이야기 듣기	• 예수님은 죄가 있는가? • 성경사전 • 주석 • 예수님을 찬양하던 군중들의 모습은 왜 변화되었는가?	• 재판대 만들기
마무리 단계	• 발표자료 만들기 • 전시준비 • 동극을 위한 환경준비 • 영상자료	• 토론하기 • 전시준비 • 조사한 것 부모님께 편지보내기	• 교사노트 • 관찰노트

6) 도입단계 및 전개단계

	도입 및 전개 내용	준비물
도입 및 전개	A. 주제가 정해지면 이전 경험을 나눈다. • 빌라도에 대한 이야기 듣기 • 토론하기 -그 동안 들은 이야기 -빌라도의 재판 • 자원 소개하기 • 표상하기 B. 브레인스토밍, 유목화, 주제망 정하기 • 소그룹 나누기 • 소그룹 이름정하기 • 리더 정하기 • 기록자 정하기 • 조사하기 • 개념 정리하기 • 2차질문 만들기 • 조사결과 발표하기 C. 질문 만들기 • 예수님의 죄는 무엇인가? • 빌라도는 누구인가? • 군중들은 왜 예수님을 죽이라고 소리칠까? • 재판은 무엇하는 곳인가? • 지파란 무엇인가?	• 소그룹 이름적은 표 • 리더 정하기 • 기록자 정하기 • 포스트 잇 • 전지 • 색깔 사인펜 • 쉬운성경 • 성경동화 • 성경DVD • 교사관찰 노트 • 전단지 종류별 모음

7) 마무리단계

	도입 및 전개 내용	준비물
도입 및 전개	A. 주제가 정해지면 이전 경험을 나눈다. • 빌라도에 대한 이야기 듣기 • 토론하기 -그 동안 들은 이야기 -빌라도의 재판 • 자원 소개하기 • 표상하기 B. 브레인스토밍, 유목화, 주제망 정하기 • 소그룹 나누기 • 소그룹 이름 정하기 • 리더 정하기 • 기록자 정하기 • 조사하기 • 개념 정리하기 • 2차 질문 만들기 • 조사결과 발표하기 C. 질문 만들기 • 재판이란 무엇인가? • 빌라도는 누구인가? • 예수님은 무슨 죄를 지었는가? • 지파는 무엇인가?	• 소그룹 이름적은 표 • 리더 정하기 • 기록자 정하기 • 포스트 잇 • 전지 • 색깔 사인펜 • 쉬운성경 • 성경동화 • 성경DVD • 교사관찰 노트 • 전단지 종류별 모음

3 성경프로젝트 활동주제 : 싸가지(?) 성경프로젝트

1) 예상주제 : 아담, 하나님도 실수하실까?

- 반명 : OO반
- 주제 : 배신한 아담
- 추정기간 : OOOO년 O월 OO일-O월 OO까지
- 교사 : OOO
- 목표 : 하나님의 능력, 역할, 누구인지에 대하여 알아본다.
- 준비물 : 성경, 주석, 인터넷, 성경이야기 동화, 인터넷 등
- 전시 및 행사 : 프로젝트를 마친 후 극화활동을 준비하여 발표하고 프로젝트 활동 전시

2) 브레인스토밍

아담에 대한 브레인스토밍을 하여 생성된 아이디어는 다음과 같다.

- 타락, 범죄, 욕심, 비겁함, 추방, 밝힘, 여자, 거짓말, 불순종, 출산, 수고, 누드, 가인자녀출생, 책임전가, 귀 얇음, 안목부족, 유혹약함, 선악과, 생명나무, 죽음, 원죄, 해산의 고통, 인간, 나, 나뭇잎 옷, 가죽옷, 멸망, 영생, 구원, 천국, 각종짐승, 이름짓기

3) 유목화

브레인스토밍에서 생성된 아이디어를 유목화하여 소주제를 정하였다.

영의죄	불순종, 멸망, 영생, 구원, 천국
육의죄	육적, 인간의 성품, 혈기, 정욕, 채찍, 징계
천지창조	인간, 나, 각종짐승, 물고기, 해, 달, 별, 식물
인간의 타락	타락, 욕심, 비겁함, 추방, 여자, 거짓말, 출산, 수고, 누드, 책임전가, 귀 얇음, 안목부족, 유혹약함, 선악과, 생명나무, 죽음, 원죄, 해산의 고통
의복	나뭇잎 옷, 가죽옷,

4) 주제망

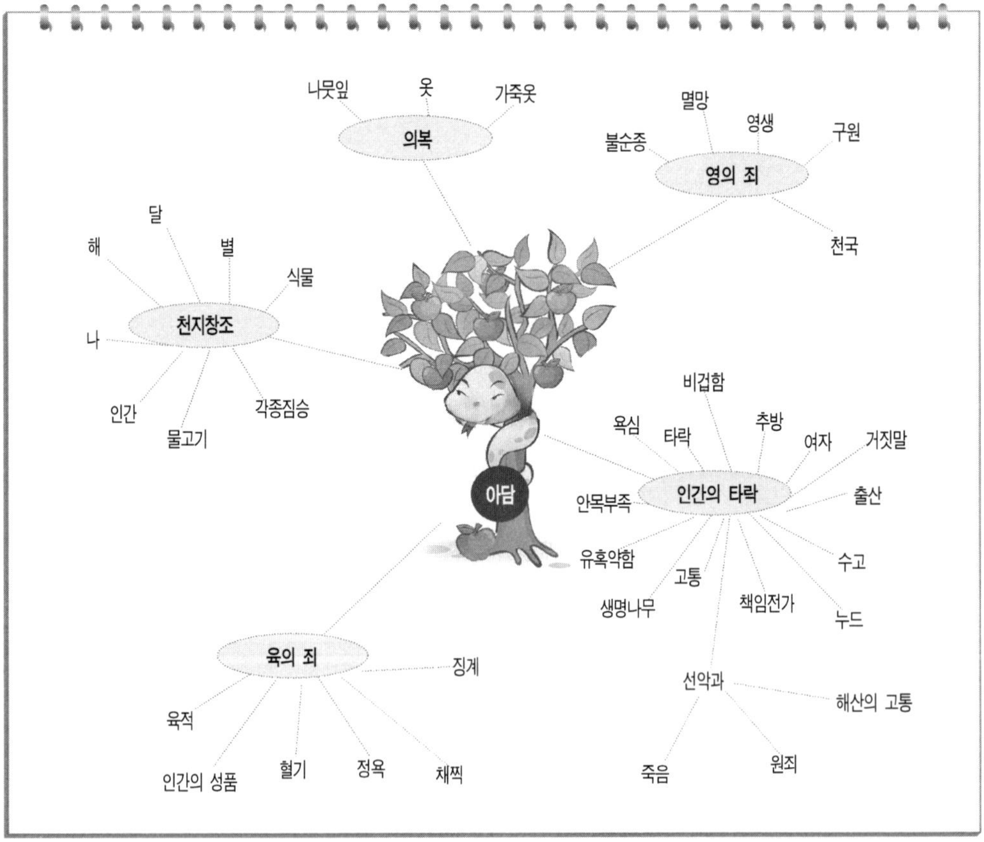

5) 자원을 위한 목록표

	유아교육기관	교회학교	가정
시작 단계	• 아담과 하와에 관한 동화책 • 에덴 동산 그림 • 쉬운 성경	• 성경 • 비디오 • 천지창조 동화책 • 아담과 하와그림	• 성경자료 찾기 • 인터넷자료 모음
전개 단계	• 비디오 자료 • 성경사전 • 백과사전 • 인터넷 자료 • 천지창조 애니매이션	• 세상은 몇 일 동안 만들었나? • 성경사전 • 주석	• 에덴동산 만들기
마무리 단계	• 발표자료 만들기 • 전시준비 • 동극을 위한 환경준비 • 영상자료	• 토론하기 • 전시준비 • 조사한 것 부모님께 편지 보내기	• 교사노트 • 관찰노트

6) 도입단계 및 전개단계

	도입 및 전개 내용	준비물
도입 및 전개	A. 주제가 정해지면 이전 경험을 나눈다. • 에덴 에덴 동산에 대한 이야기 듣기 • 토론하기 -그동안 들은 이야기 -선악과 • 자원 소개하기 • 표상하기 B. 브레인스토밍, 유목화, 주제망 그리기	• 소그룹 이름적은 표 • 리더 정하기 • 기록자 정하기 • 포스트 잇 • 전지 • 색깔 싸인펜 • 쉬운성경 • 성경동화 • 성경DVD • 교사관찰노트 • 전단지 종류별 모음

	• 소그룹 나누기 • 소그룹 이름 정하기 • 리더 정하기 • 기록자 정하기 • 조사하기 • 개념 정리하기 • 2차질문 만들기 • 조사결과 발표하기 C. 질문 만들기 • 아담과 하와는 왜 선악과를 먹었는가? • 선악과를 먹고 어떻게 되었나? • 죄는 어떻게 용서받는가? • 선악과는 누가 따먹게 했는가? • 아담은 무엇으로 만들었나?	

7) 마무리단계

	마무리 내용	준비물
마무리 단계	A. 토론하기 • 내가 아담이라면 어떻게 할 것인가? • 하나님 말씀을 잘 들으려면 어떻게 해야 할까? • 죄를 지으면 어떻게 될까? • 하나님을 기쁘시게 해드리려면 어떻게 해야 할까? B. 아담되어 보기 • 동물의 이름짓기 • 사람 만들어 보기 • 아담과 하와 옷 만들기 • 에덴 동산 꾸미기 • 역할 정하기	활동기록 자료 전개단계의 사진자료 모음 교사의 관찰 일지 사진 촬영하여 CD제작 인터넷 자료찾기

C. 다음활동을 위한 흥미도 관찰 • 이번 주제의 흥미가 떨어지는지 관찰한다. • 흥미가 떨어지면 다음 주제를 정한다. • 흥미가 지속되면 계속 아담에 대한 다른 부분을 조사한다. • 벽에 붙여놓은 질문지에 계속 궁금한 것을 적어 놓는다. • 궁금한 것을 궁굼이 상자에 넣고 더 조사한다.	

4 성경프로젝트 활동주제 : "거짓말" 성경프로젝트

1) 예상주제 : 베드로

- **반명 :** ○○반
- **주제 :**
- **추정기간 :** ○○○○년 ○월 ○○일-○월 ○○까지
- **교사 :** ○○○
- **목표 :** 베드로는 예수님의 수제자였다. 그러나 십자가에 달리신 예수님을 보면서 마음 약해지고 겁이나서 예수님이 말씀하신 것과 같이 예수님을 모른다고 세 번 부인하니 닭이 울었다. 베드로는 후회하며 회개하고 예수님을 위해 충성하다 그의 생을 마쳤다. 우리 모두는 약하다. 그러나 실수를 인정하시는 주님을 위해 우리는 구원을 이루어가야 한다.
- **준비물 :** 성경, 주석, 인터넷, 성경이야기 동화, 인터넷 등
- **전시 및 행사 :** 프로젝트를 마친 후 프로젝트 활동 전시 및 부모, 손님 초청하기

2) 브레인스토밍

그룹이 모여서 브레인스토밍을 하여 생성된 아이디어는 다음과 같다.

- 교회, 천국의 열쇠, 친구, 동역자 야고보와 요한, 이방인, 반석, 이름, 변화, 최후의 만찬, 변화산, 시몬, 오순절
- 살아계신 하나님의 아들, 비몽사몽, 세족식, 장모열병, 잠, 어린 비자, 저주, 다혈질, 배신, 수제자, 고백, 눈물, 예수, 십자가, 회개, 순교, 새벽, 닭, 손수건, 질타, 적, 정의파, 기도, 시기, 하늘나라
- 전도, 형제, 12제자, 어부, 고넬료, 로마, 그물, 해변, 바울, 갈릴리, 배, 물
- 물위로 걸음, 귀를 베다, 기적, 병 고침

3) 유목화

브레인스토밍 한 것을 분류하고 소주제를 기록했다.

성령체험	교회, 천국의 열쇠, 친구, 동역자 야고보와 요한, 이방인, 반석, 이름, 변화, 최후의 만찬, 변화산, 시몬, 오순절
사랑	살아계신 하나님의 아들, 비몽사몽, 세족식, 장모열병, 잠, 어린 비자,
예수를 부인(정)	저주, 다혈질, 배신, 수제자, 고백, 눈물, 예수, 십자가, 회개, 순교, 새벽, 닭, 손수건, 질타, 적, 정의파, 기도, 시기, 하늘나라
전도해요	전도, 형제, 12제자, 어부, 고넬료, 로마, 그물, 해변, 바울, 갈릴리, 배, 물
기적	물위로 걸음, 귀를 베다, 기적, 병 고침

4) 주제망

유목화에서 소주제로 분류한 항목을 주제망으로 그리면 다음과 같다.

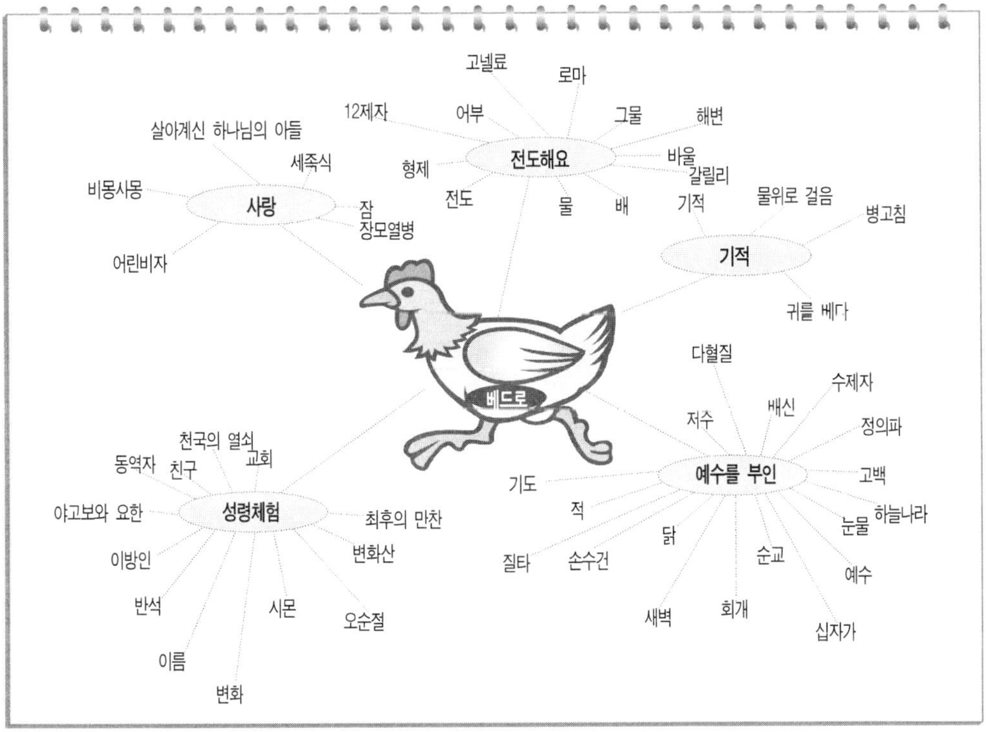

5) 자원을 위한 목록표

	유아교육기관	교회학교	가정
시작 단계	• 베드로에 관한 이야기책 • 닭 그림 • 쉬운성경	• 성경 • 비디오 • 베드로에 관한 이야기책 • 부인하는 베드로 그림 • 황금열쇠 그림 • 십자가에 달리시는 예수님	• 성경자료 찾기 • 인터넷자료 모음 • 명사들, 비사에 관한 자료

전개 단계	• 비디오 자료 • 성경사전 • 백과사전 • 인터넷 자료 • 전문가 초청하기	• 예수님을 부인하는 베드로? • 성경사전 • 주석 • 예수님과 같이 있던 사람이라고 말하니 부인함	• 닭 모형 만들기
마무리 단계	• 발표자료 만들기 • 전시준비 • 동극을 위한 환경 준비 • 영상자료	• 토론하기 • 전시준비 • 조사한 것 부모님께 편지 보내기	• 교사노트 • 관찰노트

6) 도입단계 및 전개단계

	도입 및 전개 내용	준비물
도입 및 전개	A. 주제가 정해지면 이전 경험을 나눈다. • 예수님의 수제자 베드로에 대한 이야기 듣기 • 토론하기 -그 동안 들은 이야기 -예수님이 베드로가 닭울기 전에 3번 부인할 것을 말씀하심 -베드로가 예수님을 모른다고 함 • 자원 소개하기 • 표상하기 B. 브레인스토밍, 유목화, 주제망 정하기 • 소그룹 나누기 • 소그룹 이름 정하기 • 리더 정하기 • 기록자 정하기	• 소그룹 이름적은 표 • 리더 정하기 • 기록자 정하기 • 포스트 잇 • 전지 • 색깔 사인펜 • 쉬운성경 • 성경동화 • 성경DVD • 교사관찰 노트 • 전단지 종류별 모음

	• 조사하기 • 개념 정리하기 • 2차 질문 만들기 • 조사결과 발표하기 C. 질문 만들기 • 베드로는 왜 예수님을 모른다고 했는가? • 예수님의 말씀은 이루어졌는가? • 닭 울기 전에 몇 번 부인했는가? • 베드로는 그 후에 어떻게 했는가? • 예수님은 베드로에게 무엇이라고 말씀하셨나?	

7) 마무리단계

	마무리 내용	준비물
마무리 단계	A. 토론하기 • 내가 베드로라면 어떻게 할 것인가? • 베드로는 왜 예수님을 모른다고 했을까? • 베드로는 왜 울었을까? • 예수님은 베드로에게 어떻게 하셨나? B. 순종하는 베드로되어 보기 • 예수님을 안다고 힘차게 말하기 • 닭 울음 소리 내보기 • 예수님을 안다고 말하면 베드로는 어떻게 되었을까? • 예수님의 마음 말해 보기 • 역할 정하기 C. 다음 활동을 위한 흥미도 관찰 • 이번 주제의 흥미가 떨어지는지 관찰한다. • 흥미가 떨어지면 다음 주제를 정한다. • 흥미가 지속되면 계속 베드로에 대한 다른 부분을 조사한다.	• 활동 기록자료 • 전개단계의 사진 자료 모음 • 교사의 관찰 일지 • 사진 촬영하여 CD 제작 • 인터넷 자료찾기

	• 벽에 붙여 놓은 질문지에 계속 궁금한 것을 적어 놓는다. • 궁굼한 것을 궁굼이 상자에 넣고 더 조사한다.	

5 "일반적인 주제"를 통한 성경프로젝트(1)

1) 예상주제 : 가족

- **반명** : ○○반
- **주제** : 나
- **추정기간** : ○○○○년 ○월 ○○일-○월 ○○까지
- **교사** : ○○○
- **목표** : 가족은 사랑으로 이루어진다. 가족의 해체로 이어지는 현대의 가정을 각성하게 하며, 가정은 하나님이 이루어준 것임을 알게 한다. 자식은 여호와가 주신 기업이요 태의 열매는 상급임을 알게 한다. 아울러 다양한 가족구성에 대한 형태를 알 수 있다.
- **준비물** : 성경, 주석, 인터넷, 성경이야기 동화, 인터넷 등
- **관련 성경말씀** : 신명기 6 : 6-7 ; 11 : 19, 시 127 : 3-5, 사 54 : 13, 엡 6 : 4, 창 2 : 24, 엡 5 : 22-23, 레 9 : 3, 슥 7 : 10
- **전시 및 행사** : 성경프로젝트 활동을 마친 후 프로젝트 활동 전시
- **주제에 따른 개념**

  ① 가정은 가족들이 함께 사는 공동체이다.

  ② 가족은 서로 사랑해야 한다.

③ 가족구성원은 다양하다.

④ 나의 출생의 과정에 대하여 안다.

⑤ 부모님에 대하여 존경하는 마음을 갖는다.

⑥ 가정을 이루어 주신 하나님

2) 브레인스토밍

그룹이 모여서 브레인스토밍을 하여 생성된 아이디어는 다음과 같다.

- 이쁘다, 아프다, 울다, 고맙다, 행복하다, 감사하다, 산부인과, 간호사, 의사, 옷, 젓병, 태몽꿈, 미역국, 나의몸, 손, 발, 다리, 머리, 발가락, 손가락, 목, 털, 배꼽, 화장실, 침대, 책상, 우유, 장난감, 잠자기, 안경, 모자, 자장면, 햄버거, 피자, 양말, 머리핀, 심부름, 운동, 신발, 그림, 사진, 소풍, 화내기, 통닭, 햄버거

3) 유목화

나의 물건	머리핀, 모자, 안경, 책상, 침대, 신발, 그림, 사진, 안경, 옷
내가 하는일	화장실가기, 잠자기, 장난감놀이, 심부름, 운동, 소풍
나의 몸	손, 발, 다리, 머리, 발가락, 손가락, 목, 털, 배꼽
좋아하는 음식	자장면, 햄버거, 피자, 우유, 햄버거, 통닭
나의 탄생	산부인과, 의사, 간호사, 젓병, 태몽꿈, 미역국
내 기분	이쁘다, 아프다, 울다, 고맙다, 행복하다, 감사하다, 화내기

4) 주제망

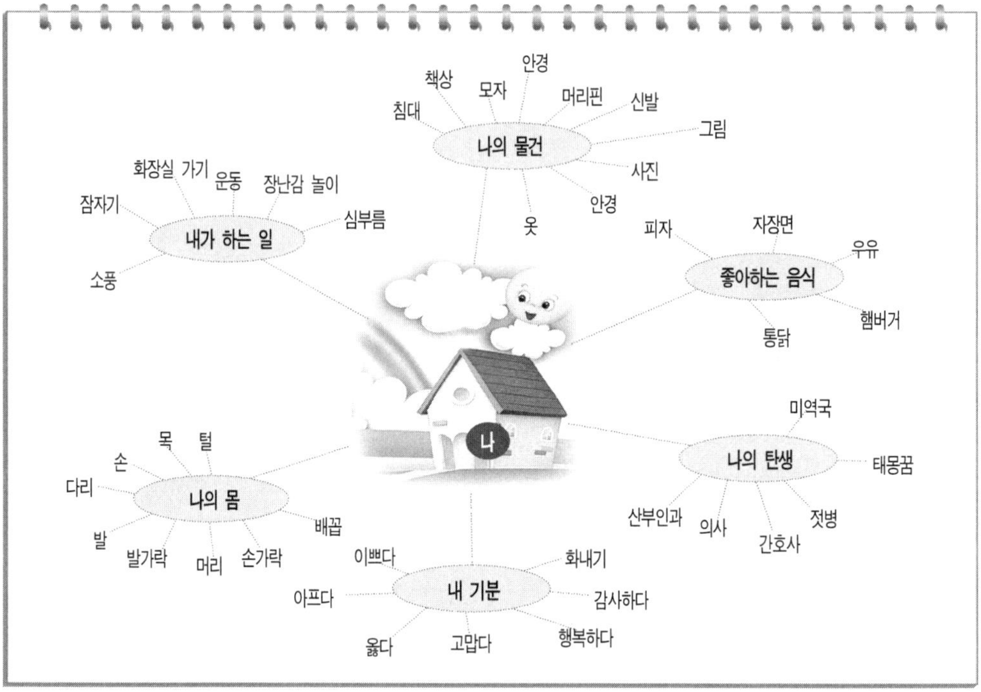

5) 자원을 위한 목록표

	유아교육기관	교회학교	가정
시작 단계	• 출생에 대한 도서 • 가족에 관한 이야기책 • 아기 사진 및 그림 • 몸 사진 • 백과사전	• 성경 • 비디오 • 출생에 관한 동화책 • 가족에 대한 그림책	• 아기 때 사진 • 인터넷자료 모음 • 태내사진
전개 단계	• 비디오 자료 • 태내사진 • 백과사전 • 인터넷 자료 • 전문가 초청하기	• 성경사전 • 주석 • 예수님의 어린 시절은?	• 조부모사진 • 아기용품 모으기 • 부모님 아기 때 사진 • 엄마 임신 중 사진 • 가족사진

마무리 단계	• 발표자료 만들기 • 전시준비 • 동극을 위한 환경 준비 • 영상자료 • 병원놀이 기구	• 토론하기 • 전시준비 • 조사한 것 부모님께 편지보내기	• 교사노트 • 관찰노트

6) 도입단계 및 전개단계

	도입 및 전개 내용	준비물
도입 및 전개	A. 주제가 정해지면 이전 경험을 나눈다. • 내 어릴 때 사진 소개하기 • 아기 출생 동화듣기 • 책으로 자원 소개하기 • 표상하기-나의 모습 • 내용 탐색해 보기 • 내가 좋아하는 것 소개하기 • 신문 활동-우리가족 다양한 얼굴 표정 • 상상하기-만약 내 얼굴에 코가 두 개라면…… B. 브레인스토밍, 유목화, 주제망 정하기 • 소그룹 나누기 • 소그룹 이름 정하기 • 리더 정하기 • 기록자 정하기 • 조사하기 • 개념 정리하기 • 2차 질문 만들기 • 조사결과 발표하기 C. 질문 만들기 • 아기는 왜 말을 못할까? • 나의 몸은 왜 엄마와 다르게 생겼을까?	• 소그룹 이름적은 표 • 리더 정하기 • 기록자 정하기 • 포스트 잇 • 전지 • 색깔 사인펜 • 쉬운성경 • 성경동화 • 성경DVD • 교사관찰 노트 • 전단지 종류별 모음 • 질문카드 • 나의 사진 • 카메라 • 내 앨범 만들자료

	• 누나와 나는 왜 다르게 생겼을까? • 사람은 누가 만들었을까? • 인간을 만든 하나님은 어떤 분일까? D. 체험활동 • 사진찍기 • 지문찍기 • 발바닥찍기 • 신체검사하기	

7) 마무리단계

	마무리 내용	준비물
마무리 단계	A. 토론하기 • 사람은 왜 늙을까? • 죽은 다음에는 어떻게 될까? • 뼈가 하는 일은? • 튼튼해 지려면…… • 피가 하는 일은? • 뇌의 하는 일? • 뱃속에서 아기는 어떻게 살까? • 소중한 내몸 B. 전시하기 • 나의 기록 정리하기 • 여자, 남자 몸 만들기 • 초대장 만들기 • 포스터 만들기 • 역할 정하기 C. 평가하기 • 이번 주제의 흥미가 떨어지는지 관찰한다. • 흥미가 떨어지면 다음 주제를 정한다. • 새롭게 알게 된 것은?	• 활동 기록자료 • 전개단계의 사진자료 모음 • 교사의 관찰 일지 • 사진 촬영하여 CD 제작 • 인터넷 자료찾기 • 효도쿠폰

	• 벽에 붙여 놓은 질문지에 계속 궁금한 것을 적어 놓는다. • 궁금한 것을 궁금이 상자에 넣고 더 조사한다. • 나의 좋은 점은? • 나의 나쁜 점은? • 자연스럽게 하나님과 천국, 아담과 하와 등의 성경이야기 속으로 전개해서 성경을 전해야 한다.	

8) 활동의 실제

그림유치원의 활동을 소개한다(참고사료 . 한국기독교연합회).

▌활동 1 : 우리가족 소개하기▐

- **활동목표** : 가족의 구성원에 대하여 알 수 있다.
- **활동자료** : 가족사진
- **활동방법** : 유아기 사진을 보면서 친구들에게 자신의 가족을 소개한다.

▌활동 2 : 가족 그래프 만들기▐

- **활동목표** : 각 가정의 가족 수를 비교하면서 서열을 알 수 있다.
- **활동자료** : 가족그래프
- **활동방법** : 아동과 함께 살고 있는 가족구성원에 스티커를 붙여서 비교한다.

▌활동 3 : 가족도해 만들기▐

- **활동목표** : 가족구성원의 관계를 알 수 있다.
- **활동자료** : 인쇄물
- **활동방법** : 아동과 함께 살고 있는 가족을 중심으로 가족도해를 그려 본다.

▌활동 4 : 사랑의 쿠폰 만들기▐

• **활동목표** : 부모님을 위해 내가 할 수 있는 일을 안다.

• **활동자료** : 소원쿠폰, 파란쿠폰, 필기도구

• **활동방법** : 부모님을 위해 할 수 있는 일을 생각해 보고 사랑의 쿠폰을 만든다. ① 소원쿠폰, 파란쿠폰을 2장 만든다. ② 빨간색으로 된 소원쿠폰은 부모님의 소원을 들어주는 쿠폰임을 알게 하고 이름을 기록한다. ③ 파란쿠폰은 부모님을 위해 내가 할 수 있는 일을 생각해 보고 기록한다.

▌활동 5 : 아빠 엄마의 역사 만들기▐

• **활동목표** : 엄마 아빠의 만남을 통해 부모를 더 잘 이해한다.

• **활동자료** : 질문지를 작성한다.

• **활동방법** : 부모님에게 부탁하여 다음 질문을 기록하게 하고 읽어 준다. ① 아빠, 엄마의 어릴적 모습이나 행한 일 ② 아빠는 엄마를 왜 좋아하시나요? ③ 엄마, 아빠가 결혼하셨어요.

▌활동 6 : 가족이 필요한 이유▐

• **활동목표** : 서로간의 의견을 교환함으로써 소중함을 알게 한다.

• **활동자료** : 딸에게 엄마, 아빠가 필요한 이유를 쓴 편지

• **활동방법** : ① 아들에게 엄마, 아빠가 필요한 이유를 편지에 써서 들려준다. ② 엄마, 아빠가 필요한 이유를 편지에 써서 들려준다.

▌활동 7 : 가족축제▐

• **활동목표** : 축제를 통하여 가족의 소중함을 느끼게 한다.

• **활동자료** : 페이스페인팅, 사진기, 콩나물, 인형극

• **활동방법** : ① 얼굴에 재미있는 페이스페인팅을 한다. ② 가족과 함께 사진을 찍는다. ③ 가족의 화합을 위하여 콩나물 다듬기를 한다.

❙ 활동 8 : 다양한 가족 ❙

- **활동목표** : 국제결혼을 이해하고 타민족을 이해한다.
- **활동자료** : 혼혈인이나 타국인 사진 및 동영상
- **활동방법** : ① 우리민족 뿐 아니라 국제 결혼을 통해 한국에 온 사람을 이해하고 사랑한다. ② 타국의 문화를 이해하고 한국에 일하러 온 사람들을 이해하고 도와 준다.

❙ 활동 9 : 하나님이 원하시는 가족 ❙

- **활동목표** : 부모를 공경하고 이웃을 사랑하라고 하신 성경말씀을 실천한다.
- **활동자료** : 기도문, 적은 금액을 모금하여 이웃돕기
- **활동방법** : ① 불쌍한 이웃을 위한 기도문 혹은 내 가족을 위한 기도문을 작성한다. ② 함께 식사를 하고 예배를 드릴 때마다 헌금을 모금하여 함께 모인 후 불우한 이웃을 방문한다.

❙ 활동 10 : 부모님께 보내는 편지 ❙

- **활동목표** : 부모님께 직접 나의 마음을 표현하여 사랑을 전한다.
- **활동자료** : 부모님께 쓴 편지
- **활동방법** : ① 문자, 컴퓨터를 활용하여 마음을 표현하고 있는 시대이지만 직접 글을 작성하여 사랑하는 마음을 전한다. ② 아빠만 읽는 편지를 보낸다. ③ 엄마만 읽는 편지를 보낸다. ④ 조부모께도 편지를 쓴다.

6 예상주제 : "일반적인 주제"를 통한 성경프로젝트(2)

1) 예상주제 : 계절

- 반명 : 침례신학대학교 1학년
- 주제 : 겨울
- 추정기간 : ○○○○년 ○월 ○일-○월 ○○까지
- 교사 : ○○○
- 목표
  ① 겨울주제를 전개해 가는 과정에서 계절의 주기적인 변화로 나타나는 자연 현상을 이해한다.
  ② 계절에 따른 일상생활의 변화를 안다.
  ③ 지나가는 시간의 흐름을 통하여 하나님이 세계를 주관하심을 알 수 있다.
- 준비물 : 그림책, 사진, 실물, 성경, 주석, 성경이야기 동화, 인터넷 등
- 관련성경말씀 : 시 24 : 1, 행 14 : 17, 눅 2 : 2-14
- 전시 및 행사 : 성경프로젝트 활동을 마친 후 프로젝트 결과물 전시
- 주제에 따른 개념
  ① 겨울은 계절의 변화로 옷도 다르게 입는다.
  ② 겨울은 추은 날씨로 인해 건강에 유의해야 한다.
  ③ 추운 겨울에도 피는 꽃이 있다.
  ④ 겨울철에 하는 놀이도 있다.
  ⑤ 겨울에 있는 크리스마스는 예수님의 생일이다
  ⑥ 우리를 구원하시려고 예수님을 보내셨다.

2) 브레인스토밍

그룹으로 모여서 '겨울'에 관한 브레인스토밍을 한 결과 나온 아이디어들은 다음과 같다.

- 갈매기, 개꿩, 개똥지빠귀, 두루미, 논병아리, 갈색양진이, 칡부엉이
- 스케이트, 스노우보드, 아이스하키, 빙벽등반, 봅슬레이, 아이스요트, 루지, 스키
- 감기, 안구건조증, 피부건조증, 비염 · 축농증, 관절염, 천식
- 동백꽃, 매화, 복수초, 군자란, 생강나무꽃, 꽃다지, 산수유
- 오렌지, 바나나, 키위, 귤, 레몬, 성탄절, 소비자의 날, 설날
- 눈썰매, 눈싸움, 쥐불놀이, 연날리기, 군고구마, 물오뎅, 군방, 팥죽, 동치미
- 고드름, 창밖을 보라, 겨울바람, 울면안돼, 오리털 잠바, 코트, 장갑, 내복, 자켓
- 온돌방, 난로, 온풍기, 보일러, 전기장판, 히터

3) 유목화

브레인스토밍을 통하여 생성된 아이디어들을 주제별로 유목화하였더니 다음과 같은 소주제로 분류되었다.

겨울철새	갈매기, 개꿩, 개똥지빠귀, 두루미, 논병아리, 갈색양진이, 칡부엉이
겨울스포츠	스케이트, 스노우보드, 아이스하키, 빙벽등반, 봅슬레이, 아이스요트, 루지, 스키
겨울철질환	감기, 안구 건조 증, 피부 건조 증, 비염 · 축농증, 관절염, 천식
겨울에 피는 꽃	동백꽃, 매화, 복수초, 군자란, 생강나무 꽃, 꽃다지, 산수유
겨울철 과일	오렌지, 바나나, 키위, 귤, 레몬

기념일	성탄절, 소비자의 날, 설날
겨울철 놀이	눈썰매, 눈싸움, 쥐불놀이, 연날리기
겨울철 음식	군고구마, 물오뎅, 군방, 팥죽, 동치미
겨울동요	고드름, 창밖을 보라, 겨울바람, 울면안돼
겨울옷	오리털 잠바, 코트, 장갑, 내복, 자켓
겨울난방	온돌방, 난로, 온풍기, 보일러, 전기장판, 히터

4) 주제망

브레인스토밍에서 생성된 아이디어를 유목화하였으며 소주제를 정하고 분류된 것을 주제망으로 그리면 다음과 같다.

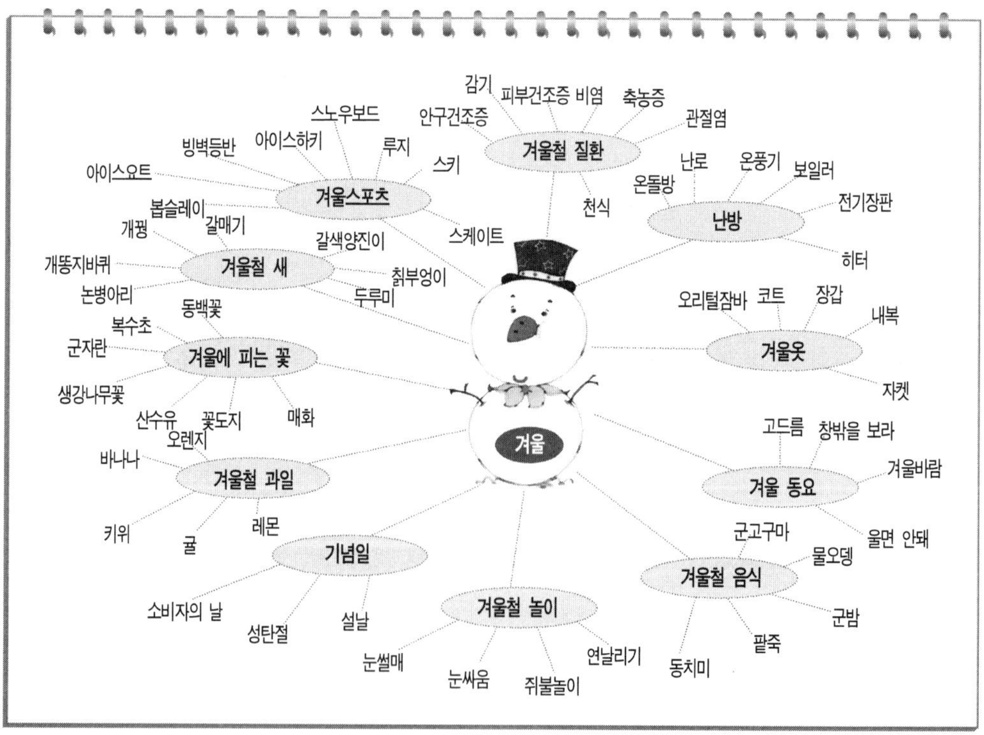

5) 자원을 위한 목록표

	유아교육기관	교회학교	가정
시작 단계	• 겨울에 대한 그림 • 겨울에 하는 스포츠 사진 • 출생에 대한 도서 • 겨울동요 • 아기예수 사진 및 그림	• 성경 • 비디오 • 출생에 관한 동화책 • 예수님 탄생에 대한 그림책 • 크리스마스 사진	• 크리스마스 준비물 • 인터넷 자료 • 아기예수 사진
전개 단계	• 겨울옷, 겨울꽃 사진 • 비디오 자료 • 겨울 음식그림 • 백과사전 • 인터넷 자료 • 전문가 초청하기	• 크리스마스에 관한 인쇄물 및 사진 • 성경사전 • 주석 • 예수님의 탄생 그림 • 동방박사 그림	• X마스트리 장식 • 목자 사진 • 아기예수 그림
마무리 단계	• 발표자료 만들기 • 활동의 결과물 전시 • 성극을 위한 환경 준비 • 영상자료 • 예수님이 이 땅에 오신 이유를 나타내는 결과물	• 토론하기 • 전시준비 • 조사한 것 부모님께 편지 보내기	• 교사노트 • 관찰노트

6) 도입단계 및 전개단계

	도입 및 전개 내용	준비물
도입 및 전개	A. 주제가 정해지면 이전 경험을 나눈다. 일반적인 주제로 하나님을 전할 수 있다. • 겨울에 대하여 할 수 있는 것 소개하기 • 겨울에 볼 수 있는 것 소개하기 • 책으로 자원 소개하기 • 표상하기-눈 모양 그리기 • 내용 탐색해 보기 • 아기예수님 출생 동화듣기 • 신문 활동-크리스마스 표현 • 상상하기-만일 내가 눈이라면 어디에 내릴까? • 겨울동요, 크리스마스 캐롤 부르기 B. 브레인스토밍, 유목화, 주제망 정하기 • 소그룹 나누기 • 소그룹 이름 정하기 • 리더 정하기 • 기록자 정하기 • 조사하기 • 개념 정리하기 • 2차 질문 만들기 • 조사결과 발표하기 C. 질문 만들기 • 겨울에는 왜 눈이 올까? • 아기예수님은 왜 오셨을까? D체험활동 • 사진찍기 • 트리 만들기 • 눈 썰매 타기 • 군고구마 먹기	• 소그룹 이름적은 표 • 리더 정하기 • 기록자 정하기 • 포스트 잇 • 전지 • 색깔 사인펜 • 쉬운성경 • 성경동화 • 성경DVD • 교사관찰 노트 • 전단지 종류별 모음 • 질문카드 • 예수님 사진 • 카메라 • 크리스마스 트리 만들 자료

7) 마무리단계

	마무리 내용	준비물
마무리 단계	A. 토론하기 • 왜 겨울에만 눈이 올까? • 겨울 옷은 두꺼울까? • 겨울철 과일은 무엇이 있을까? • 튼튼해지려면…… • 추운겨울에 새는 어떻게 살까? • 예수님은 왜 오셨을까? B. 전시하기 • 나의 기록 정리하기 • X마스 트리장식 • 초대장 만들기 • 포스터 만들기 • 역할 정하기 C. 평가하기 • 이번 주제의 흥미가 떨어지는지 관찰한다. • 흥미가 떨어지면 다음 주제를 정한다. • 새롭게 알게 된 것은? • 벽에 붙여 놓은 질문지에 계속 궁금한 것을 적어 놓는다. • 궁금한 것을 궁굼이 상자에 넣고 더 조사한다. • 예수님은 어떻게 성장하셨을까? • 동방박사가 가지고온 선물은? 일반적인 주제를 통하여 자연스럽게 예수님의 탄생과 구원을 선할 수 있나. 그러므로 성경 속으로 전개해서 성경을 알게 해야 한다.	• 활동 기록자료 • 전개단계의 사진자료 모음 • 교사의 관찰 일지 • 사진 촬영하여 CD 제작 • 인터넷 자료찾기 • 효도쿠폰

제2장 창의적인 성경프로젝트 활동을 위한 분류주제 및 참고자료

창의적인 성경프로젝트 활동 중에서 인물들을 정확하게 알아보고 성경공부를 자발적으로 흥미있게 하기 위하여 다음의 부분을 참고한다.

- 그룹을 정하면 그룹별로 모여서 리더를 정한다.
- 리더를 정한 후 기록할 수 있는 사람을 뽑는다.
- 성경프로젝트 활동을 하기 원하는 성경의 인물 혹은 하고자 하는 분류 목록표에서 하고자 하는 활동을 선정한다.
- 그 주제에 대한 모든 참고 구절의 목록 및 참고서적, 주석, 인터넷, 사전 등을 순비안나.
- 주제를 정했을 경우에는 포스트잇을 활용하여 브레인스토밍(생각모으기)을 안나.
- 브레인스토밍에서 모아진 생각들을 유복화(친구찾기)한다.
- 유목화한 것을 더 잘 알아보기 위하여 전지에 주제망을 그린다.
- 인물에 대하여 알아보고자 하는 경우는 인물에 대한 모든 것을 기록하고, 인물

의 연대표, 성품, 그의 생애를 통해 나타난 진리들에 대한 다른 성경말씀을 찾아본다.

- 중요한 교훈들을 요약하며, 그 인물로부터의 깨달음과 개인적인 적용점을 기록한다.
- 활동에서 얻어진 결론의 내용을 전달하기 쉽게 만든다.

대략 위의 내용들을 아동들과 의논하여 다음의 활동들 가운데 선택한 후 위의 예시와 같이 프로젝트 활동을 실시한다. 성경말씀을 통하여 스스로 프로젝트 활동을 하면서 성경을 찾아보고 교사의 도움을 받아 성경프로젝트 활동을 하는 목적은 다음과 같이 정리할 수 있다.

- 학습자들에게 마땅히 가야 할 길과 해야 할 일을 보이기 위하여(출 18 : 20)한다.
- 성경프로젝트 활동을 통하여 주님의 뜻을 행하게 하기 위하여(시 143 : 10)한다.
- 성경을 통하여 온전하게 하기 위하여(엡 4 : 11-12)한다.
- 예수 그리스도를 바로 알고 구원에 이르는 지혜를 얻기 위하여(딤후 3 : 13-14)한다.
- 자신의 허물을 깨닫게 하기 위하여(욥 6 : 24)한다.
- 많은 유혹이 주변에 많이 있다. 주님의 뜻이 아닌 다른 교훈에 유혹을 막기 위하여(엡 4 : 14) 성경프로젝트를 흥미를 가지고 하도록 도와야 한다. 그러므로 다음에 기록한 내용들은 프로젝트 활동을 하는 아동들을 위하여 교사가 참고로 읽고 활동을 미리 해 보는데 도움이 될 것이다.

1 "호감" 성경프로젝트

인물을 위한 성경프로젝트 활동을 할 때 알아볼 수 있는 것을 워렌은 평판(주변사람, 하나님 등), 성품, 배경(조상, 이름 등), 중요한 사건들, 관계, 인격, 영적인 생활(성별된 삶, 하나님 말씀에 대한 태도 등)을 알아보는 것을 제안하고 있다(이명희, 1984).

아브라함(창 22 : 1-14)과 같이 믿음의 조상이 된 인물, 이삭(창 18 : 1-18, 마 1 : 2, 행 7 : 8)과 같이 아버지께 순종함으로 축복을 받은 순종의 인물들을 지칭하는 것이다. 호감이 가는 인물로는 다음과 같은 사람들이 있다.

아브라함, 야곱, 이삭, 요셉, 에녹, 노아, 모세, 여호수아, 아론, 사무엘, 다윗, 다니엘, 솔로몬, 에스라, 에스겔, 엘리야, 예레미야, 이사야, 베드로, 바울, 예수, 사도요한 등이다.

성경에 기록된 인물들 중에서 믿음의 조상인 아브라함은 모든 사람들이 본받을 만하며 신앙의 참된 모습을 본받는 교훈적인 인물이 될 수 있다. 호감인물 성경프로젝트 활동을 통하여 신실하신 하나님과 우리를 위하여 '여호와 이레' 준비하시는 하나님을 만나기를 바란다. 때로는 실수도 있지만 하나님을 믿고 신뢰하는 호감인물들의 믿음 통하여 하나님께 더 가까이 나아가는 믿음이 되어야 할 것이다.

호감이 가는 인물 중에서 호감인물은 많이 있으니 노아, 아브라함, 모세를 예시로 살펴보고자 한다.

1) 노아(창 6 : 8)

노아의 의미는 "안식"혹은 "위로"이며, 라멕의 아들이었다(창 5 : 28-29). 노아는 셋의 후손이며 아담의 10대손이다. 인간이 부패할 때로 부패한 시대에 살았던 노아는 하나님의 사람으로 등장하며, 하나님께서는 모든 시대와 형편을 초월하여 항상 하나님의 사람을 기억하고 계심을 알 수 있다(두란노서원 편, 1994).

모든 사람들이 평안히 살아가고 있을 때 노아의 8명의 식구는 거대한 방주를 만들고 있었다. 세상에는 죄악이 관영하여 지면의 모든 사람과 생물들을 없애 버리기로 결정한 하나님께서는 "여호와께 은혜를 입은(창 6 : 8)" 노아를 살려 주시려고 방주를 만들게 하신 것이었다. 노아는 하나님을 신뢰하고 하나님의 마음을 잘 알고 있었다. '은혜를 입었다'는 원어는 '노아는 하나님의 눈에서 사랑을 보았더라'는 의미이다. 그리하여 노아는 하나님이 모든 것을 다 쓸어버리시겠다는 무서운 작정을 했을 때에도 하나님의 눈에서 사람을 향한 지극한 사랑을 발견한 것이다. 아담과 하와의 자손으로 태어난 인간은 하나님 앞에서 완전할 수 없는 것이다. 하나님의 마음을 아는자, 즉 그분을 이해하는 사람이 완전한 자로 인정받을 수 있는 것이다. 그분을 이해했기에 노아는 방주를 만들 수 있었을 것이다(김성일, 한세대).

방주의 도면을 설계해 주신 방주의 규모는 길이가 150m, 높이가 15m, 넓이가 25m 그리고 높이는 3층으로 지어졌다. 홍수 이후에 하나님이 노아와 맺은 언약은 다음과 같다.

- 다시는 땅을 저주하지 않겠다(창 8 : 21).
- 인간은 인간생명의 존엄성을 보호하는데 책임감이 있는 존재로 만들어졌다(창 8 : 22).
- 육류도 사람의 음식으로 보충되었다(창 9 : 3-4).
- 다시는 물로 멸하지 않을 것이다(창 9 : 17).
- 모든 약속을 무지개로 약속하셨다(두란노서원 편, 1994).

방주에서 나온 노아는 첫 농사를 지어 포도주를 만들어 그것을 마신 후 취해서 벌거벗고 잠을 자다가 둘째 아들 함이 그것을 보고 형제들에게 말을 했다. 그러나 그 이야기를 들은 셈과 야벳이 옷을 들고 뒷걸음을 쳐서 덮어 주었다. 그러한 일을 알게 된 노아는 그의 아들들에게 "셈의 하나님 여호와를 찬송하리로다. 가나안은 셈의 종이 되고 하나님이 야벳을 창대케 하사 셈의 장막에 거하게 하시고 가나안은 그의 종이 되게 하시기를 원하노라(창 9 : 26-27)" 예언을 했다. 그리하여 함은 저주를 받게 되었다. 사도행전 17 : 26에 보면 한 혈통으로 모든 족속을 만드사 온 땅에 거하게 하신 노아의 계보를 도표로 그려보면 다음과 같다(두란노서원 편, 1994).

노아

셈	함	야벳
엘람 : 페르샤인 앗스르 : 앗스르인 룻 : 갈대아인 아람 : 아르미니아인 아르박삿 : 시리아인	구스 : 이디오피아인 붓 : 리비아 미스라임 : 이집트인 가나안 : 페니카아인	고멜 : 고울인(프랑스) 마곡 : 브리튼인(영국) 마대 : 게르만인 야완 : 러시아인 두발 : 메데인(서남아시아) 메데 : 이베리아인(스페인, 포루트칼) 디라스 : 헬라인, 로마인, 트라키아인

노아를 통하여 얻게 되는 교훈은 하나님은 의인을 축복하시고 악한 자들은 멸하시지만 하나님을 신뢰하고 그를 믿는 자들을 돌보아 주신다는 것이다. 그리고 방주는 그리스도의 모형으로서 노아와 그의 가족 8명을 구원했으며 우리는 예수 그리스도로 말미암아 구원을 얻었다.

2) 아브라함(창 22 : 1-14)

"아브람"의 의미는 "큰아버지"이다. 그러나 창 17 : 5에서 하나님은 아브람의 이름을 아브라함으로 바꾸어 주셨으며 아브라함은 "열국의 아버지"란 뜻이다.

아브라함은 노아의 아들 셈의 후손이며 이스라엘민족의 시조이다.

아브라함이 살았던 갈대아 우르는 메소포타미아 땅에 있는 성읍이었다. 수메르의 지도자를 축출하고 정권을 장악한 우르남무 왕의 시대에 해당한다. 아브라함의 부친 데라는 우르에서 우상을 팔아 생계를 유지했으나 아브라함은 수메르의 다신 숭배를 받아들일 수 없었다. 그리하여 하나님의 지시(창 12 : 1)에 의해 하란을 떠나 가나안 땅으로 간다. 가나안 땅에서 나그네로 사는 아브라함은 오직 하나님의 명령에 순종하며 살려고 노력한다. 그러나 창세기 12장 10절에 나타난 것과 같이 기근이 들어 애굽으로 갔다가 아내 사라를 빼앗길 위기에 처하고 창세기 14장에서는 조카 롯을 구하기 위해 아모리 족속의 신세를 지기도 하였다. 아브라함은 100세에 아들 이삭을 부인 사라를 통해 낳았으나 하나님이 아들 이삭을 바치라고 하여 아브라함은 이삭을 바치고 하나님의 명령에 순종하여 여호와 이레(창 22 : 14)의 축복을 받았다. 하나님께서는 "네 아들 네 독자까지 내게 아끼지 아니하였으니 내가 이제야 네가 하나님을 경외하는 줄을 아노라(창 22 : 12)"라고 하시며, 하나님께서 아브라함에게 주신 축복은 다음과 같다.

- 큰 민족의 시조가 되게 하셨다(창 12 : 2).
- 이름을 창대케 하셨다(창 12 : 2).
- 복의 근원이 되게 하셨다(창 12 : 2).
- 하나님의 방패와 상급이 되었다(창 15 : 1).
- 후손을 주셨다(창 21 : 1-7).
- 땅의 기업을 약속하셨다(창 15 : 7-21).

- 장수를 누리게 하셨다(창 15 : 15).
- 큰 재산을 얻게 하신 것(창 24 : 35) 등이다.

창세기 12장 1절에 하나님은 아브라함에게 "너는 너의 본토, 친척, 아비 집을 떠나 내가 네게 지시할 땅으로 가라"고 하신다. 창세기에 나타난 12가지의 시작점은 다음과 같다(임용재a, 2003).

- 우주 만물의 시작(창 1 : 1-30)
- 인류의 시작(창 1 : 26, 27 2 : 7)
- 죄의 시작(창 3 : 1-7)
- 죽음의 시작(창 2 : 17, 3 : 19)
- 구속, 약속의 시작(창 3 : 15)
- 가정의 시작(창 4 : 1-15)
- 제사의 시작(창 4 : 3-5)
- 살인의 시작(창 4 : 8)
- 도시 문명의 시작(창 4 : 16-24)
- 국가 형성의 시작(창 10 : 1-32)
- 언어의 분산의 시작(창 11 : 1-19)
- 선민 역사의 시작(창 12 : 1-50 : 26)

아브라함은 가나안 땅을 주실 것이라는 약속을 바라면서 가나안 땅이 그 자신과 후손의 차지가 될 것을 굳게 확신했다(창 24 : 6-9). 신약에서는 아브라함을 세 가지 초점으로 보고 있다.

- 바울은 하나님의 약속에 대한 신뢰로서의 아브라함의 믿음을 강조(롬 4 : 18-22)
- 히브리서기자는 아브라함의 신앙의 인내에 초점(히 11 : 8-16)
- 야고보서 기자는 참된 신앙은 순종으로 증명되며 순종의 정수를 아브라함으로

묘사(아가페성경사전, 2002).

아브라함을 통해서 얻을 수 있는 교훈을 알란 스토링 펠로우는 다음과 같이 언급하고 있다.

- 하나님 안에서 흔들리지 않는 믿음의 생활을 해야 한다.
- 하나님을 위하여 필요한 것이라면 우리의 생을 기꺼이 드려야 한다.
- 하나님이 어디든 가라고 하시면 가야 한다.
- 시간이 걸려도 모든 약속을 지키는 하나님을 신뢰해야 한다.
- 아브라함은 율법이 있기 전에 십일조를 드렸다.
- 그 자손인 예수 그리스도를 믿기 때문에 진실한 하나님의 친구가 될 수 있다(두란노서원 편, 1996).

3) 모세(출 4 : 13)

모세의 뜻은 "끌어내다" 혹은 "들어 올리다"라는 의미이다. 출애굽기 2 : 1-2에는 레위 족속사람이 레위여자에게 장가들어 아들을 낳았다고 기록하고 있다. 그 당시 바로의 명령에 의해 남자 아이는 죽임을 당해야 했기 때문에 모세도 갈대상자에 넣어 강물에 버려지게 된다.

모세는 레위지파의 후손으로 3개월 집에서 성장하다 더 키울 수 없어 갈대상자에 넣어 하수에 띄었으나 바로의 딸이 발견하여 바로 왕궁에서 성장하였다(출 2 : 1). 40세에 애족심의 발로로 애굽인을 죽였으나 발각되어 도피하여 양을 치며 살았고 80세에 호렙산에서 하나님이 부르시고 출애굽하라고 명령하셨다(출 3 : 10). 모세에게 능력을 주시고(출 4 : 10) 바로 앞에서 10가지 재앙을 보이게 하였다. 시내 산에서 십계명과 율법을 받았으며, 가데스에서 백성들이 물문제로 불평했고 혈기를 내서 약속의 땅에 들어가지 못했다. 다음은 바로왕에게 행한 10가지 재앙이다.

- 물이 피가 됨으로 고기가 다 죽고 물에서 악취가 남(출 7 : 20)
- 개구리 재앙(출 8 : 2) : 바로는 내보낸다고 약속했으나 완강해짐
- 이 재앙(출 8 : 16) : 바로는 완강함
- 파리재앙(출 6 : 21) 바로는 타협안을 제시하나 다시 완강해짐
- 생축에게 심한 악질(출 9 : 3) : 바로가 완강함
- 온 땅의 사람과 짐승에게 독종(출 9 : 9)
- 애굽전궁에 우박(출 9 : 22) : 바로가 뉘우침을 보였으나 완강해짐
- 메뚜기 재앙(출 10 : 5) : 바로가 타협안을 제시했으나 강퍅해짐
- 3일 동안의 흑암(출 10 : 21) : 타협안 제시했으나 바로가 다시 강퍅해짐
- 장자와 처음 난 것은 모두 죽음(출 11 ; 5) : 바로는 이스라엘을 떠나도록 허락함

| 출애굽의 여정 |

애굽에서 유월절 피로 인한 구원(출 12 : 1-36) → 낮에는 구름기둥 밤에는 불기둥으로 인도했으며 홍해를 건넘(출 14 : 15-31) → 만나와 메추라기를 먹으며 광야생활(출 15 : 22-17 : 16) → 가나안 도착(수 3 : 14-17, 5 : 10-12).

| 모세에게 율법(십계명)이 주워졌다(출 20 : 3-12) |

1계명에서 4계명까지는 하나님과의 관계

5계명에서 10계명은 사람과의 관계

| 하나님께서 성막건축을 지시하심(출 25 : 8) |

장막의 식양과 기구의 식양대로 완성하게 함(장막 성경프로젝트 참조)

| 모세는 약속의 땅에 들어가지 못함 |

민수기 27 : 18-23에서 여호수아를 후계자로 선택함

이스라엘 백성에게 하나님은 레위기 26장 3절에서 순종하면 ① 비와 풍성한 소산물과 안전 ② 대적들에 대한 승리 ③ 곡식이 남을 정도의 풍성한 축복과

그들의 하나님이되는 축복을 받는다고 하셨다. 그러나 불순종하면 ① 질병, 기근, 패망 ② 가뭄과 흉작 ③ 들짐승들의 공격 ④ 염병, 전쟁, 기근 ⑤ 전쟁과 황폐하여 땅이 안식을 갖게 될 것이라고 말씀하셨다(레 26 : 14).

모세를 통하여 얻는 교훈은 다음과 같다.

- 하나님은 모든 세대에 지도자들이 되어야 할 자들을 선택하여 세운다.
- 하나님의 뜻과 인내를 가르치기 위하여 우리를 광야에 두실 때가 있다.
- 하나님은 원하시는 시기에 그의 백성들을 위하여 나갈 길을 항상 예비하신다(두란노서원 편, 1996)

2 "비호감" 성경프로젝트

그리스도인 생활의 주된 목적은 주님의 성품을 계발시켜 나가는 것이다. 나쁜 성격을 좋은 성품으로 변화시켜 그리스도와 같이 되어 가는 것이다. 비호감 인물을 통하여 부정적인 성품과 긍정적인 성품을 구별하고 그것을 돕기 위해 고안되면 좋을 것이다.

워렌은 성품을 위한 성경공부를 위하여 다음과 같은 것을 제안하였다.

- 성품을 선정한다.
- 반대 성품을 선정한다.
- 간단한 낱말 연구를 한다.
- 참고 구절을 찾는다.
- 개괄적인 인물 연구를 한다.
- 암기 구절을 선택한다.
- 개인적인 적용을 기록하는 것 등이다(이명희, 1984).

워렌은 부정적인 성품이 실제로는 잘못 사용되고 있는 긍정적인 성품이라는 것이다. 성경의 인물들 중에서도 자기 훈련의 성품이 잘못 사용되어진 것이다. 우리의 삶에서 성령의 열매를 맺는 것은 우리 안에 계신 하나님의 능력이다. 잘못된 성품도 변화시킬 수 있는 분은 하나님이시다. 그러나 끝까지 변화되지 않는다면 쓰임받고 버림받는 인물이 되는 것이다. 그리하여 사도 바울은 고전 9 : 27에서 "내가 내 몸을 쳐 복종하게 함은 내가 남에게 전파한 후에 자기가 도리어 버림이 될까 두려워 함이로라"고 고백하고 있는 것이다.

성경의 인물 중에 기록되어 있으나, 별로 바람직하지 않은 인물로서, 예수님을 배신하고 판 가롯 유다(막 14 : 10, 눅 6 : 16) 혹은 사울(삼상 9장-11장 ; 13-28 삼하 1장) 임금, 가인 등을 알아보는 활동이다.

1) 가인(창 4 : 8)

가인의 의미는 "획득"이나 "소유"를 뜻한다. 그의 직업은 농업인이었다. 아담과 하와가 낳은 최초의 자녀였다. 하나님은 아담과 하와를 창조하신 후 창세기 1 : 28에 "생육하고 번성하여 땅에 충만하라"고 하셨으며, 창세기 3 : 16에 자녀를 낳을 것이라고 하셨다.

에덴동산에서 아담과 하와는 자녀를 낳지 않았다. 그러나 가인과 아벨을 낳음으로써 인류가 시작되었다. 가인은 아담과 하와가 타락하여 범죄 가운데 낳은 자식이므로 타락한 본성의 최초의 자식이 되는 것이다. 그 이후에 아담과 하와는 아벨을 낳았다. 아벨은 "호흡"이라는 의미이다. 그의 직업은 목축업자이었다.

하나님은 아벨이 드린 제사는 받으셨다. 하나님은 마음을 드리는 제사를 받으신다. 이에 가인은 시기하여 아벨을 죽이게 된다. 아벨은 죽게 되었고 아담과 하와는 하나님으로부터 셋이란 아들을 얻게 된다. 셋의 의미는 "대리자"라는 뜻이다. 셋의 후손으로 모든 인류가 태어나는 것이며 우리를 구원하실 예수 그리스도께서 셋의 대를 이어서 탄생하시는 것이다.

가인과 아벨 그리고 셋을 통하여 얻는 교훈은 다음과 같다.

- 가정생활은 사회 안에서 첫 번째 조직된 천국의 모형이다.
- 최초의 인간 아담이 가진 성품인 죄의 본성이 후손들에게 전해진다.
- 하나님께 드리는 제사는 마음을 담은 진정한 예배이어야 한다.
- 구원을 얻은 우리들에게 죄는 용서받았지만 항상 죄성이 남아 있음을 자각하고 주님을 닮아가는 모습으로 변화되지 않으면 안 된다.
- 성화되어가려면 자아를 제어하며 성령님의 도움을 구해야 한다.

2) 사울(삼상 9장-11장 ; 13-28 삼하 1장)

사울의 의미는 "요청함"이며, 헬라어 표기법으로는 "씨쓰"라고 부른다.

기스의 아들로서 이스라엘의 초대 왕이며 베냐민 지파 사람이다. 다른 사람보다 어깨위가 더하게 키가 컸고 인물이 준수한 사람이었다(삼상 9 : 1). 하나님과 사무엘은 왕을 원하지 않았지만 이스라엘 백성들은 왕을 원했고 하나님은 사무엘에게 허락하셨다. '내일 이맘 때에 내가 베냐민 당에서 한 사람을 네게 보내리니 너는 그에게 기름을 부어 내 백성 이스라엘의 지도자를 삼으라(삼상 9 : 16)'고 하셨고 사울을 초대 이스라엘의 왕이 된다. 사울은 왕이 되기까지 좋은 인상을 남겼다. 그러나 왕이 된 이후에 블레셋과의 전쟁에서 제사장만이 할 수 있는 하나님께 드리는 번제를 대신 한 것은 큰 잘못이었다(삼상 13 : 8). 하나님께 많은 은혜를 입은 사울이 중심을 잃고 흔들린다. 사울은 백성이 두려워 하나님과 사무엘에게 명령을 어겼다고 고백한다. 왕을 세운 하나님을 잊고 백성을 두려워하게 되는 무지함을 보이는 것이다.

그리하여 하나님은 사울을 버리고 하나님은 마음에 맞는 자를 선택하여 왕을 삼으려 하셨고(삼상 13 : 14) 다윗 왕이 선출되게 되는 것이다.

구약성경은 사울을 이스라엘 백성들이 임금을 요구했고 하나님이 선택했으며 사울왕 몰락은 '이기심'에 기인한 것이라고 했다. 사울이 주는 교훈은

- 경건한 종이 되는 것은 가족배경, 외모 이상의 것이 요구된다.
- 주님께 순종하는 것은 성공을 성취하는 것보다 중요하다.
- 죄를 범하여 죄에 빠져들 때 돌아서기는 쉽지 않다. 거기서 돌아서는 것은 그리스도의 은혜 뿐이다(두란노서원 편, 1996). 그러므로 하나님의 마음에 맞는 지도자는 하나님을 경외하는 자(삼하 23 : 3), 공의를 사랑하는 자(신 1 : 13), 하나님을 위한 의분이 있는 자(삼상 17 : 26) 등이다.

3) 가룟 유다(마 10 : 4 ; 26 : 14, 25, 47 막 3 : 19, 눅 22 : 3, 47-48 요 6 : 71, 행 1 : 16)

열두 제자 가운데 한 사람으로 예수님을 배반한 자이다. '가룟'이라는 호칭(눅 22 : 3, 요 14 : 22)의 의미는 "거짓말쟁이", "염색하는 사람", "잇사갈의 남자" 등 어원적으로 다양하게 가정되고 있다. 그리고 유다는 "하나님의 찬양"이라는 의미를 가지고 있다. 그러나 일반적으로 인정되고 있는 의미는 '그리욧 출신의 남자(Man from Kerioth)'이다.

헤브론 남쪽 조그만 성읍 유다 이쉬 그리욧(Judas ish Kerioth) 출신으로 갈릴리 출신이 아니면서 유일하게 제자가 되었다. 유대사람이 아니었기에 다른 사람들과 가까이 지내지 못하였다. 주님은 12제자를 선택하기 전날밤 철야기도를 하시고 신중히 사도들을 선택하셨다(눅 6 : 12). 가룟 유다는 높은 이상을 가졌으며 약속을 지키는 사람으로 적임자였다. 가룟 유다는 복음을 전하러 다니기도 했으며, 귀신을 내쫓기도 하였다(눅 10 : 17-20). 재정을 맡을 정도로 신중하고 실질적인 사람이었다. 가룟 유다는 메시야가 로마로부터 이스라엘을 구하고 통치할 것을 기대했다. 가룟 유다는 새로운 왕국에서 영광과 권세를

누릴 생각에 꿈이 컸으나 예수님의 사명은 자신의 생각과 거리가 먼 것임을 깨달았다. 그러나 예수님은 가룟 유다에게 "인자는 자기에게 대하여 기록된 대로 가거니와 인자를 파는 그 사람에게는 화가 있으리로다. 그 사람은 차라리 나지 아니하였더면 좋을 뻔 하였느니라(막 14 : 21)"고 말씀하셨다.

가룟 유다는 대제사장들과 바리새인들의 군인들과 관원들을 겟세마네 동산으로 인도하고, 미리 짜여진 신호, 즉 입맞춤으로 인하여 예수님을 배반하고 그의 악행을 마무리하였다. 예수님이 십자가에 못박혀 죽으신 후 양심의 가책을 받고 대제사장들과 장로들에게 그들로부터 받은 은 30을 성소에 던져 넣고 목매어 자살하였다(행 1 : 18-20). 유다의 탐욕은 예수님을 십자가에서 죽게 했다. '돈을 사랑함이 일만 악의 뿌리가 되나니(딤전 6 : 10)'라고 성경은 가르치고 있다.

가룟 유다에 대한 주님의 경고가 몇 번 있었다.

- 예수님이 제자의 발을 씻기면서 경고했지만 그의 마음은 강팍해져 가고 있었다.
- 유월절 식사 때 제자 중의 하나가 나를 팔 것이라고 주님이 말씀하셨다. 놀란 제자들은 서로 자신이냐고 물었다. 가룟 유다도 "랍비여 내 니이까?"라고 물었고 예수님은 "네가 말하였도다(마 26 : 25)"라고 했다.
- 베드로가 요한에게 누가 배신자냐고 했을 때 예수님은 베드로에게 "내가 한 조각을 찍어다가 주는 자가 그니라(요 13 : 23-26)" 말씀하셨다. 두려움과 회개의 기미를 보이면서 가룟 유다는 마귀의 충동을 받아 그 즉시로 자리를 떠났다.

베드로도 주님을 모른다고 부인했다. 가룟 유다도 베드로처럼 용서받을 수 있었을 것이다. 그러나 가룟 유다는 회개하지 않았다.

가룟 유다를 통해서 배울 수 있는 교훈을 알란 스토링펠로우(1994)는

- 그리스도의 길을 받아들일 수 없기 때문에 부인하는 것은 큰 죄이다.

- 배반은 유다 뿐 아니라 지금도 일어나고 있다.
- 유다는 마귀의 미혹을 따라 자기의 길로 갔다.
- 죄의 길은 항상 나쁜데서 더 나쁜 길로 인도된다.
- 말씀을 들으며 삶 속에서 그분의 능력을 증거하는 것은 가능하다(두란노서원 편, 1996) 등의 교훈을 제시하였다.

3 "왕따" 성경프로젝트

신잉은 관계인데 그것은 자신의 사랑을 예수 그리스도를 통하여 드러내신 하나님과의 신뢰의 관계이다. 그러므로 성경과 교리, 교회에 대한 지식만으로는 부족하다. 교회교육이 하나님에 대한 신념들을 형성하도록 지식을 전달하는 것도 좋지만 그 지식은 개인의 삶에서 하나님과의 적극적인 현존을 인식하는 것이다. 즉 교회교육은 관계적 차원을 지원하고 양육되어지는 면에 관심을 쏟아야 하는 것이다. 하나님과의 깊은 관계를 위하여 혼자만이 신앙생활을 잘하려고 하는 것이 아닌 공동체적인 관계 속에서 서로를 나누는 삶이 되어야 하는 것이다. 그런데 성경 속의 인물 중에는 하나님의 계획 속에서 자신을 형제들에게 너무 나타내다가 형제들로부터 소외되는 인물도 등장하며 물질을 탐하다가 이웃들로부터 소외되는 인물 등이 등장된다. 그리하여 이웃들에게서 소외당하는 인물 중에서 호감인물의 분류에 넣을 수 있으나 요셉(창 30 : 22-34, 요 4 : 5)의 경우는 약점일 수 있는 하나님이 주신 비전을 형제들에게 자랑하다가 애굽에 팔려가는 부분을 왕따의 분류에 넣었다. 그리고 세리인 삭개오(눅 19 : 1-19)는 이웃과 화목하지 못하고 돈을 사랑했기에 한때는 이웃사람들에게 배척을 당했으므로 왕따 분류에 넣었다. 그러나 다윗의 경우는 잘못한 것도 없는데 골리앗을 물리친 후 영웅적인 인물이 되자 사울 왕에게 시기를 받게 되어 도망자가 되어 갖은 고난을 겪으며 타인에 의해 왕따가 된 인물이므로 선정해 보았다.

1) 다윗(삼상 16-31, 왕상 1장, 2장)

다윗의 의미는 "사랑받는 자"이다. 다윗은 이스라엘의 두 번째 왕이며, 8명의 이새의 아들 중 막내로서 베들레헴에서 태어났다. 소년의 몸으로 자신의 집을 운영해 나가는 양떼를 지키는 목동이었지만 사자나 곰을 만나도 강한 동물들을 물리쳐야 했으므로 강한 소년으로서 생각이나 마음이 성숙했던 것으로 보인다. 다윗은 자신이 타고난 자질 위에 가정에서 받은 신앙의 영향이 그를 두 번째 왕으로 선택하게 되는 배경이 되었다. 그리하여 하나님께 택함을 받고 사무엘에 의해 왕이 되는 기름부음을 받았던 것이다. 다윗이 어린소년으로서 블레셋의 장수인 골리앗을 이기고 칼을 빼앗아 머리를 가져온 사건은 신앙의 승리인 것이다. 그 이유는 "다윗이 블레셋 사람에게 이르되 너는 칼과 단창으로 내게 오거니와 나는 만군의 여호와의 이름 곧 네가 모욕하는 이스라엘 군대의 하나님의 이름으로 네게 가노라(삼상 17 : 45)"라고 외치며 돌을 취하여 물매로 던져 골리앗의 이마를 치니 돌이 이마에 박혀 땅에 엎드러졌다고 기록하고 있다.

하나님께서 다윗을 왕으로 선택했지만 사울의 부하로서 멸시를 받으며, 사울에게 미움을 받아 생명의 위협을 느끼며 살아갔다. 다윗은 요나단과의 우정을 나누기도 하지만 여호와의 신에 크게 감동된 자로서 "하나님의 마음에 합한 자(행 13 : 22)"라고 인정받은 유일한 사람이었다.

사울은 백성들이 사울이 죽인 자는 천천이고 다윗이 죽인 자는 만만이라는 군중의 환호에 자극을 받았으며 다윗을 미워하여 결국엔 그를 죽이려고 결심하는 것이다. 블레셋 왕인 가드에게 보호를 요청할 때는 대문에 몸을 긁적거렸고 침을 흘리며 미친 짓을 하였다(삼상 21 : 13). 엔게디의 굴에서 사울을 죽일 수 있었으나 옷자락만 베고 살려준 일이나 사울의 막사에서 창과 물병만 가지고 나와서 사울의 목숨을 살려 준다. 수많은 시련을 겪은 지 13년 만에 다윗은 왕위에 오른다. 다윗은 하나님이 기름 부은 사람은 해치지 않겠다는 일념으로 살인을 행하지 않았다. 다윗은 위대한 사랑의 소유자였던 것이다. 서둘러 왕위에 오르지 않고 하나님이 세우시는 때를 기다리는 다윗에게서 믿음의 본을 받아야 할 것이다. 그러나 다윗이 왕 위에 올라 나라가 번영하고 평화가 임했다고 생각할 때 밧세바를 범하고 충성을 다하는 우리야를 전쟁에 내보내 죽게 하는 실수를 범하기도 한다. 하나님은 나단 선지자를 통해 다윗에게서 회개를 이끌어 내고 자신의 실수를 인정하여 즉시 순종하며 회개하는 다윗은 하나님의 마음에 합한 자인 것이다. 다윗을 통해 얻을 수 있는 교훈은 다음과 같다.

- 하나님의 마음에 합한 자였다.
- 시련과 고난의 긴 시간이 지나도 하나님의 때를 기다리는 믿음의 소유자가 되어야 한다.
- 범죄를 했을 때는 즉시 회개하는 자가 되어야 한다.
- 왕의 기름을 부었어도 오랜 시간을 기다려 고난을 통해 왕의 자질을 갖추는 계기를 맞아야 한다.

2) 요셉(창 30 : 22-34, 요 4 : 5)

요셉의 뜻은 "그 여호와가 더 하신다"의 의미이다. 창세기 37장부터 아브라함과 이삭 보다 더 많은 부분을 요셉에 대하여 언급하고 있다. 그 이유는 선하고 위대한 삶의 좋은 모범이 되었기 때문이며 성경에서 요셉이 인격이나 경험면에서 그리스도를 닮은 자가 없기 때문이다. 요셉이 주는 교훈을 예수님과 비교하여 다음과 같이 제시하고 있다(두란노서원 편, 1996).

| 요셉 |

- 아버지에게 가장 사랑받는 자였으며(창 37 : 3), 헤브론에서 살았다(창 37 : 14).
- 그의 아버지는 그를 보냈고 그는 기꺼이 가려고 했다(창 37 : 13).
- 장래의 비전을 말했을 대 그를 더욱 미워했으며(창 37 : 5-8), 형들이 해하려고 공모했다(창 37 : 19, 20).
- 유다는 은 20에 팔았다(창 37 : 26, 28).
- 유혹을 받았으나 굴복하지 않았다(창 39).
- 무고하게 고소를 당했다(창 39).
- 애굽에서 모든 권세를 얻었다(창 41 : 42-44).

| 예수님 |

- 예수님은 성부에게 사랑받았다(창마 : 3 : 17).
- 성부가 그를 보냈고 기꺼이 가시려 했다(요 3 : 16).
- 장래에 취할 높은 지위를 인간에게 나타냈을 때 미워했다(마 24 : 30, 31).
- 가룟 유다는 은 30에 팔았다(마 26 : 15).
- 시험을 받았으나 실패하지 않았다(마 4 : 1-11).
- 하늘과 땅의 모든 권세를 얻었다(마 28 : 18).

야곱이 라헬과의 결혼해서 출생한 아들로서(창 30 : 25) 11번째 아들이다. 그의 12형제는 르우벤-시몬-레위-유다-단-납달리-갓-앗셀-잇사갈-스불론-요셉-베냐민이다.

| 요셉의 꿈 |

- 11곡식단과 해와 달과 11별이 자신에게 절한다(창 37 : 7).
- 형들의 시기, 미움, 죽이기로 결정함(창 37 : 18).
- 꿈꾸는 자가 오는 도다(창 37 : 19).

- 르우벤의 반대로 구덩이에 던짐(창 37 : 22).
- 유다의 권유로 미디안 상인에게 은 20에 팔다(창 37 : 28).
- 보디발 집에 노예로 팔려감(창 37 : 36).

위와 같이 하나님이 주신 비전이 이루어지기 전에 형제들에게 자랑함으로 인하여 미움을 받게 되었고 팔려가서 노예가 되며 형제들에게 왕따가 된다.

그러나 보디발 집에서 다시 요셉은 유혹을 받게 되고(창 39 : 20) 하나님의 축복을 생각하고 거절한 요셉은 감옥에 가게 된다. 요셉이 받은 훈련은 다음과 같다.

- 순종의 훈련(창 27 : 2)
- 소망의 훈련(창 37 : 5 10)
- 섬김의 훈련(창 37 : 12-17)
- 인내의 훈련(창 38 : 1-6)
- 절제의 훈련(창 39 : 7-18)
- 믿음의 훈련(창 39 : 19-23) 등이다(임용재a, 2003).

3) 삭개오(눅 19 : 1-19)

여리고에 살던 세리장이며 부정으로 축재하여 부유한 삶을 살았다. 삭개오는 '자카이오스'인데 "순수하다"는 의미의 히브리어 '작카이'에서 유래되었다. 여리고의 세리장으로 예수님과 만남으로 인하여 구원의 자리로 나아간 사람이다(눅 19 : 1-10). 예수님을 보기 위해 뽕나무에 올라 간 것과 예수님의 부르심에 즉각 응한 것 그리고 회개한 후 부정한 재물을 돌려 주겠다고 한 것은 적극성과 과단성을 보여 준다. 예수님은 진심으로 회개한 삭개오를 구원받았음을 선포하였다(미션성경). 유대인들 중에 세리는 멸시와 미움의 대상이었다. 그 이유는 적국인 로마의 협력자들이며 자신들의 부의 축적을 위하여 세금을 많이 거둬들여 일부를 착복하였기 때문이다. 그리하여 삭개오는 왕따가 되었다. 예수님께서 여리고로 지나가신다는 소문을 듣고 키자 작은 삭개오는 길가에 있는 뽕나무에 올라갔다. 예수님이 삭개오를 보시고 그의 집에 머무르시겠다고 자청하셨다. 수군거리는 군중들 앞에서 자신의 재산의 절반을 가난한 사람들에게 나누어 주겠으며, 남을 속여 뺏은 것은 4배로 갚겠다고 하였다. 이 사실이 구원을 받을 만 했고 예수님은 "인자의 온 것은 잃어버린 자를 찾아 구원하려 함이니라(눅 19 : 10)"라고 하셨다. 삭개오가 구원받은 것은 하나님의 무한하신 사랑과 은총을 증거하는 것이다. 후에 삭개오는 가이사랴의 감독이 되었다고 한다(아가페, 2002). 삭개오를 통하여 얻는 교훈은 다음과 같다.

- 하나님의 구원은 신분, 혈통의 차별이 없이 주어진다(롬 3 : 22).
- 주를 간절히 찾는 자가 만나게 된다(사 55 : 6).
- 주를 만날 때 죄의 길에서 돌이켜 의의 길로 가게됨(롬 6 : 12-14).
- 회개에 합당한 열매를 맺는 자가 구원을 얻게 됨(요 15 : 4).
- 주 안에 있을 때 선한 열매를 맺게 됨(요 15 : 4).

자신이 잘못된 행동을 했을 때 주변의 사람들로부터 무시를 당하고 따돌림을 받게 된다. 그 길에서 돌아설 때 우리는 그를 받아주고 사랑해 주어야 하며 따돌림을 당하게 하는 것보다 더 바람직한 것은 그의 잘못을 회개할 수 있도록 도와 주는 것이다.

4 "색깔" 성경프로젝트

노아에게 무지개를 통해서 약속하실 때 하늘을 향해 여러 가지의 색깔을 보았다. 다양한 색상은 여러 가지 의미를 가지고 있으며, 영적으로도 색상의 의미가 주어진다. 그리하여 글 없는 그림책의 색상을 가지고 하나님의 구원을 설명할 수 있는 활동을 할 수 있다. 제목을 "기쁨의 날"로 정했고 글 없는 그림책으로 구원을 설명하였다. 예수님을 영접함으로 천국의 백성이 되며, 하나님의 자녀로서 새 생명 안에서 성장하는 방법을 알게 한다.

- **검정 색깔** : 죄의 방(롬 6 : 23) – 검은 색은 죄를 나타낸다.
- **빨간 색깔** : 보혈(히 9 : 22) – 예수님의 보혈로 죄 사함을 얻게 되는 것을 의미한다.
- **하얀 색깔** : 죄사함(요 1 : 12) – 죄 사함을 검은색에서 양털 같이 희게 되는 것을 의미한다.
- **황금 색깔** : 천국(계 21 : 3) – 황금 길과 각종 보석을 의미하는 천국을 나타낸다.
- **초록 색깔** : 성장(빌 1 : 27) – 식물을 상징하여 신앙이 성장하는 과정을 의미한다.

다음은 동심유치원의 '기쁨의 날' 활동을 소개한 것이다(한혜숙, 1995). 색깔이 상징하는 의미를 강조하기 위하여 활동을 하는 각 교실의 교실을 색깔별로 꾸미고 의미를 더욱 부각시킨다. 죄를 나타내는 죄의 방은 검은색으로 모두 장식하며 보혈의 방은 모두 붉은색으로 장식한다. 그리고 죄 사함을 받은 하얀 방은 하얀색으로, 천국을 상징하는 황금방은 황금색으로, 성장의 초록방은 초록색으로 장식하여 색깔별로 구성된 교실을 바꾸어 들어 갈 때마다 성경을 이해하는 데 도움을 준다. 그러나 이러한 방법과 다르게 교실이 한정되어 있어서 각 교실이 아닌 색깔의 순서를 날짜에 따라 할 수 있다. 날짜별로 실시하고자 할 때는 첫째 날은 검은색으로 장식하고 교사와 아동들이 모두 검은 색으로 옷을 입는다. 또한 그날의 간식도 검은 색을 선택하여 날짜별로 다르게 진행할 수 있다. 둘째 날은 빨강색(보혈의 날)의 날로 선정해서 예수님의 보혈을 설명하고 빨강색 옷을 입고 간식도 빨강색 과일 등으로 준비한다. 셋째 날은 황금의 날로 정하고 구원을 얻은 축제의 날로 음식 만들기 축제로 이끌 수 있다.

1) 검은방(죄의 방)

- **목표** : 어린이들에게 죄가 무엇인지를 가르치며 죄에서 구원해 줄 유일한 분으로서 예수 그리스도를 영접해야 되는 필요성을 알게 해 준다.
- **본문** : 창세기 2 : 7-3 : 24
- **암송구절** : 죄의 삯은 사망이요(롬 6 : 23), 모든 사람이 죄를 범하였으매……(롬 3 : 23)
- **찬양** : 예수님 찬양
- **자료** : 융판, 성경이야기 자료
- **간식** : 포도 혹은 검은 과자, 검은 떡
- **복장** : 검은 옷
- **제시**

T : 우리 친구들 여기는 무슨 방이지요?

S : 검정방이요.

T : 검정방의 요절을 다시 한 번 외워볼까요?

S : 죄의 삯은 사망이요(로마서 6장 23절 말씀).

T : 죄란 무엇일까요?

S : 나쁜 일을 하는 거요.

T : 죄는 하나님이 보시기에 옳지 못한 일들을 하는 거예요. 또 하나님이 우리에게 하라고 한 것들을 하지 않는 것도 죄예요. 성경말씀에 "모든 불의가 죄"라고 했어요. 불의는 거짓말하는 것, 친구와 싸우는 것, 엄마, 아빠 말씀 안듣는 것이예요. 이것은 모두가 죄예요. 그리고 우리는 하나님을 찬양하고 하나님을

위해서 살라고 만들어 주셨는데 하나님을 알지 못하는 것도 죄예요(검-8, 하얀색 하트 위에 검정색 그립을 하나씩 붙임). 그러면 하나님은 어떤 분이실까요? 하나님은 죄가 있는 분이실까요?

S : 아니요.

T : 그래요. 하나님은 완전하시고 죄가 하나도 없는 거룩한 분이세요. 하나님은 아주 선하고 착한 것을 좋아하시는 분이시죠. 하나님이 제일 싫어하시는 것은 무엇인지 알아요?

S : 죄요

T : 하나님은 죄를 가장 미워하세요. 그런데 우리 친구들 중에 죄를 안지은 친구가 있나요?

S : 없어요.

T : 로마서 3장 23절 말씀에 "모든 사람이 죄를 범하였으매 하나님의 영광에 이르지 못하더니"라고 했어요. 우리는 죄를 짓지 않으려고 노력해도 자꾸 죄를 짓게 되요. 그래서 아무도 하나님 앞에 갈 수 없게 되었어요. 하나님께서 오늘 성경말씀에 죄의 삯은 사망이라고 말씀하셨죠? 죄의 결과는 무서운 지옥에서 죄의 댓가를 받으며 영원히 사는 것이라고 말씀하셨어요.

장면 1(융판, 구름, 생명나무, 선악과, 아담, 하와)

오늘 선생님께서 아주 특별한 이야기를 준비했어요. 이 이야기는 성경에서 제일 처음 나오는 말씀이에요. 이것은 결코 꾸며낸 이야기가 아니에요. 정말 있었던 이야기예요.

아주 오래전 하나님께서 이 세상을 처음 만드실 때 에덴동산이라는 아름다운 곳을 만들어 놓으셨어요. 그 곳에는 여러 가지 동물들, 아름다운 꽃들, 맛좋은 과일나무도 있었어요. 그리고 해와 구름, 생명나무, 선악과도 있었어요(황-6, 검-1, 검-2, 검-3을 붙임). 하나님께서 최초의 사람 아담(검-4를 붙임)을 이 아름다운 동산에 살게 해 주셨어요. 그리고 아름다운 하와(검-5를 붙임)를 아내로 주셨어요.

그곳은 얼마나 좋은 곳인지 몰라요. 아담과 하와는 하나님을 찬양하며 또 하나님과 자유롭게 이야기하며 살 수 있었어요.

그런데 하나님께서 아담과 하와에게 한 가지 하지 말라고 명령하신 것이 있었어요.

"동산 각종 나무의 실과는 네가 임의로 먹되 선악을 알게 하는 나무의 실과는 먹지 말라. 먹는 날에는 정녕 죽으리라"(창 2 : 16-17)라고 말씀하셨어요.

이 동산에는 여러 가지 동물들이 있었지만 아주 교활한 뱀(검-6을 붙임)도 살고 있었어요.

장면 2(융판, 하와, 뱀, 생명나무, 선악과)

어느 날 이 뱀이 하와에게 와서 말했어요(검-4를 떼어낸다).

뱀 : 정말 하나님께서 이 동산 안에 있는 모든 나무의 열매를 따먹지 말라고 하셨니?

하와 : 응. "동산 안에 있는 모든 열매는 먹을 수 있지만 동산 중앙에 있는 선악과만은 먹지도 말고 만지지도 말라 너희가 죽을까 하노라"라고 말씀하셨어.

뱀 : 너는 결코 죽지 않아.

하와 : 정말, 지금 보니까 먹음직도 하고 보임직도 한걸. 지혜롭게 할 만큼 탐스러운 나무인 것 같아. 어디 한 번 먹어 볼까. 냠냠냠냠……
아담, 아담? 이리 와서 이것 좀 먹어 봐요.

하와는 뱀 속에 있는 사단의 말에 속아서 그만 그 열매를 따먹고 말았어요. 그리고 그 것을 아담에게도 먹게 했어요.

장면 3(생명나무, 선악과, 구름)

아담과 하와는 하나님께 범죄했음을 깨닫고 하나님을 보는 게 두려웠어요. 그래서 무화과 잎을 엮어서 옷을 만들고 하나님으로부터 피해서 숨었어요(검-4, 5, 6 떼어낸다).

그때였어요.

하나님 : 아담아, 아담아, 네가 어디 있느냐? 내가 먹지 말라고 한 열매를 왜 먹었느냐?

아담 : 하나님, 하나님께서 나와 같이 있으라고 주신 하와가 그것을 먹으라고 주어서 먹었습니다.

하나님 : 하와야, 네가 어찌 된 일이냐?

하와 : 뱀이 먹으라고 꾀어서 먹었습니다.

아담과 하와는 자기의 죄를 인정하지 않고 다른 것들을 핑계 삼아서 말했어요.

장면 4(선악과, 생명나무, 구름, 에덴동산을 떠나는 아담과 하와)

그들은 더 이상 에덴동산에 살 수 없었어요. 에덴동산은 죄가 없는 사람만이 살 수 있는 곳이기 때문이에요.

비록 그들이 죄를 지었지만 하나님은 그들을 너무너무 사랑하셨어요. 그래서 동물을 죽여서(검-7을 붙임) 가죽옷을 지어 주셨어요. 그리고 아담과 하와에게 놀라운 약속을 해 주셨어요. 창세기 3장 15절 말씀에 사단을 이기고 죄로부터 구원해 줄 사람을 보내주시겠다고 약속하셨어요. 그 분이 누구일까요? 바로 하나님의 아들 예수님이에요. 이 땅에 오셔서 사단을 이기시고 우리를 모든 죄에서 구원해 주실 예수님 말이에요.

T : 우리 친구들 잘 들었나요? 우리 조상 아담과 하와는 정말 하나님께 불순종했어요. 아담과 하와를 통해 죄가 이 땅에 들어 왔고 그 이후 모든 사람들은 "응애, 응애"하고 태어날 때부터 죄인으로 태어난대요. 그래서 우리는 착하게 살아가고 싶어도 우리 마음 속에 있는 죄 때문에 친구들과 싸우게 되요. 엄마, 아빠께 거짓말도 해요. 친구들 것을 보면 너무 너무 갖고 싶은 욕심이 생겨요. 그래서 떼를 쓰거나 몰래 훔치기도 해요. 하기 싫은 일이 있으면 짜증이 나고 울고 싶어요. 우리 친구들도 그런가요?

S : 예.

T : 그래요. 우리는 늘 나쁜 생각들을 많이 해요. 하나님 말씀대로 살지 않고 하나님께 불순종해요. 하나님은 우리를 사랑하시지만, 우리가 죄를 갖고 있는 상태로는 하나님께로 갈 수가 없어요. 그래서 성경에는 "모든 사람이 죄를 범하였으매 하나님의 영광에 이르지 못하더니……"라고 씌여 있어요.

이 시간 우리의 죄를 생각하고 기도하는 시간을 갖도록 하겠어요.

기도 : 하나님, 우리는 죄인이예요.

아담과 하와처럼 하나님의 말씀에 불순종했어요.
부모님 말씀도 안듣고 친구와 싸우고 나쁜 생각들도 많이 했어요.
하나님 저의 죄를 용서해 주시고
하나님께서 우리를 위해 보내 주신 예수님을 알고 믿게 해 주세요.
예수님의 이름으로 기도드립니다. 아멘.

T : 우리 함께 찬양 불러요, "나는 나는 장난꾸러기" 기억하나요?

S : 나는 나는 장난꾸러기 나는 나는 욕심꾸러기……

T : 우리는 우리의 죄로부터 우리를 구원해 주실 분이 필요해요. 그분이 누굴까요?

S : 예수님이요.

T : 그래요, 우리 빨강방에 가서 예수님에 대해서 알아봐요.

2) 빨강방(보혈의 방)

교사 및 아동의 복장을 빨간색으로 입는다. 간식은 계절에 따라 빨간색 과일(토마토, 따리, 사과 등)이나 쿠키 등을 선택한다.

목표 : 모든 사람의 죄가 예수 그리스도의 보혈로써만 죄사함을 받을 수 있고 그것은 하나님이 우리들을 향한 사랑임을 알게 한다.

본문 : 누가복음 23 : 27-49

- **암송구절** : 피 흘림이 없은즉 사함이 없느니라(히 9 : 22).
- **찬양** : 십자가에서
- **자료** : 융판, 그림자료(검은 하트, 번제물, 십자가), 성경책
- **제시**

T : 빨강방에 들어온 친구들을 환영합니다. 그런데 우리 친구들은 빨강방에 어떻게 들어올 수 있었지요?

S : 열쇠로요. 성경 말씀으로요.

T : 그래요. 히브리서 말씀으로 빨강방인 보혈의 방문을 열 수 있었어요. 우리 다시 한 번 히브리서 말씀을 외워 볼까요?

S : 예

T : 준비, 성경말씀 시작!
(교사는 손동작과 함께 말씀을 암송한다.)
피 흘립이 없은즉 사함이 없느니라(히브리서 9장 22절). 아멘.
우리 친구들 검은 방에서 죄에 대해 배웠지요? 우리가 지은 죄들을 어떻게 하면 깨끗하게 할 수가 있을까요?(빨-1을 붙임)

S : 깨끗이 목욕을 해요.

T : 그럴 수도 있지요. 하지만 하나님께서는 어떻게 말씀하시는지 알아봅시다.

S : 예.

T : 이것이 무엇이지요?(성경책을 보여주며)

S : 성경책이요.

T : 이 성경책은 누가 쓴 것일까요?

S : 하나님이요.

T : 그래요. 성경책은 하나님의 말씀이 적혀 있는 책이에요. 유치원에서는 유치원 약속이 있듯이 성경책에는 하나님의 약속이 있어요. 그 약속 중에 하나가 로마서 6장 23절 말씀처럼 '죄의 삯은 사망'이라는 것이에요. 그 뜻은 죄를 지은

사람은 죽어야 한다는 것이지요. 너무 무섭지만 하나님이 정하신 약속이기 때문에 지켜야만 해요.

아담과 하와가 하나님께 죄를 지었고 선생님도 우리 친구들도 죄를 지었기 때문에 죽어야 해요. 하지만 하나님은 우리들을 너무 너무 사랑하셔서 우리 모두를 죽게 할 수는 없으셨어요. 그래서 옛날에는 사람이 죄를 지으면 비둘기나 양을 죽여 그 피로 하나님께 용서를 구했어요. 하지만 한 사람, 두 사람이 죄를 짓는 것이 아니고 모든 사람이 죄를 지었기 때문에 비둘기와 양만으로는 부족했어요(빨-2를 붙임).

하나님께서는 우리 모두의 죄를 한 번에 용서하시기 위해 하나밖에 없는 아들 예수 그리스도를 십자가에 죽게 하셨어요. 하나님 마음도 너무 너무 아프고 슬펐어요. 그러나 다른 방법이 없었어요(빨-3 붙임).

선생님이 우리 친구들에게 한 가지 질문을 하겠어요. 우리 친구들 가장 좋아하는 친구가 잘못을 했을 때 그 친구를 대신해서 죽을 수 있어요?

S : 아니요.

T : 그래요. 선생님도 친구를 위해 대신 죽을 수 없을 것 같아요. 하지만 하나님은 우리를 너무 너무 사랑하셔서 하나 밖에 없는 아들, 예수님을 우리를 위해 십자가에 목 박혀 죽게 하셨어요. 아무 죄도 없는 예수님이 십자가에 달려서 양손에 큰 못이 막히고 옆구리는 날카로운 창에 찔려 피 흘리시며 죽으셨어요. 뚝, 뚝 피 흘리시며…… 바로 나의 죄를 위해서요.

우리를 위해 죽으신 예수님께 감사 찬양을 드립시다.

"십자가에서 십자가에서……"

3) 하얀방(죄사함의 방)

교사와 아동의 복장은 흰색으로 하며 간식은 흰색의 떡이나 과자 혹은 과일 등을 선택하여 제공한다.

목표 : a. 예수님을 마음에 모셔드리면 우리는 하나님의 자녀가 됨을 안다.
b. 부활하신 예수님이 내 마음에 계시면 나도 죄를 이기고 승리할 수 있음을 안다.

암송구절 : 영접하는 자 곧 그 이름을 믿는 자들에게는 하나님의 자녀가 되는 권세를 주셨으니(요한복음 1장 12절)

참고성경구절 : a. 볼지어다 내가 문밖에서 서서 두드리노니 누구든지 내 음성 듣고 문을 열면 내가 그에게로 들어가 그로 더불어 먹고 그는 나로 더불어 먹으리라(요한계시록 3장 20절).
b. 볼찌어다 내가 세상 끝날까지 너희와 항상 함께 있느니라.(마태복음 28장 20절)

찬양 : 예수님이 노크하면

자료 : 글 없는 책, 문, 예수님, 흰색 하트

제시

T : 안녕하세요?
하얀방에 오신 여러분을 환영합니다.
(글 없는 책에서 검정색을 펴면서) 검정방에서 우리는 죄인인 것을 알았어요.
(글 없는 책에서 빨강색을 펴면서) 그리고 빨강방에서 예수님께서 우리의 죄 때문에 십자가에서 피 흘려 돌아가신 것을 배웠어요.
(글 없는 책에서 흰색을 펴면서) 이 하얀방에서는 우리가 어떻게 죄를 용서받고 하나님의 자녀가 되는 지를 배우게 될 거에요.
하얀방 말씀을 다시 한 번 암송해 봅시다.

T, S : 영접하는 자 곧 그 이름을 믿는 자들에게는 하나님의 자녀가 되는 권세를 주셨으니(요한복음 1장 12절).

T : 예수님을 영접하면 하나님의 자녀가 된데요.
그러면 여기서 영접하다는 것은 무슨 뜻일까요?

S : ……

T : (하-1을 붙이면서) 너희들 아빠가 퇴근해서 집에 오셔서 "딩동 딩동"하고 초인종을 누르면 어떻게 해요?

S : (하-2를 붙이면서) "아빠다!" 하고 문을 열고 집 안으로 모셔요.

T : 네, 그래요.

이처럼 영접하다는 것은 아빠가 오셨을 때 문을 열어 드리고 안으로 모시는 것처럼 마음의 문을 열고 예수님을 마음 속에 모셔 드리는 것예요.

그러면 예수님을 어떻게 마음 속에 모셔 드릴 수 있을까요?

S : ……

T : 성경에 보니까 "볼지어다 내가 문 밖에 서서 두드리노니 누구든지 내 음성을 듣고 문을 열면 내가 그에게로 들어가 그로 더불어 먹고 그는 나로 더불어 먹으리라"(요한계시록 3장 30절)라고 쓰여 있어요.

지금 예수님께서 우리 친구들의 마음을 노크하세요.

(하-3을 문 밖에 붙이면서) "똑똑똑…… 나는 예수님이야…… 나는 너의 죄 때문에 십자가에서 피 흘려 죽었어…… 나는 너에게로 들어가 너와 함께 영원히 살고 싶단다."

아빠가 초인종을 누르실 때 문을 열어 드리는 것처럼(융판에 붙은 문을 열면서……) 우리는 마음의 문을 열고 예수님을 마음 속에 모셔 드리는 기도를 하는 거예요.

우리가 진실한 마음으로 기도할 때 예수님은 우리 마음 속에 들어오세요. 우리 친구들 예수님을 마음 속에 모셔 드려 우리의 모든 죄를 용서받고 하나님의 자녀가 되고 싶지 않으세요?

S : 네.

T : 예수님을 마음 속에 모셔 드리고 싶은 친구는 조용히 눈을 감고 선생님을 따라서 기도하세요.

이 기도는 정말 진실한 마음으로 해야 되요.

우리가 진실한 마음으로 기도할 때 예수님께서 우리 마음 속에 들어오세요.

"예수님, 저는 죄인입니다. 예수님을 모르고 살았고 친구와 싸우며 부모님께 순종하지 않았어요. 예수님 제 마음 속에 들어오셔서 저의 모든 죄를 용서해 주시고 영원히 저와 함께 살아주세요. 예수님의 이름으로 기도합니다.

-아멘-"

T : 우리 친구들, 진실한 마음으로 기도했나요?

S : 네.

T : 그러면 예수님 이제 어디에 계세요?

S : 제 마음 속이요.

T : 왜요?

S : 예수님을 마음 속에 들어오시라고 기도했으니까요.

T : 네. (흰색 하트를 붙이면서) 이제 우리 모든 죄는 용서받고 하얀 마음이 되었어요. 그리고 우리는 하나님의 지녀가 되었어요. 그런데 선생님은 궁금한 것이 있어요.

만약에 우리가 또 죄를 지으면 어떻게 될까요?

S : ……

T : (손예화를 보이면서) 예수님은 한 번 우리 마음 속에 들어오시면 다시 나가시지 않고 영원히 우리와 함께 사세요. 그러나 우리가 또 다시 죄를 짓게 되면 자백 기도를 해야 되요.

자백 기도는 "예수님 제가 또 죄를 지었어요. 용서해 주세요."라고 이렇게 기도하면 우리 죄를 다시 용서받을 수 있어요.

다음 방은 황금방이예요.

황금방에서는 예수님을 마음 속에 모시고 하나님의 자녀가 된 우리가 이 다음에 가게 되는 하늘나라에 대해서 배우게 될 거예요.

4) 황금방(천국의 방)

천국은 눈물과 고통과 근심이 없는 곳이므로 각종 축하를 나눌 수 있는 축제의 분위기를 나타내면 좋다. 교사와 아동이 축제의 복장을 하거나 시장놀이, 달란트 시장, 음식만들기 대회 등을 열어서 기쁘게 지낼 수 있다.

- **목표** : 어린이들에게 하늘나라에 대하여 소개하고 하늘나라에 대한 소망을 갖게 한다.
- **본문** : 계 21장-22장
- **암송구절** : 저희는 하나님의 백성이 되고 하나님은 저희와 함께 계셔서(요한계시록 21장 3절)
- **찬양** : 그 나라에 갈 때에
- **자료** : 글 없는 책, 리본줄, 그림자료(황금길, 황금집, 생명나무, 예수님, 교회, 해와 구름 촟불, 우는 아이, 약병, 비석, 생명책, 검정하트)
- **제시**

T : 황금방에 온 친구들을 환영해요. 우리 먼저 찬양 ♬그 나라 갈 때에♬ 불러보도록 해요. 찬양 부른 다음에 황금방 말씀을 읽어 보도록 합시다. 찬양 준비

S : 찬양 큐!

T : ♬그 나라 갈 때에 우리들은 예수님과 만나 얘기해. 그 나라 갈 때에 우리들은 예수님과 걷는다네. 랄랄라 기쁘다 구원받았네. 어린양의 피로써-죄 죄 씻음 받았네. 아 기쁘다 할렐루야 그 나라 갈 때에 우리들은 예수님과 만나 얘기해. 그 나라 갈 때에 우리들은 예수님과 걷는다네.♬

T, S : "저희는 하나님의 백성이 되고 하나님은 친히 저희와 함께 계셔서…… 요한계시록 21장 3절 말씀"(율동과 함께)

T : 이 색이 무슨 색이죠?(글 없는 책의 황금색을 보여주며)

S : 황금색이요.

T : 이 황금색을 보니까 무엇이 생각이 나요?

S : 반지요. 목걸이요, 왕관이요……

T : 아! 반지 목걸이…… 이런 것들이 생각나는구나…… 이러한 것들을 어디에서 볼 수 있을까요?

S : 집에서요. 엄마가 하고 계세요.

T : 엄마는 황금색으로 된 반지, 목걸이 등을 어떻게 두세요?

S : 아주 소중하게 다루세요.

T : 그래요. 황금으로 된 반지, 목걸이는 매우 귀하기 때문에 어머니들께서 아주 소중하게 다루시지요? 그런데 우리가 살고 있는 집이나 길 등이 그렇게 귀한 황금으로 된 곳이 있어요. 과연 어디일까?
선생님은 그 곳이 어떤 곳인지 궁금해요. 우리 친구들도 궁금하지요?
그곳이 어디냐면 바로 하나님이 계신 하늘나라예요.

T : (융판에 황-1을 붙이며) 하늘나라에는 황금으로 된 길이 있어요. 그리고 수정같이 맑은 강이 흐르고 진주, 사파이어 등 온갖 보석으로 된 멋진 성도 있어요. 이렇게 놀라운 것들이 하늘나라에 있어요.

T : (융판에 황-2를 붙이며) 하늘나라에는 또 많은 집들이 있어요. 이 집은 예수님께서 예수님을 믿는 사람들을 위해 특별하게 준비하신 집이예요. 선생님은 많은 하늘나라의 집들 중 하나를 갖고 싶어요. 우리 친구들도 갖고 싶어요?

S : 네.

T : (융판에 황-3을 붙이며) 이것은 무엇일까?

S : 나무요.

T : 이 나무는 아주 특별한 나무예요. 바로 생명나무라는 것인데 이 생명나무에서는 12가지 종류의 많은 과일들이 열려요.

T : ○○는 어떤 과일을 좋아하니?

S : 사과요……

T : 그래. 생명나무에는 우리 친구들이 좋아하는 사과도 열리고, 바나나, 참외, 복숭아, 자두 메론, 딸기 등 이렇게 많은 과일들이 열려서 우리 친구들이 먹고 싶은 때 아무 때나 먹을 수 있어요.

T : 그리고 하늘나라에는 놀라운 분이 계세요. 어떤 분일까?

S : 예수님이요.

T : 예수님은 과연 어떤 모습일까?

우리는 하늘나라에 가면 예수님을 만나 볼 수 있고, 예수님의 손과 발에 있는 못자국을 만져볼 수 있어요. 아름다운 하늘나라에서 우리는 예수님과 헤어지지 않고 영원히 함께 살 수 있어요.

T : 그런데 하늘나라에 없는 것들이 있데요.

T : (융판에 황-5를 붙이며) 하늘나라에는 교회가 없어요. 우리가 하나님 앞에서 직접 예배할 수 있기 때문에 교회가 필요 없어요.

T : (융판에 황-6을 붙이며) 또 하늘나라에는 해나 달이 없어요. 왜냐하면 하나님이 빛이시고, 예수님께서 "나는 세상의 빛이라"라고 말씀하셨듯이 예수님이 빛이시기 때문에 하나님과 예수님의 빛이 밝아서 해와 달이 없어도 돼요.

T : (융판에 황-7을 붙이며) 하늘나라에는 어두운 밤도 촛불도 없어요. 하늘나라는 영원히 환한 낮만 계속되니 얼마나 좋아요.

T : (융판에 빨-1을 붙이며) 이것은 무슨 색이죠?

S : 검은색이요.

T : 예, 검은색이요. 이것은 바로 죄를 지은 마음이에요. 친구에게 거짓말을 하고, 동생과 싸우거나 엄마, 아빠 말씀 안 듣고, 선생님께 순종 안하는 것들이 바로 죄예요.

T : (융판에 황-8을 붙이며) 이 친구들은 무엇을 하고 있을까?

S : 울고 있어요.

T : 이 친구들은 왜 울까? ○○이는 언제 우니?

S : 친구들과 싸울 때요……

T : 그래요. 이렇게 우리는 친구나 동생하고 싸우다가 울기도 하고, 아파서 울기도 하고, 엄마 말씀을 안들어서 혼나서 울기도 하고…… 우리를 슬프게 하는 것이 많아요. 하지만 하늘나라에는 눈물이 없어요.

T : (융판에 황-9를 붙이며) 이것은 무엇일까?

S : 약이요.

T : 약은 언제 먹어요?

S : 감기 걸려서 아플 때요……

T : 네. 우리는 병에 걸려서 아플 때 약을 먹어요. 그러나 하늘나라에는 병도 고통도 없어요.

T : (융판에 황-10을 붙이며) 이것은 무엇일까?

S : 비석이요.

T : 예, 이것은 사람이 죽으면 무덤 앞에 세워 놓은 비석이에요. 그러나 하늘나라에서는 영원히 살기 때문에 죽음이 없어요.

T : 지금 선생님하고 친구들하고 하늘나라에 있는 것과 없는 것을 알아보았는데 선생님이 한 가지 보여줄 것이 있어요. (융판에 황-11을 붙이며) 바로 생명책이라는 것이에요. 하늘나라에는 생명책이라고 하는 아주 특별한 책이 있어요. 이 생명책이 어떤 책이냐면, 예수님을 구주로 영접한 사람들의 이름들이 쓰여 있는 책이에요.

우리 친구들 하얀방에서 예수님을 마음 속에 모셨죠?

S : 네.

T : 그러면 우리 친구들이 예수님을 마음 속에 모신 순간 생명책에 199○년 ○월 ○일 ○○, ○○, ○○, 이름이 기록되었을 거예요. 그래서 생명책에 이름이 기록된 친구들은 나중에 하늘나라에 가게 될 것예요. 하나님의 자녀가 되어서 하늘나라에 대해 소망을 갖게 된 우리는 늘 하나님을 찬양하고 감사하는 마음

으로 생활해야 되요.

하늘나라에 소망을 갖게된 우리 친구들 모두 찬양 ♬ 그 나라 갈 때에 ♬를 부르고 다음 방으로 갑니다. 찬양 준비-!

S : 찬양 큐!

T, S : ♬그 나라 갈 때에 우리들은 예수님과 만나 얘기해……

5) 초록방(성장의 방)

초록 방에서는 죄를 용서받고 구원을 얻은 우리가 새 생명 안에서 성장해 가는 방법을 알아가는 것이므로 차분한 가운데 초록색 복장과 초록색을 나타내는 음식, 과일, 떡 등을 선정하여 제공하고 기도 모임을 하여 새로운 경험을 하게 해도 좋다.

- **목표** : 새 생명 안에서 자라가는 방법을 알게 한다.
- **본문** : 딤후 1 : 1-5, 3 : 14, 17, 행 16 : 1-5, 벧후 1 : 1-9
- **암송구절** : 오직 너희는 그리스도 복음에 합당하게 생활하라(빌 1 : 27).
- **찬양** : 나의 한 가지 소원
- **자료** : 그림자료(나무 3그루-大, 中, 小, 아기, 성경책, 교회, 입술, 기도손)
- **제시**

T : 안녕하세요.

S : 안녕하세요.

T : 우리 친구들이 초록방에 온 것을 환영해요.

이 곳은 성장의 방이라고 해요. 자, 이것을 보세요.

(초 I-1을 붙임) 이것은 무엇일까요?

S : 나무요.

T : 맞아요. 작은 나무에요. 이건 어때요?

S : 큰 나무에요.

T : 이 나무보다 조금 더 큰 나무에요. (초 II-3을 붙임) 그럼 이 나무는 어때요?

S : 더 큰 나무에요.

T : 맞아요. 제일 큰 나무에요.

이렇게 점점 나무가 자라고 있어요. 그리고 어려운 말로 이것을 성장한다고 해요.

선생님과 성경말씀을 암송해 볼까요?

손유희로 한다.

"오직(기도손) 너희는(손을 앞에서 편다) 그리스도 복음에(성경책을 편다) 합당하게(고개를 끄덕끄덕) 생활하라(앞에서 밖으로 펼친다). 빌립보서 1장 27절 말씀"

T : 여러분은 검은방에서 우리가 죄인인 것을 깨달았고, 빨강방에서 예수님이 우리 죄를 위하여 죽으심으로 우리의 모든 문제를 해결해 주신 것을 알았어요. 하얀 방에서 여러분이 어떻게 하나님의 자녀가 되는지도 배웠어요. 그래서 여러분은 이제 하나님의 자녀가 된 것을 모두 알고 있나요?

S : 네.

T : 그래요. 여러분은 이제 여러분의 모든 죄가 예수님의 피로 깨끗이 씻겨졌고, 우리가 죄를 또 짓게 된다고 해도 걱정없어요. 왜냐하면 우리가 자백하고 잘못했다고 하나님께 기도만 하면 하나님이 우리를 모두 다 용서해 주시고 우리는 여전히 하나님의 자녀로 살게 돼요.

우리는 하나님의 자녀이기에 황금방에서 배운대로 하나님 나라인 "천국"에 갈 수 있는 사람들이예요. 이제 초록방에서 마지막으로 우리가 어떻게 이 세상에서 하나님의 자녀로 자라날 수 있는가를 배우는 것이에요. 이것은 바로 믿음이 자라는 것이에요.

우리는 지금 막 하나님 나라에 태어난 갓난아기 같아요(초-2를 붙임).

아기가 자라나듯 우리의 믿음도 자라나야 돼요.

우리는 하나님의 자녀이기에 황금방에서 배운대로 하나님 나라인 "천국"에 갈 수 있는 사람들이에요. 이제 초록방에서 마지막으로 우리가 어떻게 이 세상에서 하나님의 자녀로 자라날 수 있는가를 배우는 것이에요. 이것은 바로 믿음이 자라는 것이에요.

우리는 지금 막 하나님 나라에 태어난 갓난아기 같이요(초-2를 붙임).

아기가 자라나듯 우리의 믿음도 자라나야 돼요.

아기가 무엇을 먹고 점점 커다란 사람으로 자랄 수 있나요?

S : 우유요. 젖이요. 밥이요……

T : 맞아요. 아기는 엄마젖도 먹고 우유도 먹고 밥도 먹고 자라요.

우리의 믿음이 자라기 위해서는……

첫째로 우리가 밥을 먹고 우리 몸이 자라듯이 하나님의 말씀인 성경을(초-3을 붙임) 읽을 때 자랄 수 있어요.

우리가 성경책을 읽고 성경 말씀을 듣고 하면 우리의 영적인 키가 점점 자라서 예수님처럼 멋진 하나님의 자녀가 되는 거예요.

둘째는 아기가 가족들의 사랑 속에서 잘 크듯이 우리도 하나님의 가족 속에서 함께 살 때 잘 자랄 수 있어요. 하나님의 가족들이 함께 모여 있는 곳이 바로 교회에요(초-4를 붙임). 가까운 교회나 가고 싶은 교회를 찾아가면 우리 같은 친구들이 모여 있는 유치부가 있어요.

그 곳에서 우리는 하나님 아버지를 함께 찬양하면서 무럭무럭 성장할 수 있어요.

셋째는 전도예요(초-5를 붙임).

우리 몸이 튼튼하려면 적당한 운동이 필요하듯 믿음이 자라기 위해서도 운동이 필요한데 그것은 다른 친구들에게 하나님의 사랑이나 예수님의 이야기를 전해주는 거예요. 그것을 전도라고 해요.

넷째는 기도예요(초-6을 붙임).

우리가 숨을 쉬어야 살 수 있듯이 영적인 성장도 숨을 쉬어야 해요. 그것이 바로 기도예요.

우리가 기도를 안하면 숨을 안 쉰 것처럼 가슴이 답답해져 와요. 기도는 하나님께 말하는 것이라고 알고 있지요?

우리가 이렇게 성경을 읽고 교회에 나가서 믿는 사람들과 하나님께 예배하고 전도도 하고 하나님께 늘 기도하는 사람이 되면 우리는 작은 나무가 이런 커다란 나무가 되듯(초 I-1-2-3) 멋있는 영적인 하나님의 자녀로 자랄 수 있는 거예요.

T : 자! 선생님이 마지막으로 여러분이 멋진 영적인 사람으로 성장할 수 있도록 하나님께 기도하겠어요.

다같이 기도합시다.

"하나님 아버지, 우리 친구들이 예수님처럼 멋진 하나님의 사람으로 성장할 수 있도록 우리 친구들의 마음 속에서 늘 지켜 주시고 보살펴 주세요. 예수님의 이름으로 기도드립니다. 아멘-!"

위의 행사를 진행할 때 색깔에 따라 날짜별로 활동을 선택할 경우에는 날짜가 너무 길게 진행될 수 있으므로 3일을 선택할 경우는 '검은 색의 죄의 날'과 '빨간색의 보혈로 죄 용서받는 날' 그리고 '황금색의 구원을 얻은 기쁨의 날'을 선택하여 할 수 있다.

날짜별로 선택했을 때는 검은 날에는 간식(포도 혹은 검은색 쿠키), 의복, 만들기 시간 등을 검은색을 선택하여 죄를 강조한다.

그리고 '빨간색의 날'은 토마토, 수박 등의 빨간색 간식을 선택하고 '황금색의 기쁨의 날'은 각자 자신이 제일 좋아하는 옷(한복, 드레스 등)을 선택하여 입고 축제를 하며 기쁨을 나누는 연세교육 등을 색깔과 관련하여 할 수 있다.

5 "거짓말" 성경프로젝트

사전에서는 거짓말을 "그렇지 않은 것을 그렇다고 꾸며 하는 말"을 의미한다. 살아가면서 때로는 선의의 거짓말을 하기도 한다. 성경은 성령의 감동에 의하여 기록된 책이다. 그러나 성경의 내용에는 바람직하지 않은 인물, 혹은 연약하여 생명의 위협을 느껴서, 때로는 하나님의 명령을 어기고 도망하는 등 다양한 사람들의 이야기가 기록되어 있다. 성경에 거짓말을 하여 성령을 속이고 죽게 되는 아나니아와 삽비라(행 5 : 1-62)부부가 있으며, 하나님의 명령을 거역하고 다른 곳으로 가다가 풍랑을 만나 회개하는 요나(왕하 14 : 23, 욘 1 : 1), 마 12 : 39-41 ; 16 : 4 ; 눅 11 : 29-32)가 있다.

그리고 야곱(창 25 : 19-35 ; 29 : 46-50, 마 1 : 2 ; 8 : 11, 눅 1 : 33 ; 요 4 : 5-6, 행 7 : 8, 롬 9 : 13 히 11 : 9)처럼 아버지를 속이고 형의 축복을 빼앗는 인물들이 있으며, 아브라함이 애굽에서 죽음을 당할 까봐 그랄 왕 아비멜렉에게 자신의 부인인 사라를 누이라고 하였으며 이 때 사라의 나이는 90세이었다(창 20 ; 2). 또한 선의의 거짓말로 정탐꾼을 숨겨준 기생 라합(여호수아 2장, 6장)의 이야기도 있다.

그리하여 거짓말을 하다가 죽은 아나니아와 삽비라(행 5 : 1-62), 요나, 야곱, 기생 라합 등이 있으나 요나와 야곱 그리고 기생라합에 대하여 조사해 보려 한다.

그들을 알아보는 활동을 통하여 두려운 하나님과 사랑의 하나님, 죄의 결과 등을 이해할 수 있다.

1) 요나(왕하 14 : 23, 욘 1 : 1)

요나의 뜻은 "비둘기"라는 의미이다. 요나는 아밋대의 아들이며 갈릴리의 가드헤벨 출신이다. 이스라엘 땅 여로보암 2세는 북쪽왕국을 가장 오랜기간 동안 통치했다. 회복한 영토는 사마리아 북쪽 약 200마일 떨어진 하맛까지 확대되었고 이는 선지자 요나의 예언이 성취된 것이다(두란노서원 편, 1996).

"너는 일어나 저 큰 성읍 니느웨로 가서 그것을 쳐서 외치라 그 악독이 내 앞에 상달하였음이니라 하시니라(욘 1 : 2)" 라고 하나님이 요나에게 말씀하셨다. 요나는 순종하겠다고 하고 다시스로 도망하려고 배를 탔다(욘 1 : 3). 그러나 바다 한가운데서 폭풍을 만나고 제비를 뽑아 요나를 바다에 던지게 되는데(욘 1 : 7) 요나는 자신이 "히브리 사람이요 바다와 육지를 지으신 하늘의 하나님 여호와를 경외하는 자"라고 했다(욘 1 : 9). 요나는 자신을 바다에 던지라고 했고 그러면 바다가 잔잔할 것이라고 했다(욘 1 : 12). 바다에 던져진 요나는 회개를 했고 하나님은 큰 물고기를 준비하여 요나를 삼키게 했다(욘 1 : 17). 그 이후 니느웨성에서 심판을 외치는 요나의 소리를 듣고 니느웨성 사람들은 회개했다. 그들의 행한 것을 감찰하시고 재앙을 내리지 않았다(욘 3 : 10).

요나는 이에 불만이 생겼다. 그러나 니느웨 선교에 대한 요나의 그릇된 태도는 다음과 같다(임용재a, 2003).

- 니느웨에 대한 사명을 거부함(욘 1 : 3)
- 삼일 전도 길을 하룻길만 행함(욘 3 : 3-4).
- 회개 촉구보다는 심판선포에 주력함(욘 3 : 4).
- 하나님의 니느웨 용서에 대해 분개(욘 4 : 1).
- 니느웨 멸망을 학수고대함(욘 4 : 5) 등이다.

요나서에 나타난 하나님의 섭리

- 대풍이 바다 위에 임하게 하심(1 : 4)
- 제비뽑기로 요나가 뽑히도록 하심(1 : 7)
- 폭풍을 잠잠케 하심(1 : 15)

- 큰 물고기를 예비하심(1 : 17)
- 요나가 3일 밤낮을 큰 물고기 뱃속에서도 살아있게 하심(1 : 17)
- 큰 물고기로 요나를 토해내게 하심(2 : 10)
- 박 넝쿨을 예비하심(4 : 6, 10)
- 좀 벌레로 박 넝쿨을 곧 시들게 하심(4 : 7)
- 뜨거운 동풍이 일게 하심(4 : 8)
- 회개한 니느웨 백성에게 즉시 구원의 은총을 베푸심(3 : 10, 4 : 11).

요나를 통해서 얻는 교훈은 다음과 같다.

- 은혜에 대한 하나님의 계획은 좌절될 수 없다.
- 구약성경에서 주 예수 그리스도의 부활의 모형을 보여주는 성경(요나서)이다.
- 요나는 예수님이 무덤 속에서 3일 후에 나오신 것처럼 고기 배 속에서 3일 있다가 나왔다(두란노서원 편, 1996).

2) 야곱(창 37 : 3)

이삭과 리브가의 둘째 아들이며, 야곱이란 이름은 "뒤꿈치"에서 유래되었고 '뒤꿈치를 잡다' 혹은 '빼앗다'의 의미이다. 장성하여서 형에서의 장자권을 팥죽 한 그릇으로 빼앗았다(창 27 : 36). 야곱은 성장하면서 조용한 목동이 된다. 그러나 어머니와 야곱은 아버지 이삭을 속이고 어머니가 만들어 준 염소새끼 요리를 들고 속임수를 사용하여 장자의 축복을 받았다(창 27 : 1-45). 리브가가 그것을 꾸민 이유는 시아버지 아브라함은 가나안 처녀를 며느리로 들이지 않으려고 사람으르 밧단 아람까지 보내 리브가를 데려 왔다. 그런데 에서는 제멋대로 가나안 여자를 두 명씩 데려다 살고 있었으므로 그런 에서가 시댁 가문을 물려받을 수 없다고 판단했던 것이다.

장자의 축복을 빼앗긴 에서는 아버지가 죽는 즉시 야곱을 죽일 계획을 세웠다. 그것을 안 어머니 리브가는 자신의 오빠인 라반의 집 하란으로 피신시킨다(창 27 : 41-28 : : 5). 야곱은 도망가는 도중 벧엘에서 천사들이 사다리를 오르락내리락하는 천사들을 보았고 하나님께서는 야곱이 어느 곳에 있든지 보호하시고 반드시 가나안 땅으로 되돌아올 것을 약속하셨다(창 28 : 20-22). 삼촌 라반의 집에서 라반의 딸인 라헬에게 반하여 사랑하게 되었고 청혼을 하였으나 삼촌에게 속임을 당하여 언니인 레아를 아내로 얻게 된다. 후에 라헬까지 아내로 얻고 야곱이 네 아네들과 열한 명의 아들을 데리고 고향으로 돌아올 때 에서가 400명을 이끌고 온다는 말을 듣고 얍복강에서 하나님께 매달려 간구했다.

야곱이 지독하게 매달리자 하나님은 '나와 겨루어 이겼다'의 뜻인 '이스라엘'이라는 새 이름을 주셨다. 그 야곱이 요셉을 편애한 것은 가장 사랑한 라헬의 소생이며 열 두번째 아들인 베냐민을 낳다가 죽었기 때문이다. 야곱은 축복을 받기 위해 남을 속였고 자신은 삼촌에게 속임을 당하며 많은 고생을 했다. 아들 요셉이 애굽의 총리가 되었을 때 애굽 왕이 몇 살이냐고 물으니 "야곱이 바로에게 아뢰되내 나그네 길의 세월이 백삼십 년이니이다. 내 나이가 얼마 못되니 우리 조상의 나그네 길의 연조에 미치지 못하나 짧고 험악한 세월을 보내었나이다"하고 야곱이 바로에게 축복하고 그 앞에서 나왔다(창 47 : 8-10). 야곱은 그의 말대로 너무 많은 고생을 하며 험악한 세월을 보냈다. 그가 속임수를 썼기 때문에 더 많은 고통이 따른 것이다. 만일 속이는 방법이 아니더라도 하나님께서는 다른 방법으로 그를 축복하셨을 것이다. 그러나 그의 믿음은 시련과 고통을 통해 큰 믿음의 사람으로 성장하게 되었다. 야곱을 통해 하나님의 주권적인 선택과 섭리가 인간의 상식과 생각을 뛰어넘는 것을 보여 준다. 그 이유는 축복이 인간의 노력이나 자연적인 권리가 아니라 하나님의 은총에 달려 있음을 보여주는 것이다(미션성경).

야곱을 통해서 얻는 교훈은 다음과 같다.

- 야곱은 음모를 꾸몄기 때문에 그도 역시 속임을 당했다.
- 하나님 뜻보다 앞서가면서 하나님께 도움을 구해서는 안 된다.
- 하나님은 야곱에게 약속하셨고 하나님의 뜻에 맞는 시기에 약속을 실천하셨다.
- 심은 대로 거두는 불변의 법칙을 기억해야 한다(두란노서원 편, 1996).

3) 기생 라합(수 2장, 6장 , 마 1 : 5, 히 11 : 31)

라합의 의미는 "광활한", "거만함", 혹은 "넓은", "격렬함"이란 뜻이다. 라합은 우상을 숭배하는 아모리 족속이었으며, 여리고 정복 시기에 가나안을 대표하는 여리고 성에서 가족들과 함께 살고 있었다.

큰 도시는 죄악이 성행하던 곳이었으므로 기생이 된 라합이었지만 그는 기생의 신분에 맞지 않게 판단력이 예리했고 신앙심이 있었던 것 같다. 라합은 여호수아가 보낸 정탐꾼들과 약속에서 가족의 구원을 받아낸다. 그는 가족을 사랑했으며 가족을 돌보는 책임감까지 갖춘 여인이었던 것 같다.

그의 신앙을 엿볼 수 있는 부분은 여호수아 2 : 9-12에 보면 "말하되 여호와께서 이 땅을 너희에게 주신 줄을 내가 아노라 우리가 너희를 심히 두려워하고 이 땅 백성이 다 너희 앞에 간담이 녹나니 이는 너희가 애굽에서 나올 때에 여호와께서 너희 앞에서 홍해 물을 마르게 하신 알과 너희가 요단 저편에 있는 아모리 사람의 두 왕 시혼과 옥에게 행한 일 곧 그들을 전멸시킨 일을 우리가 들었음이라 우리가 듣자 곧 마음이 녹았고 너희의 연고로 사람이 정신을 잃었나니 너희 하나님 여호와는 상천하지에 하나님이시니라 그러므로 청하노니 내가 너희를 선대하였은즉 너희도 내 아버지의 집을 선대하여 나의 부모와 남녀 형제와 무릇 그들에게 있는 모든 자를 살려주어 우리 생명을 죽는데서 건져내기로 이제 여호와로 맹세하고 내게 진실한 표를 내라"고 약속을 받는다.

이 말씀을 통하여 라합의 신앙고백을 엿볼 수 있다. 라합은 이스라엘 백성이 출애굽할 당시 하나님이 행하신 일, 즉 홍해 물을 마르게 한 일과 시혼과 옥에게 행한 일들을 들어서 간담이 녹았고 정신을 잃었다고 고백하고 있다. 하나님에 대하여 복음을 듣고 전도를 통해야만 아는 것이라 생각하지만 라합은 일반적이고 보편적인 방법이 아닌 개인적인 깨달음과 신앙을 통해서 자신의 신앙을 고백하고 있는 것이다. 여리고 편에서 볼 때 라합은 여리고 왕의 명령에 복종하지 않고 거짓말로 왕의 전달자들을 따돌렸으며 정탐꾼을 숨겨 주고 탈출을 계획한다. 죄 많은 여인 라합은 창문에 달아 내린 붉은 줄로 정탐꾼들을 도왔으며, 그 붉은 줄이 증거물이 되어 구원을 요청하는 것이다. 붉은 줄의 의미는 예수님의 희생으로 우리를 구원하는 능력을 뜻한다. 기생 라합은 붉은 줄을 늘여 놓았고 가족들을 안선하게 구원했나. W. A 크리스웰 박사는 "구속의 붉은 줄"이라고 했다(두란노서원 편, 1994). 신약에서는 히브리서 11 : 31에 "믿음으로 기생 라합은 정탐꾼을 평안히 영접하였으므로 순종치 아니한자와 함께 멸망치 아니하였도다"라고 기록하고 있다. 라합처럼 개인적인 영성 계발은 개인적인 영역이다. 우리가 살아가는 삶의 현장에서 신앙인 모두에게 하나님을 위해서 선택의 기회가 주어지는 때가 있을 것이다. 그 때는 하나님을 위해 기생 라합처럼 주어진 기회를 놓치지 말아야 한다. 어느 것을 선택했느냐에 따라 우리의 삶은 확연히 달라질 것이다. 주님에게 순종하는 삶이 주님이 책임지시는 삶이요 지혜로운 사람인 것이다. 라합을 기생이라는 관점으로 멸시하고자 하는 생각은 단편적인 사람이다. 직업을 보기 이전에 하나님을 향한 그녀의 신앙은 목숨을 건 모험이었다. 그녀를 통해서 얻는 교훈은 다음과 같다.

- 라합의 과거는 그녀의 신앙고백으로 다 덮어졌나. 하나님은 과거의 하나님이 아니고 현재의 하나님이시다.
- 죄인들을 부르시어 구원하신 하나님의 넓은 사랑을 기억하자.
- 천한 여인 기생 라합도 그리스도의 족보에 오르게 되었나. 내 삶이 바뀌면 모두에게 가능성은 있나.
- 하나님 앞에 우리의 수고가 깃들인 붉은 밧줄을 내 놓을 수 있어야 한다.

6 "비교" 성경프로젝트

비교라는 의미는 서로 견주어 보는 것이다.

성경의 인물들을 서로 비교해 보면서 우리가 얻는 교훈에 대하여 생각해 볼 수 있다. 선한 사람의 등장인물을 서로 비교하는 것도 좋고 선한 사람과 악한자의 비교도 좋다. 또한 나의 옛 사람과 새사람이 된 후의 나의 행동에서 발견되는 것들을 비교해 볼 수 있다. 이러한 비교를 통해서 에스더와 와스디의 비교를 볼 때에 세상에서의 훌륭함이 결코 하나님에게 돋보일 수 없음을 깨닫는 기회가 되며, 새사람이 된 내 모습 속에서 나타나는 행동들과 과거의 나의 죄성은 버려야 할 것이다. 단어의 비교도 있을 것이며 어떤 인물의 인생의 전 생애 중에서 전반기에는 바람직한 사람이었으나 후반에 주님께 버림받은 사람인 사울과 다윗의 비교도 있을 것이다. 그러나 이 분류에서는 미모가 아름다웠고 왕비였으며, 임금의 명령을 어긴 조건이 같은 상황에 있던 두 왕비를 비교하고자 한다. 그리고 새사람과 옛 사람, 룻과 오르바를 비교해 보려고 한다.

1) 와스디와 에스더(에스더 1장–10장)

| 에스더 |

히브리어의 '에스텔'은 "별" 또는 "처녀"라는 뜻의 페르시아어를 히브리어로 음역한 것이다. 에스더의 본명은 "도금양 꽃"이란 뜻을 가진 '하닷사'였다(에 2 : 7). 에스더는 부모 없는 고아로서 베냐민 지파의 사촌오빠 모르드개의 보호 아래 성장하였다. 모르드개는 바사나라의 수도인 수산성의 관리자이었다. 유대사람인 모르드개는 에스더를 왕후로 선택되도록 왕궁에 그녀를 데리고 갔으며 유대인이라는 신분이 감추어진 채 에스더는 왕비가 된다.

많은 유대인들이 고레스 왕의 명령에 의해 바벨론 포로 생활을 끝내고 고국으로 귀환했다. 그러나 페르시아제국 내에는 도처에 유대인들이 남아 있었으며 에스더는 그 유대인 중 한 사람이었다(아가페, 2002). 아하스에로 왕은 자신의 나라의 부강함과 위엄을 나타내기 위하여 베풀어진 연회에서 왕비 와스디의 아름다움을 보여주려고 왕비를 초청했으나 와스디가 거절함으로 인해 폐위가 되었다. 그리고 유대인 출신의 에스더가 와스디를 대신해서 왕비로 간택되었으며 왕비가 되어 후에 하만이 유대인을 죽이려는 음모를 왕께 고하기 위하여 '죽으면 죽으리라'는 각오로 3일 금식 후에 임금 앞에 나가서 임금을 초대하여 잔치를 베풀고 자신의 민족을 구출하고 내신 모르드개를 죽이러 했던 하만이 죽게 된다. 에스더서는 저자가 확실하지 않으며 B.C 330년 이전에 기록되었을 것으로 추정하고 있다.

▌와스디▐

B.C 486-465년 아하스에로 왕의 아내이며 미모가 아름다운 왕비이었다. 왕이 왕비의 아름다움을 보이려고 초청했으나 거절하여 폐위가된 사람이다(에 1 : 10-11, 12 : 19). 와스디를 대신 하여야 할 왕비를 구해야 한다는 자문관들의 제안을 받아들여(에 2 : 4) 에스더가 새로운 왕비가 된다. 와스디는 자신도 고관들의 부인들을 초청하여 잔치를 하고 있는 중이었으며, 왕이 왕비의 미모를 자랑하려는 것에 응할 수 없는 왕비는 세상적으로 생각하면 훌륭한 생각을 가질 수도 있었다. 그러나 우리의 생각과 하나님의 생각은 다르다. 와스디는 자신의 자존심 내지는 체면이 중요해서 왕의 명령을 어겼을지라도 에스더는 자신의 민족을 구출하기 위해 왕의 명령을 어겼나. 임금의 명령을 어긴 것은 같아 보여도 그 중심에 명령을 어긴 목적이 무엇인가에 따라 와스디는 폐위가 되고 에스더는 자신의 민족도 구했고 또 왕이 나라의 절반이라도 주겠다고 제안을 한 것이 다른 점이다. 하나님은 하나님 나라를 위하여 죽으면 죽으리라

생명을 내어 놓는 자를 책임지시는 신실한 하나님이심을 나타내신다.

▌비교점을 통한 교훈▐

와스디와 에스더를 비교했을 때 서로 같은 점과 다른 점이 있다.

같은 점으로는 두 여인 모두 왕비였으며, 아름다운 미모를 가진 여인들이었다. 그리고 두 여인은 모두 임금의 명령을 어겼다.

다른 점이 있는데 같은 상황에서 전 왕비인 와스디는 폐위가 되었고 임금이 부르기 전에는 임금 앞에 나갈 수가 없는데 유대 민족을 살리기 위하여 3일 금식한 후에 죽으면 죽으리라는 각오로 아하스에로 왕 앞에 나간 에스더는 임금이 벌을 내린 것이 아니라 나라의 절반이라도 주겠다며 약속을 하고 에스더의 청을 들어 주려고 하여서 결국엔 유대인들의 생명살리는 결과를 낳는다.

그렇다면 상황이 같은 상황에서 어떻게 이렇게 다른 결과를 가져 올 수 있는 것이냐 하는 것이다. 그 결과는 와스디도 국모로서 자신의 역할에 충성을 다했다. 그녀는 명령을 어기면 어떻게 된다는 것도 알았을 것이며, 왕이 업적을 자랑하는 것이 아니라 왕비의 미모를 자랑하는 모습이 한심했을 수도 있다. 그러나 세상적인 관점에서 보았을 때 멋져 보일 수도 있는 그녀는 고관들 부인 앞에서 단순히 자신의 입장만을 고려한 불복종이었던 것이다. 그러나 에스더는 자신의 입지를 위한 것이 아닌 목숨을 걸고 유대인의 생명을 구하고 그 후손에서 예수 그리스도가 탄생되어야 하는 하나님의 역사를 이어 가야만 하는 절대적인 사명감과 그녀가 왕비가 된 것이 이 때를 위함이 아니냐고 하는 책임감으로 나간 것이다. 하나님의 일은 세상을 초월하여 그 명분이 주님을 위한 것일 때 생명까지도 주님이 책임지시는 것이다.

2) 옛 사람과 새사람(엡 4 : 22-24, 갈 2 : 20)

로마서 7 : 24-25에서 바울은 율법 아래 있던 자신을 "오호라 나는 곤고한 사람이로다. 이 사망의 몸에서 누가 나를 건져내랴 우리 주 예수 그리스도로 말미암아 하나님께 감사하리로다. 그런즉 내 자신이 마음으로는 하나님의 법을 육신으로는 죄의 법을 섬기노라"고 언급하고 있다. 그리고 6장에서 '그러므로 이제 그리스도 예수 안에 있는 자에게는 결코 정죄함이 없나니 이는 그리스도 예수 안에 있는 생명의 성령의 법이 죄와 사망의 법에서 너를 해방하였음이라(롬 8 : 1-2)'라고 고백하고 있다. 그리하여 옛 사람에게서 나타나는 특징들 그리고 새사람의 특징을 비교해 볼 수 있는 활동이라고 할 수 있다.

▌옛 사람의 정체▐

육의 사람(롬 8 : 7, 죄의 종 롬 6 : 16, 마귀의 자식 오 8 : 44, 율법 갈 2 : 16)

- 옛 사람이 특징(교만 딤전 3 : 6, 탐욕, 시기 롬 1 : 29, 고집 롬 2 : 5, 게으름 잠 10 : 26, 이간질 잠 6 : 19, 불효 잠 19 : 26, 혈기 엡 4 : 31, 돈, 감사치 않음 딤후 3 : 2남을 판단 롬 2 : 1)
- 옛 사람의 결과(가난 잠 10 : 15, 고통 시 116 : 3, 질병 렘 6 : 7, 사망 삼하 22 : 5)

▌새사람▐

- **새사람의 형체 :** 영의 사람(롬 8 : 2), 은혜(롬 3 : 24), 의의 종(롬 6 : 18), 하나님의 자녀(고후 6 : 18)
- **새사람의 특징 :** 지혜가 생긴다(약 1 : 5), 사랑이 많아진다(요일 4 : 10), 용서의 사람(눅 6 : 37), 겸손해 짐(엡 4 : 2), 담대함(요 16 : 33), 하나님을 자랑(갈 6 : 14), 부모님께 순종(엡 6 : 1), 남을 칭찬(눅 6 : 32), 기도생활(살전 5 : 17)
- **새사람의 결과 :** 부요함(고후 8 : 9), 형통해짐(시 1 : 3), 치료경험(사 53 : 5), 생명(요 10 : 10)

▌비교점▐

옛 사람의 정체는 죄의 종이며 마귀의 자식이요 율법적이다.

그리고 옛 사람의 특징으로 나타나는 행위는 교만함이며, 탐욕으로 가득찬 마음이며, 시기하는 마음이다. 또한 고집이 있고 해야 할 일을 미루거나 무엇이든지 다음으로 미루는 게으름을 볼 수 있으며 주변 사람들을 화목하게 하는 것이 아니라 이간질을 일삼는다. 게다가 부모를 공경하라고 한 십계명의 5계명에도 어긋나는 불효를 행하고 무슨 일에나 참지 못하고 혈기를 부린다거나 돈을 사랑하며 주어진 것에 감사하는 마음이 없으며, 늘 남을 판단하는 것으로 가득차 있다. 이러한 행동들이 거듭나지 못했을 때의 행동들이라고 할 수 있다. 그리하여 이러한 행동들로 인하여 나타난 결과는 고통을 받으며 때로는 질병에 시달리고 그로 인하여 생활도 가난해지며 그러한 고통이 계속되었을 때는 결국 사망에 이르게 되는 것이다.

그러나 영의 사람, 즉 성령으로 거듭난 사람의 행위는 은혜가 넘치며 로마서 6장 18절 말씀과 같이 이제는 죄의 종이 아니라 의에게 종이 되는 것이다. 그리고 새사람에게 주어지는 것은 하나님의 자녀가 되는 것이며, 하나님은 아버지가 되는 것이다.

또한 새사람의 특징은 지혜가 생기며, 요한 일서 4장 11절의 말씀처럼 하나님이 우리를 사랑하셨은즉 우리도 서로 사랑해야 하는 것이므로 사랑이 많아지는 사람이 된다. 그리고 잘못한 것을 정죄하는 것이 아니라 용서로 가득찬 용서의 사람이 되며, 모든 것을 겸손과 온유로 하고 오래 참는 겸손의 사람이 된다. 아울러 새사람이 되면 불의한 것에도 담대히 나아갈 수 있는 담대함을 소유하게 되고 세상 것과 명예를 자랑하는 것이 아닌 하나님을 자랑하게 되며 부모님께 순종하고 늘 남을 칭찬하며 영적인 호흡인 기도를 쉬지않는 기도생활을 힘쓰는 기도의 사람이 되는 것이다. 그러므로 새사람의 결과는 만사가 형통해지며, 부요함이 따르고 때로는 치료를 경험하기도 하며 영적인 것을 사모하는 영의 사람이 된다. 우리의 자신을 옛 사람과 새사람에 비추어서 어느 부분에 머무르고 있는지 점검하고 신앙생활에 새로운 계기를 마련하면 좋을 것이다.

3) 룻과 오르바(룻 1 : 14)

룻의 의미는 "동료, 친구", "아름다움"의 뜻을 가지고 있다. 모압 여인 룻은 유대사람 말론의 아내이었으나 그의 죽음으로 과부가 되었으며 그의 시어머니는 나오미이었다. 오르바의 의미는 "목' 혹은 "구름"이다. 그녀는 기룐이라는 남편과 결혼했으나 사망하여 시어머니 나오미를 따라 예루살렘으로 가려고 했으나 시어머니의 권유로 친정 모압으로 돌아갔다.

룻의 생애를 4단계로 나누어 살펴볼 수 있다(두란노서원 편, 1994).

▌1단계 : 룻의 결단(룻기 1장)▐

룻과 오르바는 과부가 되었으며 시어머니 나오미는 두 아들과 남편을 잃고 과부가 되었다. 나오미는 하나님이 백성들을 기근에서 면하게 한다는 소식을 들었다(룻 1 : 6). 그리하여 예루살렘으로 돌아가려고 했다. 오르바는 자신의 과거의 삶과 친구 그리고 그리운 고향과 우상에서 돌아설 수 없었다. 그러나 룻은 나오미와 함께 가기로 결심했고 기근을 피해 모압 땅에 왔던 나오미는 모든 것을 다 잃고 하나님을 향하여 예루살렘으로 간다.

▌2단계 : 룻의 섬김(룻기 2장)▐

시어머니인 나오미를 극신히 섬기는 룻은 친족 중에서 보아스라고 하는 인심 좋은 사람을 만나서 그가 베풀어준 덕에 이삭줍기도 쉽게 할 수 있고 또 남자들로부터의 보호도 받는 특혜를 받는다. 그러나 상속자가 되기 위해서는 조건이 있는데 상속하려는 의도가 있어야 하고 상속하려는 권한을 가져야 하며 상속하기 위한 능력과 재산을 가져야 한다는 것이다.

▌3단계 : 룻의 안식(룻기 3장)▐

나오미가 룻을 보아스의 발 밑에서 눕게 하는 것인데 이것은 히브리 관습에 따른 것이다(신 25 : 5-8). 이것은 이스라엘의 법을 준수하고 보아스를 남편된 자로서 사랑과 은신처를 제공하기 위해서였다. 룻기 3장 1절에 나오미가 룻에게 안식할 곳을 구하여 너를 복되게 해 주어야 한다고 말하고 있다.

▌4단계 : 룻의 보상(룻기 4장)▐

보아스는 룻의 모든 것, 즉 나오미, 오르바의 남편에 속한 것을 샀기 때문에 룻을 아내로 취하고 나오미의 노후도 책임을 진다. 보아스는 라합과 살몬의 아들이었으며, 모압의 이방여인 룻이 보아스와의 결혼으로 인해 오벳을 낳고 오벳은 이새를 낳고 이새는 다윗 왕의 아비가 되는 것이다.

▌비교점▐

룻기서의 이야기는 나오미의 며느리들 이야기다. 그의 며느리 룻과 오르바는 남편이 죽어서 없기 때문에 시어머니를 따라 예루살렘으로 이사를 가야 하는 상황이었다. 그러나 시어머니 나오미는 그들을 다 고향으로 돌아가라고 지시한다. 무엇인가 선택을 해야만 하는 상황에서 오르바는 자신이 태어난 곳, 내가 섬기던 우상, 친구들이 생각나서 시어머니에게 입맞추고 고향인 모압 땅으로 돌아간다. 그런데 이미 하나님을 섬긴 룻은 시어머니의 지시를 뿌리치고 나오미를 따라서 가겠다며 룻기 1 : 16절에 "어머니께서 가시는 곳에 나도 가고 어머니께서 유숙하시는 곳에서 나도 유숙하겠나이다 어머니의 백성이 나의 백성이 되고 어머니의 하나님이 나의 하나님이 되시리니"라고 하며 어머니께서 죽으시는 곳에서 나도 죽어 거기 장사될 것이라 내가 죽는 일 외에 어머니를 떠나면 하나님이 벌을 내리시기를 원한다고 고백하고 있다. 룻은 시어머니가 섬기는 하나님이 나의 하나님이 된다고 하나님을 중시했고 남편이 죽고 의지할 데 없는데도 시어머니를 섬기는 헌신으로서 며느리의 역할을 다하고 있다. 요즈음처럼 부모를 소중히 여기지 못하는 시대에 귀감이 되는 훌륭한 여인이다. 부모를 진심으로 공경할 줄 아는 룻을 하나님은 축복하셨고 좋은 남편까지도 허락하셔서 이삭을 주으려 했던 룻에게 그 밭의 주인이 되게 해 주셨다. 며느리를 향한 나오미의 배려와 시어머니를 끝까지 따르고자 하는 며느리의 마음이 축복으로 결말지어진 것이다. 룻의 안식과 보상은 하나님께서 그에게 베푸신 은총이며 보아스는 예수 그리스도의 모형인 것이다.

이 이외에 마리아와 마르다 그리고 사울과 다윗을 비교해 볼 수 있다.

4) 마리아와 마르다(눅 18 : 38-41, 요 11 : 1-40 ; 12 : 2)

음식대접을 하기 위해 봉사에 힘쓰는 마르다에게 예수님은 마리아가 말씀을 듣는 좋은 일을 선택했다고 하셨다. 봉사 잘하는 마르다와 말씀 잘 듣는 마리아 등을 비교하면서 그들을 통해서 내 자신에게 주는 교훈은 무엇이며 적용점을 생각해 볼 수 있는 활동이다.

5) 사울과 다윗(삼상 9-11장, 행 13 : 21)

▌인본주의 사울 : 삼상 9-11장, 13-28, 행 13 ; 21▐

사울은 이스라엘 초대 왕이다. 그러나 사울은 상황이 좋을 때는 관대하고 겸손한 성품을 보였으며, 상황이 자신의 뜻대로 되지 않을 경우 하나님께 불순종하였다. 그 예로 아말렉 왕 아각을 살려준 것(삼상 15 : 9), 다윗에 대한 질투(삼상 18 : 7-9), 미신적인 종교행위(삼상 28 : 8-19) 등이다. 하나님께 선택되어서 초대 왕이 되었으나 백성을 두려워한 그의 생애는 파멸로 끝났다.

▌신본주의 다윗▐

삼상 : 기름부음 16 : 1-13, 수금을 타서 사울의 병을 고침(삼상 16 : 14-23), 골리앗과 싸움(삼상 17장), 요나단과의 우정(삼상 18 : 1-4), 사울 왕의 시기(삼상

18 : 5-9), 미갈과 결혼(삼상 18 : 20-29), 사울에게서 도망(삼상 19-22장)하는 고난을 겪고 왕이 된다.

7 "싸가지(싹수없는)" 성경프로젝트

"싹"은 사물의 근원이나 시초를 의미한다. 그리하여 장래성이 없는 사람을 싹수가 없다고 하며 속되게 표현해 그런 사람을 '싸가지가 없다"고 한다. 그리하여 호기심을 일으켜 흥미를 끌고자 성경의 인물 중에서 은혜를 모르는 사람들을 싸가지가 없는 사람으로 지칭해서 싸가지 프로젝트의 분류에 넣었다.

일반적으로 우리가 사는 사회에는 은혜를 모르는 사람들이 있다. 그런 사람들을 싹수가 없다고 하여 더 버릇없다는 의미로 변형되어 속어까지 생긴 것이 일명 '싸가지'이다. 그리하여 성경에서도 그런 사람들이 등장됨으로 그들을 통해 우리가 얻는 교훈이 무엇인지를 생각해 보는 활동이 될 것이다. 하갈과 문둥병자, 그리고 이세벨 등 여러 사람이 있지만 하갈과 이세벨을 살펴보고자 한다.

사라의 하녀인 하갈은 아브라함으로부터 아들을 얻는 기회까지 얻어 이스마엘을 낳았다. 그러나 은혜를 모르고 주인 사라를 업신여긴 배은망덕한 자이며 아브라함의 집에서 쫓겨나는 신세가 된다. 그리하여 브엘세바 광야에서 고통을 당하며 방황하고 있는 이스마엘과 하갈에게 하나님은 축복의 말씀을 주신다.

또한 예수님으로부터 10명의 문둥병자가 고침을 받았으나 고침받은 자 9명은 가버리고 1명만 감사하였다(레 13 : 45-46, 눅 17 : 11-19)). 또한 구약의 이세벨(왕상 16, 19, 21장, 왕하 9 : 7-10, 30-37) 은 남편 임금을 올바로 돕지 못하고 악한 일만 일삼는 악한자로 기록되어 있다. 그리고 아담은 하나님의 창조 속에 지어졌지만 먹지 말라는 선악과를 먹고 모든 인간을 범죄하게 만들었다. 이렇게 은혜를 모르는 싹수 없는 사람들을 알아보는 성경프로젝트 활동을 할 수 있으며, 아울러 나는 누구인가?(외적인 나, 내면적인 나, 사명받은 나)에 대하여 생각해 볼 수 있다.

1) 하갈(창 21 : 9-21)

'하가르(Hagar)'의 의미는 "방황하는, 도피하는"이다. 사라의 여종으로 애굽 사람이며 하나님의 약속을 성취시키기 위해 더 기다리지 못한 사라는 관습에 따라 자신의 여종을 아브라함과 동침하게 해 주었다(창 15 : 3-4 ; 16 : 1-4).

하갈은 아이를 잉태하자 여주인 사라를 멸시했고 사라는 아브라함의 동의를 얻어 하갈을 학대하여 애굽으로 도망가게 했다(창 16 : 4-6). 광야에서 울고 있는 하갈에게 여호와의 사자가 나타나 자손이 크게 번성할 것이라는 약속과 함께 그녀를 사라에게 돌려 보냈다(창 16 : 7-10).

돌아온 후에 이스마엘이라는 이름의 아들을 낳았다. 그 이후 이삭이 출생했고 이스마엘이 이삭을 희롱하는 것을 보고 마음이 상한 사라는 이스마엘이 아버지의 유업을 얻지 못하게 하기 위하여 여종과 이스마엘을 내쫓을 것을 간청했고 아브라함은 동의했으며, 하갈은 브엘세바의 광야로 내쫓겼다. 준비해온 음식이 모두 떨어지고 아들 이스마엘이 목이 말라 죽게 되었을 때 하나님의 사자가 나타나 이스마엘에 대한 하나님의 약속을 상기시키고 우물을 보여 주었다(창 16 : 14-19). 이와 같이 자신에게 은혜를 베푼 주인의 은혜를 모르는 하갈을 통하여 우리 자신을 비추어 보는 교훈이 될 것이다.

바울은 이 사건을 비유로 하갈을 옛 언약에서 종 노릇 할 자녀를 낳은 '지금 있는 예루살렘'으로 묘사하고 있다. 그리고 이삭은 자유하는 여자들의 아들, 즉 은혜와 율법으로부터의 자유를 나타내는 약속의 아들(갈 4 : 21-31)이라고 언급했다(아가페, 2002).

2) 이세벨(왕상 21 : 25)

시돈왕 엣바알의 딸이며, 이스라엘 왕 아합의 아내이다. 강인한 성격의 소유자인 왕비의 악행과 잔인성은 아합에게 악한 영향을 주었다. 이세벨은 아합이 바알 신을 위해 사마리아에 건축한 신전을 근거지로 이스라엘에 바알 숭배를 확산시켰다. 또한 이세벨은 이스라엘의 많은 선지자들을 죽이는데 앞장섰으며(왕상 18 : 4, 13), 약 450명의 바알 선지자와 400명의 아세라 선지자를 이스라엘 땅으로 들어오게 하는 범죄를 저질렀다. 엘리야가 갈멜산에서 승리하고 바알 우상숭배자들의 선지자들을 모두 죽였다는 소리를 듣고 복수를 다짐하고 엘리야를 죽이려 했으나 성공하지는 못했다(왕상 19 : 1-2).

아합이 탐내는 나봇의 포도원을 나봇을 돌에 맞아 죽게 함으로써 빼앗아 준다. 토지는 하나님께서 주신 기업이므로 양도할 수 없다는 이스라엘의 규례를 무시한 악행을 수없이 저질렀다(왕상 21 : 1-16). 그러나 이세벨은 그녀의 아들 요람(여호람)이 예후에게 살해당한 후에 예후는 이세벨을 창 밖으로 내던지게 했고 그 시체를 밟고 지나갔다. 개들이 이세벨을 뜯어 먹었다(왕상 21 : 23).

3) 아담(창 1 : 26-31)

신학적 인간론은 성서가 사람과 하나님과의 관계에 대하여 말하고 있는 것과 연계되어야 한다. 최초의 인간 아담의 뜻은 "땅", "붉게 되다"의 의미를 가진다. 창세기 1 : 26에 "하나님이 가라사대 우리의 형상을 따라 우리의 모양대로 우리가 사람을 만들고 그로 바다의 고기와 공중의 새와 육축과 온 땅과 땅에 기는 모든 것을 다스리게 하자 하시고"라고 하시며 하나님에 의해 창조되었고 하나님에 의해 생명이 주어졌다. 이 시대의 모든 사람들의 생명이 아담에게서 시작되었다. 하나님은 에덴동산을 만드셨고 에덴동산의 모든 것은 다

먹되 선악과는 먹지 말라고 하셨다. 그리고 아담에게 창세기 2 : 18에 독처하는 것이 보기에 좋지 못하니 돕는 배필을 지으리라고 하셨으며 아담이 잠들었을 때 아담의 갈비뼈를 취해 하와를 만드셨다.

혼자 있던 아담은 너무 좋아서 창세기 2 : 23에 내 뼈 중에 뼈요 살 중에 살이라고 고백하며 좋아했다. 그러나 하와는 뱀의 유혹에 넘어가서 하나님께서 따먹지 말라고 한 선악과를 따먹고 아담에게도 주어서 죄를 짓게 되는 것이다. 타락 때문에 아담은 저주와 죽음을 선고받았던 것이다.

로마서 5 : 12에는 "이러므로 한 사람으로 말미암아 죄가 세상에 들어오고 죄로 말미암아 사망이 왔나니 이와 같이 모든 사람이 죄를 지었으므로 사망이 모든 사람에게 이르렀느니라"고 기록하고 있다. 죄는 아주 미세하게 한 사람을 통해서 들어오고 전 인류를 범죄케 하는 결과를 초래했다. 그러나 하나님께서는 창세기 3 : 15에 이미 해결책을 가지고 계셨다. "내가 너로 여자와 원수가 되게 하고 너의 후손도 여자의 후손이 네 머리를 상하게 하고 너는 그의 발꿈치를 상하게 할 것이니라"고 기록하고 있다. 죄를 해결할 분은 하나님의 아들 예수 그리스도 밖에는 없다. 하나님은 인간을 사랑하시려고 인간을 창조하셨고 자유를 주시기 위해 선악과를 만들어 선택할 수 있게 하셨으며 끝까지 인간을 버리지 않으시고 여자에게 이르시되 "내가 네게 잉태하는 고통을 크게 더하리니 네가 수고하고 자식을 낳을 것이며 너는 남편을 사모하고 남편은 너를 다스릴 것이니라"고 말씀하셨다(창 3 : 16).

이사야 55 : 8-9에 "여호와의 말씀에 내 생각은 너희 생각과 다르며 내 길은 너희 길과 달라서 하늘이 땅보다 높음 같이 내 길은 너희 길보다 높으며 내 생각은 너희 생각보다 높으니라"의 말씀처럼 인간이 생각하는 것과 하나님의 생각은 다르다. 아담은 하나님께 하나님이 주신 여자가 선악과를 먹게 했다고 핑계를 댔는데 하나님은 여자에게 그런 남편을 사모하라고 하시고 남자에게는 그 여자를 다스리라고 하셨던 것이다. 바다를 먹물삼고 하늘을 두루마리 삼아서 하나님의 크신 사랑을 다 써도 표현할 수 없는 하나님의 넓으신 그 사랑을 잊지 말아야 할 것이다.

8 "음식" 성경프로젝트

팔레스타인의 작물은 보리(룻 1 : 22), 조(겔 4 : 9), 소맥(사 28 : 25) 등이었다. 수확한 곡식을 가루로 만들고 후에 떡으로 만들어 먹었다. 구약시대의 주식은 떡과 물이었다. 떡이란 일반 음식을 가리키기는 말로 쓰이고 주식 외에도 견과 채소, 과실, 짐승의 고기나 꿀, 조류의 알 등을 음식으로 이용했다(미션성경). 애굽에서 발굴된 유적들에서 발견된 것을 보면 채소 중에서 파를 묶어서 헌납한 모습을 볼 수 있으며, 람사스 3세가 신들에게 바친 헌물 중에도 파가 있었다. 헤로도투스의 역사서에 의하면 피라미드를 건설하기 위해 인부들에게 먹인 파, 마늘, 무를 먹인 비용이 1600달란트이었다고 한다. 애굽 원주민들은 파, 상추, 오이 등의 채소를 삶아서 볶은 옥수수와 함께 주식으로 삼았다(미션성경).

유대인들의 식사 자세는 약간 높은 침상에 왼쪽으로 기대어 비스듬히 누워 오른손으로 음식을 먹는 페르시아의 풍습에서 연유한 것으로 추정된다. 헬라인들과 로마인들도 이러한 자세를 취했는데 예수님 옆에서 비스듬히 누워 식사하던 제자는 자연스럽게 머리를 주님 품에 기댈 수 있었을 것이다(미션성경).

애굽에서 출애굽한 후에 유월절을 기념하기 위하여 자녀들에게 교훈을 주는 음식들이 있다. 유월절 음식의 종류를 알아보고 현대에서 주는 교훈을 알아보는 활동이다. 이 부분은 「유아 기독교교육」의 일부를 소개한 것이다(한혜숙, 2005).

1) 유월절 음식 : 양고기

| 활동목표 | 유월절에 먹었던 음식을 통해 하나님께 대한 마음을 새롭게 한다.

| 준 비 물 | 식탁에 둘러앉은 가정의 사진

| 성 비 경 | 출애굽기 12 : 7-12

| 활동방법 |

① 유대인들은 해마다 유월절이면 식탁을 차리고 유월절을 지킨다.

② 유월절 식탁을 세다(Sedar)라고 한다. 그리고 예식을 기록한 책을 하가다(Haggadah)라고 한다.

③ 유월절의 음식은 주는 의미가 있다.

④ 양고기는 이스라엘 백성을 살려준 양의 피를 의미하는 것으로써 누군가가 죽어야 산다는 복음적 진리를 의미한다.

⑤ 유월절은 과거적 사건에 대한 기념이며, 미래적 메시야를 향한 기다림의 자리이다.

⑥ 유월절 양은 예수 그리스도이다.

| 토의하기 |

①~⑥까지의 이야기를 듣고 지금도 양고기를 먹는 이스라엘 백성들에 대하여 이야기를 나누며, 죽음을 피하게 해준 양의 피와 예수님에 대하여 우리는 어떻게 해야 할 것인가를 이야기한다.

2) 유월절 식탁

(1) 쓴 나물

| 활동목표 | 쓴 것이 주는 유익에 대하여 알게 한다.

| 준 비 물 | 나물을 나타내는 사진 혹은 쓴 나물

▌성 비 경▐ 출애굽기 12 : 7

▌활동방법▐

① 처음에는 단맛이 나는 것 같으나 한참 씹으면 쓴맛이 나는 음식이다.

② 요셉이 애굽에서 생활하는 것이 처음에는 달콤한 것 같았으나 나중에는 쓴 노예생활을 했다.

③ 쓴 나물을 먹으며 노예생활을 한 그때를 잊지 말자고 자녀교육을 시키는 것이다.

④ 과거를 음식으로 회상하는 것은 미래지향적인 방법이다.

⑤ 쓴 것이 주는 유익에 대하여 이야기한다.

⑥ 우리나라 음식 중에도 쓴 것이 몸에 좋다고 하는 것들이 무엇이 있는지 알아본다.

⑦ 약이 쓴 것에 대하여도 이야기 나눈다.

▌토론하기▐

일제식민지시대의 우리민족과 유대인들의 노예생활에 대하여 비교하며 이야기해 보게 한다.

(2) 무교병

▌활동목표▐ 효소가 들어 있지 않은 음식은 맛이 없다. 효소가 없는 음식이 주는 유익에 대하여 알게 한다.

▌준 비 물▐ 무교병 그림

▌성 비 경▐ 출애굽기 12 : 7

▌활동방법▐

① 무교병은 효소가 들어 있지 않은 음식이므로 맛이 없다.

② 출애굽하던 유대인들은 효소를 넣어 부풀은 후 여유 있게 음식을 만들어 먹을 여유가 없었다.

③ 맛있는 떡을 먹는 것이 중요한 것이 아니라 하나님이 약속하신 가나안 땅으로 가는 것이 급선무였다.

④ 누룩은 악과 부패의 상징이다(고전 5 : 7-8).

⑤ 누룩 없는 떡은 죄를 제거하고 깨끗하게 살자고 하는 의미 깊은 뜻이다.

⑥ 유대인들은 지금도 마초(Matzo)라고 하는 무교병 세 개를 준비하며, 세 조각을 넣은 세 겹으로 된 주머니가 가정마다 준비되어 있다.

⑦ 무교병 세 개는 다음과 같은 의미가 있다(강문호, 1999).

-아브라함, 이삭, 야곱 등 유대인의 세 족장을 의미한다.

-제사의 3대 요소인 제사장, 레위인, 제사를 드리는 사람을 의미한다.

-유대인들이 제일 좋아하는 세 면류관, 즉 배움의 면류관, 제사장의 면류관, 그리고 왕권의 면류관을 의미한다.

| 토의하기 |

우리에게 죄를 짓게 하는 효소는 무엇이 있는지에 대하여 서로 토론해 본다.

(3) 붉은 포도주

| 활동목표 | 포도주는 구속의 피를 의미한다. 앞으로도 하나님은 이렇게 하실 것을 믿고 포도주를 마시는 것이다.

| 준 비 물 | 무교병 그림

| 성 비 경 | 출애굽기 6 : 6-7

| 활동방법 |

① 유월절에 네 잔의 붉은 포도주를 네 차례에 걸쳐서 마셨다.

② 네 가지라는 의미는 네 가지의 은총이 들어 있는 것을 의미한다(강문호, 1999).

내가 너희를 빼어 냈나.

내가 너희를 건졌다.

내가 너희를 구속하였다.

내가 너희를 내 백성으로 삼았다.

③ 유월절 떡을 먹다가 창을 열고는 엘리야를 부르는 순서가 있다.

④ 유월절 식탁에 '엘리야의 컵' 이라고 쓴 잔을 상의 가운데 놓는다. 이것은 그들이 엘리야가 와야 메시야가 온다고 믿고 기다리는 잔이다.

⑤ 유대인들은 유월절이 그리스도의 십자가로 이미 완성되었고 유월절의 음식은 성만찬으로 대치되었다는 것을 모른다.

⑥ 그들은 지금도 메시야를 기다린다.

| 토의하기 |

이미 우리의 죄를 위해서 이 땅에 오신 예수 그리스도를 기다리는 유대인들은 어떤 사람들인가? 서로 생각을 나누어 본다.

(4) 달걀

하나님은 달걀을 언급하지는 않으셨다. 그러나 유대인들은 언제부터인가 삶은 달걀을 필수적으로 먹고 있다.

| 활동목표 | 달걀은 약하지만 삶은 달걀은 강하다. '우리는 강하다' 는 의미를 부여한다.

| 준 비 물 | 달걀

| 성 비 경 | 출애굽기 12 : 14

| 활동방법 |

① 달걀을 될 수 있는 한 뜨거운 물에, 철저히, 오래 삶아서 소금물에 찍어 먹는다.

② 달걀은 약하다.

③ 삶은 달걀은 강한데 뜨겁게 할수록 삶은 달걀은 강해진다.

④ 더욱 뜨겁게 하면 할수록 달걀은 딱딱해진다.

⑤ 유대인들은 달걀을 먹으면서 자녀들에게 말한다.

⑥ 우리민족은 시련이 오면 올수록 강해지는 민족이다.

⑦ 유대인과 우리민족을 비교하며, 우리는 일제시대의 식민지를 잊지 않고 있는가? 생각해 본다.

⑧ 일본에게서 우리나라를 해방시켜 주신 하나님의 은혜를 잊지 말고 감사해야 한다.

| 토의하기 |

현대는 물질의 풍요로 인하여 나약한 자녀를 만들어 가고 있다. 즉, 힘든 것을 경험하게 하지 않는 것이다. 나약한 사람은 어려움이 올 때 쉽게 넘어짐으로 강하게 하려면 어떻게 하는 것이 좋은지 토의하게 한다.

(5) 카로셋(Charoset)

이 음식도 하나님이 명하시지 않은 음식이지만 후대에 유대인들에게 첨가된 음식이다.

| 활동목표 | 노예시절의 벽돌을 의미한다. 벽돌을 쌓던 노예시절을 잊지 말고 구원해 주신 하나님을 잊지 말자.

| 준 비 물 | 벽돌 혹은 쿠기 만들 자료

| 성 비 경 | 출애굽기 12 : 14

| 활동방법 |

① 카루셋은 과자 이름이다

② 잘 짓이긴 사과, 호도, 밤 같은 견과류, 건포도, 계피, 포도주를 섞어서 만든 음식이다.

③ 이스라엘 백성들이 노예시절 사용했던 벽돌을 의미한다.

④ 카루셋 과자를 먹으면서 노예에서 해방시켜 주신 하나님께 감사 기도를 드린다.

⑤ 다시는 이런 어려움에 빠지지 않도록 간절히 기도한다.

⑥ 우리나라도 6 · 25의 전쟁을 기억하며, 어른들이 주먹밥을 먹게 하는 행사를 하고 있다. 서로 비교하며 생각을 나눈다.

⑦ 우리도 전쟁에서 나라를 지켜 주신 하나님께 감사해야 함을 이야기 나눈다.

| 토의하기 |

우리는 일제 시대식민지에서의 해방을 감사하는가? 또 그러한 일이 닥치지 않으려면 어떻게 해야 하는지 서로 토론하게 한다.

(6) 소금물

소금물도 후대에 첨가된 유월절 음식이다.

| 활동목표 | 수고로 인해 흘려진 땀방울, 눈물, 홍해이다. 하나님을 잊지 말자는 강조의 음식이다.

| 준 비 물 | 소금

| 성 비 경 | 출애굽기 12 : 14

| 활동방법 |

① 소금은 3~6%의 염도를 가지고 있다.

② 이스라엘에 있는 사해 바다의 염도는 25%이다.

③ 사해바다는 요단강 주변의 유황과 질산성분의 물질들이 함유된 약 700만 톤의 물이 쏟아져 들어오고 요르단 골짜기의 뜨거운 열기는 물을 증발시킴으로 화학물질이 남아 있어서 염도가 강한 것이다.

④ 지구 표면 중에 가장 움푹 들어간 곳이며 생물이 전혀 살고 있지 않기 때문에 사해바다라고 불리운다.

⑤ 소금물은 세 가지의 의미를 담고 있다.

애굽에서 조상들이 흘렸던 땀방울이다.

조상들이 울었던 고통의 눈물이다.

기적으로 건넜던 홍해 바닷물이다.

⑥ 예수님은 우리에게 소금이 되라고 하셨다.

⑦ 소금의 역할은 무엇인지 이야기 나눈다.

⑧ 소금이 되기 위하여 이웃을 위해 어떻게 해야 하는지 이야기 나눈다.

| 토의하기 |

예수님의 말씀처럼 소금이 되려면 어떻게 해야 하는 것이며, 소금의 하는 일은 무엇일까? 음식에 소금이 들어가지 않으면 어떤 맛일까? 여러 가지 다양한 방법으로 토의를 해 보게 한다.

9 "숫자" 성경프로젝트

숫자를 나타낼 수 있는 것을 중심으로 성경을 알아가는 활동을 해 볼 수 있다. "태초에 하나님이 천지를 창조하시니라(창 1 : 1)" 하나님은 6일 동안 천지를 창조하시고 7일이 되는 날 안식하셨다. 숫자를 중심으로 날짜별로 천지 창조에 대하여 알아볼 수 있다. 또한 예수님의 제자도 12명이므로 숫자대로 제자들을 알아가는 활동을 할 수 있으며, 성령의 9가지 열매 및 성경의 권수인 66권에 대하여 구약, 신약으로 활동해 볼 수 있다.

창조는 우연이 아닌 하나님이 세워 놓으신 물리적인 법칙과 도덕적인 법칙에 의해 지배된다. 하나님은 땅, 바다, 하늘, 깊은 지하와 해저세계, 빛과 어둠을 창조하셨다. 자연현상은 하나님의 목적에 이바지한다. 모든 피조세계는 하나님의 존재와 제혜를 반영하는 거울인 셈이다(미션성경).

1) 천지창조

첫째 날 : 빛 창조

둘째 날 : 궁창

셋째 날 : 땅과 식물

넷째 날 : 해, 달, 별 창조

다섯째 날 : 새와 짐승, 물고기

여섯째 날 : 동물과 사람

일곱째 날 : 안식

안식은 '일로부터 쉬거나 전쟁 없이 평안하게 정착하는 삶'을 의미하며(수 1 : 13-15), 신실한 믿음을 지닌 사람에게 주어지는 영적인 해방과 만족감을 동반하는 참된 안식이다. 이스라엘이 가나안을 정복하고 얻은 안식은 영원한 안식의 그림자였다. 성도는 그리스도를 믿는 믿음 안에서 모든 수고와 짐을 벗고 안식을 누린다(마 11 : 28-30). 또한 새 하늘과 새 땅에서의 안식이 남아 있는(히 4 : 8-10) 것이다(미션성경).

율법은 안식일에 자신의 처소를 벗어나지 못하도록 규정했다(출 16 : 29). 유대 랍비들은 이에 근거하여 안식일에 여행할 수 있는 거리를 산출했는데 최고 2천 규빗이었다. 1규빗은 45cm 정도이므로 약 1km에 해당한다. 그러나 학자에 따라 1.6km, 2.8km, 3.8km라고 주장하기도 하며 율법과 장로들의 유전을 철저히 준수한 유대인들은 그 거리를 지켰다고 한다(미션성경).

안식일 규례는 창조 때 정해졌으며 안식일 준수는 십계명 중에 있다(출 20 : 8-11). 기독교는 그리스도의 부활의 날인 주의 날을 안식일로 지켜 왔다(요 20 : 1). 올바른 안식일 준수에 있어서 신학자들 간에 논란이 있으나 안식일에는 상거래나 노동을 하지 않고 쉬는 것에 동의한다. 그리고 안식일은 영원한 안식을 소망하는 가운데 예배와 하나님 말씀에 집중하는 날이다(미션성경).

2) 예수님의 12제자

베드로, 안드레, 야고보, 요한, 빌립, 바돌로매, 도마, 마태, 알패오의 아들 야고보, 다대오, 시몬, 가룟 유다이다.

| 베드로 |

베드로의 본명은 '시몬'이었다. 예수님은 베드로에게 '케파' '바위'라는 아람어 이름을 붙여 주셨다. 베드로의 고향은 벳세다(요 1 : 44)였으나 후에 가버나움(막 1 : 21)으로 이사하였다. 베드로는 어업에 종사했으며 예수님의 제자가 된 후에는 충성을 바치기 위하여 말과 행동을 준비하고 있던 열정적인 인물로 묘사되고 있다(마 14 : 28~29).

| 안드레 |

"남자다운"의 의미를 가지고 있으며 갈릴리 벳세다 출신으로 요나의 아들이며 시몬 베드로와 형제이다(요 1 : 44). 침례(세례) 요한의 제자였으나 후에 예수님의 제자가 되었다. 예수님을 메시야로 확신한 후 즉시 베드로를 예수께로 인도하였다(요 1 : 40-42). 예수님의 부르심을 받자 영원한 제자가 되었다.

| 야고보 |

세베대의 아들이며 요한의 형이며, 야고보의 아버지도 어부였고 동생 요한과 함께 어부가 되었다. 예수님께서 야고보와 요한을 '보아너게', 즉 '우뢰의 아들'이라고 부른 것은 불같이 급한 성격을 묘사한 것 같다. 그리스도께서 부활하신 후에 예루살렘으로 돌아왔으며, 헤롯에 의해 순교 당했다(행 12 : 2).

| 요한 |

'여호와는 자비하시다'의 의미를 가지며, 세베대의 아들이고 사도 야고보의 동생이다. 사도 요한과 안드레는 예수님의 최초의 제자가 되었다. 성만찬시에는 예수님 품에 기대어 있었고 배반자가 누구인지 물어본 사람이었다. 예수님이 십자가에 못박힐 때 요한에게 어머니 마리아를 부탁하셨다(요 20 : 1-10).

| 빌립 |

고향은 벳사다였다(요 1 : 44). 예수님은 갈릴리에서 빌립을 불렀고 빌립은 나다나엘을 전도하여 데리고 왔다(요 45 : 51). 오병이어 기적을 일으킬 때 예수님이 빌립에게 질문하여 빌립을 시험하셨다(요 6 : 5-7).

| 바돌로매 |

빌립과 연이어 기록되는 경향이 많아서 나다나엘과 동일인으로 보는 학자들이 많다. 전승에 의하면 바돌로매는 인도에 가서 복음을 전했는데 물에 빠뜨림을 당해 순교했다고 전해지고 있다(아가페, 2002).

| 도마 |

'디두모'로 불리기도 하였으며 죽음도 불사하며 예수님을 따르려 했다(요 11 : 15). 그러나 예수님의 부활을 직접 확인할 정도로 이성적이었다. 그는 진리에 대한 탐구욕이 강했으며(요 14 : 5), 사도로서의 본분에 끝까지 충실했다(미션성경).

도마는 예수님의 하시는 말씀에 대하여 무지함을 드러냈고(요 14 : 3-5) 예수님의 부활에 강한 회의를 느끼고 예수님의 십자가 형벌의 자국을 확인하기도 했다. 후에 전승에 의하면 도마는 파르티아 유세비우스 또는 인도(도마행전)에서 선교사로 일하였다(아가페, 2002)고 한다.

| 마태 |

마태복음의 기자로 알려지고 있으며, 레위와 동일인으로 간주되는데 근거는 가버나움에서 세리를 제자로 삼으신 사건이다. 마 9 : 9에는 '마태'로 되어 있으며, 막 2 : 14과 눅 5 : 27, 29에는 '레위'로 되어 있다. 마태는 세리였으며 세관에서 일하고 있다가 예수님의 부르심을 받았다(눅 5 : 27)고 한다(아가페, 433).

▌알패오의 아들 야고보(마 10 : 3 ; 막 3 : 18 ; 행 1 : 13)▐

'소 야고보'로 불렸다. 어떤 학자는 소 야고보를 마리아의 아들 야고보와 같은 인물로 추측하기도 한다. 어떤 학자는 마리아의 아들 야고보(마 27 : 56 ; 눅 24 : 10)로도 보는데 예수님의 모친이거나 모친의 자매인 것으로 추측된다.

▌다대오▐

일반적으로 야고보의 아들 또는 형제와 동일인인 것으로 간주한다(마 10 : 3 ; 막 3 : 18).

▌시몬▐

셀롯사람(눅 5 : 15 ; 행 1 : 13), 가나안 사람(마 10 : 4 ; 막 3 : 18)로 불렀다. 열심당원으로도 불렸는데 열심당원들은 A.D 66-70년에 있었던 유대인들의 경건의 한 양태를 표현한 것으로 후에 유대인들의 로마에 대한 반란의 주요요인이 되면서 로마에 반기를 들었던 사람들이 스스로 열심당원들이라고 불렀다.

▌가룟 유다▐

〈유다(마 10 : 4 ; 26 : 14, 25, 47 막 3 : 19, 눅 22 : 3, 47-48 요 6 : 71, 행 1 : 16)〉

열두 제자 가운데 한 사람으로 예수님을 배반한 자이다. '가룟'이라는 호칭(눅 22 : 3, 요 14 : 22)의 의미는 "거짓말쟁이", "염색하는 사람", "잇사갈의 남자" 등 어원적으로 다양하게 가정되고 있으나 일반적으로 인정되고 있는 의미는 '그리옷 출신의 남자(Man from Kerioth)'이다.

유다는 새로운 왕국에서 영광과 권세를 누릴 생각에 꿈이 컸으나 예수님의 사명은 자신이 생각과 거리가 먼 것임을 깨달았다. 그러나 예수님은 유다에게 "인자는 자기에게 대하여 기록된 대로 가기니와 인자를 파는 그 사람에게는 화가 있으리로다. 그 사람은 차라리 나지 아니하였더면 좋을 뻔 하였느니라(막

14 : 21)"고 말씀하셨다.

가룟 유다는 대제사장들과 바리새인들의 군인들과 관원들을 겟세마네 동산으로 인도하고, 미리 짜여진 신호, 즉 입맞춤으로 인하여 예수님을 배반하고 그의 악행을 마무리하였다. 예수님이 십자가에 못박혀 죽으신 후 양심의 가책을 받고 대제사장들과 장로들에게 그들로부터 받은 은 30을 성소에 던져 넣고 목매어 자살하였다(행 1 : 18-20).

10 "반역" 성경프로젝트

역사에도 나라를 어렵게 하고 반역한 많은 사람들이 있다. 사무엘 하에 나타나 있는 말씀에는 압살롬의 내용이 있다.

압살롬은 다윗의 셋째 아들이며(삼하 3 : 3) 다윗에게 반역을 도모했다. 당시에 다윗은 그를 피하여 요단 동편의 마하나임 지역으로 피신을 했다. 그러나 다윗의 친구 후새의 지략으로 압살롬의 반역을 진압할 수 있었다. 결국 압살롬은 다윗의 군대장관이던 요압에게 살해당한 내용이 삼하 15장과 18장에 기록되어 있다. 이 외에도 성경에는 많은 반역행위를 한 자들이 있다.

성경에도 스승을 배신하거나 하나님의 사역을 방해한 무리들이 있다. 그들을 찾아보고 프로젝트 활동을 하면서 우리 자신과 무엇이 다르며 나는 어떠한 인물로 성장할 것인가를 생각해 보며, 우리의 삶에 적용하여 그러한 인생을 살지 않도록 교훈이 되어야 할 것이다. 반역한 자들을 제시하면 다음과 같다(임재용a, 2003).

- 고라와 나단 일당이 모세와 아론을 반역함(민 16 : 1-33).
- 세겜사람들이 아비멜렉을 반역함(삿 9 : 22-25)

- 한 비류가 사울을 반역함(삼상 10 : 27)
- 아브넬이 이스보셋을 반역함(삼하 3 : 6-21)
- 압살롬이 다윗을 반역함(삼하 15 : 7-18 ; 15)
- 세바가 다윗을 반역함(삼하 20 : 1-22)
- 이스라엘 10족속이 르호보암을 반역함(왕상 12 : 16-19)
- 여호야다가 아달랴를 반역함(왕하 11 : 14-16)
- 이스라엘 백성이 하나님을 반역함(렘 11 : 19)
- 가룟 유다가 예수님을 반역함(마 26 : 14-16, 47-56)

11 "임신(신비)" 성경프로젝트

예전과 다르게 현대는 아기들을 많이 낳지 않으며, 한 가정에 아기가 1명인 가족이 많이 있으므로 이모, 고모, 삼촌 등의 명칭도 사라질 것 같다. 그러나 성경에는 분명히 자녀 번성은 축복(창 24 : 60, 28 : 3)임을 명시하고 있다. 축복은 사람을 통해 하나님의 복을 받는 것(창 27 : 4, 창 28 : 1))이며, 복은 하나님이 사람에게 직접 주는 것(창 22 : 17, 창 26 : 29, 창 28 : 3))이다. 기업의 축복(창 28 : 4), 언약의 축복(창 48 : 15, 16), 하나님의 은혜(민 6 : 25) 등으로 묘사하고 있다. 성경에는 불임 중에 하나님께 간구함으로 인하여 자녀를 낳은 기록이 있다. 이삭을 낳은 사라(창 11 : 30)는 야곱과 에서를 낳은 리브가(창 25 : 21) 그리고 라헬(창 30 : 1)은 요셉과 베냐민을 낳았으며 사무엘을 낳은 한나(삼상 1 : 5), 삼손을 낳은 마노아의 아내(삿 13 : 2, 3), 수넴여인(왕하 4 : 14), 엘리사벳(눅 1 : 7) 등이 있다.

성경에서 혼인예식에 관한 내용이 자주 언급됨으로 이스라엘의 결혼예식을 살펴보고자 한다.

히브리인들은 결혼을 1년 정도 남겨 두고 약혼식을 거행한다. 결혼식날 신랑은 친척, 친구들, 악기연주자, 노래하는 자들과 신부집에 도착한다. 결혼식은 밤에 거행되는데 신부 측에서는 신랑을 맞기 위해 등불을 든 사람을 예비한다(마 25 : 7). 신랑이 도착하면 신부는 부모의 축복을 받은 후에 하객들의 결혼축가 속에서 신랑에게 인도된다. 결혼식은 신랑집에서 열리는데 2-3일 정도 혹은 일주일 동안 거행된다. 신랑은 첫날밤을 지내고 신부의 순결을 확인한 후 결혼잔치에 참여한다.

12 "선교여행" 성경프로젝트

바울은 "작다"라는 의미를 담고 있으며 사울은 '요구하다"의 의미이다. 사울로 불려지던 이름은 사도행전 13장 9절 이후 사도 바울로 이름이 바뀌어진다. 바울은 길리기아의 수도인 다소 출생이며 베냐민 지파 사람이다(빌립 3 : 5). 히브리 신앙의 엄격한 규율 속에 성장했으며 헬라어를 말하는 유대인이고 로마시민으로서 주님의 사역에 중요한 역할을 감당한 사람이었다.

사도 바울은 안디옥 교회에서 선교사로 안수를 받고 정식으로 선교사로 출발하는 장면이 사도행전 13장에 기록되어 있다. 1차 선교여행의 처음에는 바나바가 중심인물로 출발하나 후에 바울로 바뀐다. 파송교회는 안디옥이며 이방인 최초의 교회다. 안디옥은 셀루코우스 1세가 자신의 아버지 안티오쿠스의 이름을 기리며 세운 도시 이름이다. 선교여행 출발은 1차, 2차, 3차 선교여행으로 진행되었다.

1) 1차 선교여행 : 13장-14장

안디옥 → 실루기아 → 배를 타고 → 살라미 → 바보 → 배를타고 → 버가 → 비시디아 안디옥 → 이고니온 → 루스드라 → 더베 → 루스드라 →이고니온 → 비시디아 안디옥 → 버가 → 앗달리아 → 배를타고 → 안디옥 으로 선교여행을 하였다.

2) 2차 선교여행 : 15장 36-18장 22절

사도 바울은 소아시아의 에베소에 가고자 했는데 하나님은 마게도니아, 즉 유럽의 고린도로 인도하셨다(행 16 : 6). 사도 바울은 마가를 동반하는 문제의 견해 차이로 바나바와 결별한다. 그 당시 유럽은 오늘날의 터키가 있는 아나톨리아 반도 맞은편에 있는 땅 오늘날의 이스탄불이 그 동쪽 경계가 되고 서쪽으로는 스페인과 바다 건너 영국까지를 말한다(이애실, 2003).

안디옥 → 다소 → 더베 → 비시디아 안디옥 → 드로아 → 배를 타고 → 네압볼리 → 빌립보 → 데살로니가 → 베뢰아 → 배를타고 → 아덴 → 고린도 → 겐그레아 → 배를 타고 → 에베소 → 배를타고 → 로도 → 배를타고 → 가이사랴 → 예루살렘 → 안디옥

3) 3차 선교여행 : 18장 23절-21장 16절

사도바울이 에베소를 선교지로 가려고 열망했던 것은 에베소는 소아시아의 로마령 수도였기 때문이다. 소아시아 지방이라면 무시아, 루디아, 카리아, 루시아, 그리고 서부 브루기아 등을 포함하는 지역이다(이애실, 2003).

안디옥 → 다소 → 이고니온 → 에베소 → 미둘레네 → 앗소 → 드로아 → 배를 타고 → 빌립보→ 데살로니가 → 베뢰아 → 고린도 → 베뢰아 → 데살로니가 → 빌립보 → 배를타고 드로아 → 앗소 → 미둘레네 → 배를타고 → 밀레도→ 배를타고 (고스, 로도를 거침) → 두로 →가이사랴 → 예루살렘(체포)

4) 바울의 선교여행 거리 목록표

사도 바울의 여행목록 및 거리(이애실, 2003)

참고성경	여행내용	거리
행 9 : 1~30	예루살렘 → 다메섹 → (아라비아) → 예루살렘 → 다소	690마일(아라비아 여행 제외, 갈 1 : 17~19)
행 11 : 25~26	다소 → 안디옥	90마일
행 11 : 30~12 : 25	안디옥 → 예루살렘 → 안디옥	560마일
행 13 : 4~14 : 28	1차 선교여행	1,400마일
행 15 : 12~30	안디옥 → 예루살렘 → 안디옥	560마일
행 15 : 39~18 : 22	2차 선교여행	2,800마일
행 18 : 23~21 : 17	3차 선교여행	2,700마일
행 27 : 1~28 : 16	로마여행	2,250마일
행 28 : 30 딤후 1 : 16~17 딤후 4 : 6, 13 딤전 1 : 3 딛 1 : 5, 3 : 12	1차 로마 감옥 수감 이후의 여행 (그레데, 드로아, 다게도냐 지역)	2,350마일

13 "왕" 성경프로젝트

북이스라엘의 역사는 여로보암에 대한 죄악에 대란 심판의 예고처럼(왕상 14 : 15) 잦은 군사 반란으로 점철되었다. 이는 북이스라엘 왕들이 정권을 잡은 후에 하나님의 뜻에 복종하여 종교, 사회, 도덕적인 개혁을 단행하는 일에 실패했기 때문이었다. 이에 비해 남 유다는 안정된 정권을 유지했다. 그것은 다윗과 솔로몬에 대한 하나님의 언약(왕상 9 : 5 ; 11 : 10-13) 때문이었던 같다. 정치적인 반란은 이스라엘의 지도자들을 징계하고 새로운 정권을 세우기 위해 하나님이 사용하신 방편이었다(미션성경).

열왕도표(이애실, 2003)

<table>
<tr><td>연대(BC)</td><td colspan="4">이스라엘 통일왕국</td></tr>
<tr><td>1020~1000</td><td colspan="4">사울</td></tr>
<tr><td>1000~961</td><td colspan="4">다윗</td></tr>
<tr><td>961~922</td><td colspan="4">솔로몬</td></tr>
<tr><td></td><td colspan="4">분열왕국</td></tr>
<tr><td>연대(BC)</td><td colspan="2">북방이스라엘</td><td>남방유다</td><td>연대(BC)</td></tr>
<tr><td rowspan="2">922~901</td><td colspan="2" rowspan="2">여로보암(1세)</td><td>르호보암</td><td>922~915</td></tr>
<tr><td>아비야</td><td>915~913</td></tr>
<tr><td>901~900</td><td colspan="2">나답</td><td rowspan="2">아사</td><td rowspan="2">915~913</td></tr>
<tr><td>900~877</td><td colspan="2">바사</td></tr>
<tr><td>877~876</td><td colspan="2">엘라</td><td rowspan="4">여호사밧</td><td rowspan="4">873~849</td></tr>
<tr><td>876</td><td>시므리</td><td>디브니</td></tr>
<tr><td>876~869</td><td colspan="2">오므리</td></tr>
<tr><td>869~850</td><td colspan="2">아합</td></tr>
<tr><td>850~849</td><td colspan="2">아하시야</td><td>여호람</td><td>849~843</td></tr>
<tr><td>849~843</td><td colspan="2">요람(여호람)</td><td>아하시야</td><td>843</td></tr>
<tr><td>843~815</td><td colspan="2">예후</td><td>아달랴 여왕
(다윗계열이 아님)</td><td>843~837</td></tr>
<tr><td>815~802</td><td colspan="2">여호아하스</td><td>요아스</td><td>837~800</td></tr>
<tr><td>802~786</td><td colspan="2">요아스</td><td>아마샤</td><td>800~783</td></tr>
<tr><td>786~746</td><td colspan="2">여로보암(2세)</td><td>아사랴(왕하 15)
웃시야(대하 26)</td><td>783~742</td></tr>
<tr><td>746~745</td><td colspan="2">스가랴</td><td>섭정시대
(대하 26 : 21)</td><td>750~742</td></tr>
</table>

745	살룸	요담	742~735
745~737	므나헴		
737~736	브가히야		
736~732	베가	아하스	735~715
732~724	호세아		
721	북이스라엘 멸망		
		히스기야	715~687
		므낫세	687~642
		아몬	642~640
		요시야	640~609
		여호아하스	609
		여호야김	609~598
		여호야긴	598~597
		시드기야	597~587
		남유다 멸망	587

14 "옛 이름" 성경프로젝트 1

워렌의 성경의 배경을 연구하는 방법에 해당하는 분야가 아닌가 생각한다. 성경이 쓰여진 지리, 역사적 사건, 문화, 정치적 상황 등을 알아보고 그 시대의 배경을 통하여 성경을 더 잘 이해하는 활동이라 할 수 있다.

성경에서 기록된 옛 이름은 현대의 어느 국가, 어느 지역을 지칭하는지 궁금하다. 예를 들어, 바벨론은 이라크이며, 바사는 이란, 그리고 마케도니아는 유럽 등이다. 그리하여 그 당시 옛 이름인 지역을 현재는 어떻게 불리워지며 어느 곳에 위치해 있는지를 알아보는 활동이다. 유치원 시기의 아동은 혹 어렵다고 할 수 있으나 초등학교 아동들 이상은 가능하다고 하겠다(웹바이블에서 인용).

1) 지명연구 : 가나안(Canaan)

(1) 지리

요단강 서편 전부이며 넓게는 시리아 일부까지 포함한다.

창 10 : 15-18 : 팔레스타인으로부터 오론테스 강에 이르는 커다란 해안 지역이다.

그리고 민 13 : 39 ; 민 14 : 25 ; 수 5 : 1 ; 수 11 : 3 ; 삿 1 : 27 : 가나안 사람들이 해안 지역과 요단강 계곡에 살았음을 나타낸다.

(2) 고고학적 발견 및 언어

1963년 K. M. 케년(Kenyon)이 발표한 것에 따르면 가나안 문화는 아모리 족속과 밀접한 관계를 지니고 있으며 이스라엘의 정복 이전부터 거주하였다고 한다. 언어로는 이집트의 상형문자 방식과 비슷한 필기체를 사용하였다.

(3) 사회

① **절대군주제** : 세금징수, 토지관할, 강제노동 동원(삼상 8장)

② 반자유민, 자유민, 노예계급의 사회조직

③ 봉건제도 실시

(4) 종교

① **엘** : 가나안 최고의 신

② **바알** : 다산(多産)의 신

③ **아낫**(Anath), **아세라**(Asherah), **아스다롯**(Ashtaroth) : 전쟁과 섹스와 농경의 신

(5) 현대의 중요 도시

1 아슈도드

① **지리** : 이스라엘 남서부 지역에 위치한 이스라엘 3대 무역항 가운데 하나이며 1956년부터 건설되어 1968년에 시로 승격되었다.

② **특징** : 인공 항구로서 시 전체가 방파제로 둘러싸여 있다.

③ **특산물** : 이스라엘 대부분의 감귤이 이곳에서 생산된다.

④ **산업** : 합성섬유, 정유소와 발전소가 있다.

⑤ **인구** : 약 74,700명 정도이다.

2 텔 아비브 야포

① **지리** : 지중해 연안에 있는 이스라엘의 도시이다.

② **역사** : 이집트 신왕국 시대에 중심지 역할을 했으며, 1126년에 십자군이 점령했으나 1345년 십자군이 위기를 맞자 이집트 맘루에 의해 파괴 되었고 항구는 봉쇄되었다. 벨푸어 선언과 1948년 이스라엘 독립 이후 인구의 증가로 중요한 상업, 교통, 문화의 중심지가 되었으며 1950년에 고대 야포항과 텔 아비브가 합병되어 형성되었다.

③ **산업 도시** : 이스라엘 공장 가운데 절반 이상이 이곳에 밀집되어 있으며, 섬유, 의류, 식품, 담배, 기계, 차량, 운송장비, 가구, 목제 산업 등이 발달하였다.

④ **관광 산업의 중심지** : 제일 중요한 명소로는 북쪽에 있는 휴양지 헤르츨리야가 있다.

⑤ **교통의 요충지** : 모든 버스와 트럭 회사의 전국 노선의 중심지이자 본부이다. 이곳에는 리다 공항이 있다.

⑥ **항구 도시** : 1965년 현대적인 아슈도드 항이 개항되면서 폐쇄되었다. 그 이전까지 이스라엘에서 2번째로 큰 항구였다.

⑦ **대학 시설** : 세 개의 주요 지역 병원을 통합하여 1953년 텔 아비브 대학을 설립하였다. 1955년에는 유대인 대학인 바르일란 대학이 세워졌다.

⑧ **음악 도시** : 중동 지역의 하나뿐인 이스라엘 필 하모니 오케스트라가 있다.

⑨ **이스라엘 오페라의 중심 무대** : 대표적인 공연장으로는 하비마 국립극장과 카메리 극장이 있다.

3 가자

① **역사** : 세계 대전 후 가자는 팔레스타인의 위임 통치령의 일부가 되었으며, 1947년 유엔이 팔레스타인 분활을 발표할 때 아랍 국가로 배정되었다. 1948년에는 이집트에 의해 점령되었고, 1949년 이스라엘과 이집트의 휴전 조인 당시까지 이집트가 소유하고 있었다. 현재 가자와 그 주변 지역은 팔레스타인에서 온 아랍 피난민으로 인구 과밀 현상이 계속되고 있다. 1956년 시나이 전쟁 중에 이스라엘의 점령 지역이 되었으나 국제적인 압력으로 철수하였고, 1967년 6일 전쟁으로 재점령된 뒤 지금까지 이스라엘의 통치를 받고 있다.

② **생산품** : 감귤의 생산지이며, 대규모의 채소 농장과 짙은 빛이 나는 도기류, 가공식품, 고급직물을 생산한다.

③ **관광 명소** : 6세기 비잔틴 시대에 건설한 항구의 한 건물의 모자이크 마루에는 다윗 왕이 그리스 영웅 오르페우스와 같은 복장을 하고 하프를 켜는 모습이 있디.

2) 지명연구 : 나사렛(Nazarcth)

(1) 지명의 의미와 위치

나사렛의 그리스식 지명은 '나자렛'(Nazareth)이며 히브리어의 '네트세르'(rctn)를 번역한 것이다. 구약성경에는 단 한 번도 도시의 이름이 언급되지 않았다.

유다 전쟁 당시 군 작전을 위하여 갈릴리 지역을 담당한 역사가 요세푸스는 그의 글에 갈릴리 지역의 45개 지역에 대한 명칭을 적으면서도 나사렛은 언급하지 않고 있다.

구약성경이나 요세푸스, 그리고 탈무드에 단 한 번도 나사렛이라는 이름이 등장하지 않았음에도 불구하고 나사렛이 오래 전부터 인간이 거주했다는 증거가 고고학적 발굴을 통하여 입증되고 있다. 가이사랴에서 발견되어진 3세기 말에서 4세기 초의 유적에는 나사렛이라고 하는 도시명이 등장한다. 유세비우스는 "다볼 산 근처에 있는 나사렛"이라고 나사렛의 지리적 확실성에 대하여 말한다.

나사렛의 지명은 '쏘다' 혹은 '싹, 가지'의 의미를 지니고 있다. 하지만 다른 학설에 따르면 도시의 이름이 팔레스타인 지역을 가장 잘 살필 수 있는 마을 뒤에 위치한 언덕의 이름과 연관되었음이 분명하며, 의미 역시 망을 보는 것과 관련된 히브리어 노트세아(notserah)에서 왔다고 생각한다.

나사렛은 370m의 고지에 세워져 있으며 지리상의 위치는 갈릴리 아래쪽으로 22.4Km가 떨어져 있고, 다볼 산에서는 서쪽으로 9Km의 지점에 위치하여 하이파 근처의 북쪽 이스라엘에 있는 조용한 분지 마을이다.

(2) 과거와 현재

[1] 과거의 모습

① 예수님 당시 나사렛은 30-50호 가량되는 400명이 안 되는 주민들이 살았던 아주 작은 마을이었으며 주로 농사를 짓는 사람들과 장인들이 모여 살았던 곳이었다.

② 제2차 성전이 무너진 후 유대인들이 살았었다. 나다나엘의 말에서 보듯이(요 1 : 46) 나사렛은 평판이 좋지 않았다. 이는 갈릴리 지역의 사람들은 무례하고 교육받지 않은 사람들로 취급되었던 까닭이다. 당시의 갈릴리

지역의 거주민들이 폭넓게 이방인과 접촉하고 있어서 순수함을 잃어버렸다고 하는 생각이 유대인들 가운데 편만해 있었다.

③ 하지만 다른 견해에서 본다면 이스라엘 사람들은 메시아의 출현을 베들레헴(미 5 : 2)이라고 굳게 믿은 까닭에 다른 도시에서의 메시아 출현을 이해하지 못하였다.

2 현재의 모습

① 나사렛의 현재 이름은 엔나지라(en-Nazirah)이며 거주민은 약 52, 000명(1990년)이다. 현재의 도시는 고대의 도시보다 약간 더 아래쪽 분지에 위치하고 있다.

② 이집트와 아시아 내부 사이의 주요한 도로는 다봄 산 아래의 나사렛을 지나며 계속해서 북쪽으로 다마스커스에 이어진다. 고대의 도시는 단 하나의 우물만을 남기고 있다.

(3) 성경적 배경

① 나사렛은 그의 부모 요셉과 마리아의 고향이자(눅 2 : 39) 예수님의 고향이다. 이곳에서 천사가 마리아에게 예수의 탄생을 예고하는 수태고지를 하였다(눅 1 : 26-28). 예수께서 이 마을에서 자라셨고(눅 4 : 16), 젊은 날을 보내신 이유로 사람들이 예수님을 '나사렛 사람'이라 부르고, 그를 따르던 제자들을 '나사렛당'이라 명했다.

② 지금도 이스라엘에서는 이러한 연유에서 크리스천을 '노쯔림'이라 부르는데 이 말의 뜻이 나사렛당이다. 이곳 회당에서 예수님도 설교하셨다(마 13 : 54).

③ 예수님은 공생애 당시 이곳에서 두 번 쫓겨나시자(눅 4 : 16-29 ; 마 13 : 54-58) 그 주민들의 불신앙을 꾸짖으시며 그곳을 떠나셨다.

④ 예수님의 부모들이 나사렛에 살게 된 것은 아마도 유대의 왕족의 하나로

서 바벨론으로 포로로 잡혀갔다가 돌아올 때 이곳에 머물게 된 조상들에 의하여 정착하게 된 것으로 추정한다. 그곳에는 예수님의 육신 부모와 형제인 야고보, 요셉, 시몬, 유다와 자매들이 살고 있었다(마 13 : 55, 56).

(4) 역사적 변천 과정

① 주전 722년에 앗수르에 의하여 북쪽 왕국이 멸망되고, 주전 586년에 바벨로니아에 의하여 남쪽 유다가 멸망된다.

② 멸망한 후 이스라엘은 바사(페르시아)의 소유가 되었고, 이 땅은 3개의 큰 지역으로 분할된다. 북부 지역은 갈릴리, 중부 지역은 사마리아, 남부 지역은 유다라는 이름으로 이루어진다.

③ 나사렛이 속해 있는 갈릴리는 '굴러간다'라고 하는 길이라는 말에서 유래하였고, 사 9 : 1에 이방의 갈릴리라는 말이 나오는 것처럼 갈릴리는 이방인들로 싸여 있었고, 예수님 당시에는 이단자들의 땅이라는 의미로 불리었다.

(5) 유적 소개

① 나사렛에는 마리아의 집이라 알려져 있는 곳에 1968년에 세워진 수태고지 교회가 있다. 유명한 이탈리아 건축가 뮤지오에 의하여 설계된 교회인데 성지에 있는 교회 중에 가장 규모가 크다.

② 그 가까이에는 요셉의 작업장이라고 알려진 곳에 1914년 세워진 요셉 교회가 세워져 있다. 교회 왼쪽 벽에는 예수님의 어린 시절에 아버지 요셉과 어머니 마리아와 함께 그 작업장에 있는 아주 따뜻하고 포근한 느낌의 성가족 그림이 인상적이다. 그리고 지하실에 남아 있는 비잔틴의 침례탕은 예수님 당시 요셉과 그의 가족들의 결례탕으로 추정된다.

③ 그 마을로 들어가는 입구에 있었던 샘을 중심으로 형성된 마리아의 우물이라고 불리는 곳이 있는데, 이 우물은 고대로부터 현재에 이르기까지

마을의 식수원으로 사용되어지고 있다. 바로 이곳에 희랍 정교회가 세운 수태고지 기념교회가 있다. 아마도 마리아는 자주 이곳에 물을 길러 왔을 것이고 예수께서도 이 우물가에 그의 어머니와 함께 자주 다녔을 것이다. 마을을 벗어나 남쪽 동산에 오르면 그곳에는 이스르엘 평야가 한눈에 들어온다.

④ 인구 : 약 120,000명 정도이다(http : //chukbok.onmam.com/default.asp "주안에서 거룩한 삶 바이블", 웹바이블 인터넷인용).

15 "모르쇠" 성경프로젝트

'모르쇠'의 의미는 아는 것이든 모르는 것이든 모두 모른다고 잡아떼는 것을 의미한다.

인간에게는 사회를 살아가면서 상호간에 지켜야 할 것들이 있다. 물론 십계명에도 하나님을 잘 섬기는 것에 관한 것과 가정을 이루고 이웃과 더불어 살아가는 우리의 생활 전반에 하지 말아야 할 것을 명시하고 있다. 그러나 성경에는 이러한 것을 무시하고 모르쇠로 일관하는 사람들이 있다. 그리하여 모르쇠 프로젝트로 하였으며, 프로젝트 활동을 하면서 그런 사건들이 우리에게 주는 교훈이나 적용점 등을 찾아볼 수 있을 것이다.

① 유다의 며느리 다말은 남편이 죽고 시동생들과의 결혼이 잘 이루어지지 않으므로 후손을 낳기 위해 시아버지를 선택하여 자손을 얻는(창 38 : 15) 부끄러운 일을 이루었다. 다말은 창녀로 가장하여 시부와 관계를 맺었고 그 이후 쌍둥이 베라스와 세라를 낳았고 베레스는 다윗의 10대조가 된다.

② 기생 라합(수 1 : 1, 9, 15, 18)은 싯딤에서 정탐꾼 두 사람을 숨겨 주며

"내가 너희를 선대한 것처럼 너희도 우리를 선대하라(수 1 : 12)"고 요청한다. 모른다고 일관한 기생 라합은 멸망받을 자였으며(롬 6 : 23), 죄인이었으나 가족과 함께 구원을 얻었으며, 그의 믿음의 행위로 인하여 예수님의 조상이 되는 축복을 받았다. 이와 같이 그리스도는 유다, 베레스, 다말, 라합 등 그러한 사람들에게서 그의 은혜를 확대하시면서 오시게 되었다(기생 라합은 거짓말 프로젝트를 참조).

③ 압살롬은 다윗을 반역하고 자신이 왕이 되려고 아버지를 배역하는 행위를 행하다 결국엔 죽임을 당한다(삼하 15 : 7-18 ; 15).
압살롬의 의미는 "아버지(하나님)는 평화"라는 뜻이다.
그술 왕 달매의 딸 마아가의 소생인 다윗의 세째 아들이다(삼하 3 : 3). 그는 헤브론에서 출생하였으며 누이 다말과 같이 용모가 아름다워 그 때문에 교만해졌다. 누이 다말이 사촌인 암논에게 순결을 잃고 모욕을 당했을 때, 다윗이 이를 벌하지 않았기 때문에 2년 후 그는 잔치를 베풀고 암논을 죽인다. 그 후 그술로 도망가 3년간을 거기서 보냈(삼하 13 : 19-39)으며 후에 요압의 주선으로 압살롬은 다윗 왕으로부터 귀환이 허락되어서 예루살렘으로 귀환하게 된다.
압살롬은 반역을 계획하였으며 헤브론은 그의 출생지이다. 압살롬이 이렇게 반역한 것은 솔로몬이 왕위 계승자라는 것을 알고 불만을 품었기 때문이었다.
아히도벨은 자기의 계책이 채택되지 않았음을 보고 반란이 끝났음을 판단하고 집으로 돌아와 목매어 자살했다. 압살롬은 말을 타고 도망쳤다. 급히 달리던 그는 상수리나무 가지에 머리털이 걸려 매달리게 되었다. 이를 본 요압과 그 부하들은 압살롬을 창으로 찔러 그는 비참하게 죽었다. 압살롬의 죽음을 듣고 매우 슬퍼했다.

④ 다윗은 선한 사람이었지만 우리야의 아내 밧세바와 범죄한 후 그 죄를

덮으려 하나 뜻대로 되지 않으니 우리야를 전쟁터로 내보내 죽게 한다(삼하 11 : 14). 나중에 나단 선지자를 통하여 빨리 회개한 다윗은 밧세바가 낳은 아들이 8일만에 죽게 되고 후에 솔로몬을 낳는다.

16 "부활" 성경프로젝트

부활의 의미는 죽은 자가 다시 살아나서 새 생명을 얻는 것을 의미한다. 죽었다가 다시 살아나서 부활을 경험하는 사람들이 간혹 있기도 하다. 그러나 성경에는 죽었다가 다시 살아난 사람들이 기록되어 있으며, 가장 확실한 근거는 예수님께서 죽으셨다가 삼일 후에 살아나신 사건이다. 그리하여 성경에 등장하는 나사로, 야이로의 딸, 두기고, 과부의 아들, 예수님 등은 죽었다 살아난 사람들이다. 이러한 과정을 통하여 우리의 영혼을 구원한 주님의 큰사랑을 알아가는 활동이다.

나사로, 야이로의 딸, 유두고(행 20 : 8), 과부의 아들, 예수님 등 성경에는 죽었다가 살아난 사람들이 기록되어 있다. 예수님의 부활은 너무도 소중한 것이지만 성경에서 죽었다가 살아난 사람들을 찾아보며 하나님의 능력을 더욱 이해할 수 있는 프로젝트 활동이다.

1) 부활이 증거하는 사실(임용재b, 2003)

- 그리스도의 신성을 나타낸다(롬 1 : 4).
- 그리스도의 복음의 진정성을 나타낸다(고전 15 : 14, 17).
- 사랑에 대한 그리스도의 승리(고전 15 : 17-20)
- 하나님의 능력(엡 1 : 19, 20)

- 성도의 부활의 확실성(살전 4 : 13-18)
- 사탄의 궁극적 패배(계 1 : 18)

부활은 하나님의 영광을 위함이라고 요한복음 11장 4절에 기록되어 있다. 그리고 성도의 죽음은 다음과 같을 때 허용하신다(임용재, 2003).

- 생명의 연수가 다 하였을 때(욥 30 : 23).
- 이 땅에성의 삶보다 더 유익하다고 보실 때(눅 16 : 22)
- 하나님의 영광을 보이기 위해(요 11 : 4-15)
- 다른 사람을 하나님께 돌아오도록 하실 때(빌 1 : 2)
- 안식을 주시기 위할 때(계 14 : 13)

2) 죽음의 의미

예수님의 죽음과 부활의 의미는 다음과 같다(임용재b, 2003).

- 우리의 죄를 위하여 내어 준 대속의 죽음(롬 4 : 25)
- 옛 사람을 멸하기 위하여(롬 6 : 6)
- 사탄의 권세를 이기심(히 2 : 14, 15)
- 하나님께 나아갈 길을 만든 죽음(히 10 : 19, 20)
- 많은 생명을 낳기 위한 죽음(요 12 : 24, 25)

3) 부활의 의미

- 하나님의 아들임을 증명(롬 1 : 4)
- 성경의 예언 성취(시 16 : 10)
- 성도의 미래의 부활의 보증(살전 4 : 14)
- 복음의 중심 진리(고전 15 : 1-6)
- 그리스도인 삶의 능력과 기반(갈 2 : 19, 20)

17 "살인" 성경프로젝트

현대에는 인명경시 풍조로 인하여 물질, 원한, 갈등 등으로 인하여 많은 사람들이 살인을 행하고 있다. 또한 남을 해치기도 하지만 자신이 목숨을 끊는 자살의 경우도 많이 발생한다. 자신의 생명은 포기하고 타인의 생명도 가볍게 여기는 시대가 되었다. 생명존중이 사라지고 있으므로 더 늦기 전에 생명의 소중함을 되새겨 보아야 할 것이다. 살인 프로젝트 활동을 학습한 후에는 모든 생명은 하나님으로부터 기인하여 우리가 생명을 마음대로 다룰 수 없으며 그 결과는 죄인 것을 깨닫게 하기 위하여 살인 프로젝트를 다루었다. 성경에도 살인이 언급되는데 최초의 살인을 저지른 가인이 아벨(창 4 : 3-8)을 죽이므로 최초의 살인자가 된다. 가인의 뜻은 "획득" 혹은 "소유"를 의미한다. 가인으로부터 시작된 살인행위는 그 이외에 야곱의 딸 디나가 추장인 세겜에게 강간을 당하자 야곱 아들들이 세겜족과 결혼조건으로 할례를 요청한 후 시므온과 레위가 앞장서서 하몰과 세겜을 죽이는 복수가 벌어진다(창 34 : 25). 또한 삼손의 복수(삿 16 : 30) 등이 있으며 다른 사람에 의해 생명을 잃고 순교자가 된 사람들도 있다.

살인을 행한 사람 중에 이세벨은 선지자들을 많이 죽였다(왕상 18 : 4). 요아스 왕이 스가랴의 아버지 여호야다가 베푼 은혜를 생각지 않고 스가랴(대하 24 : 21, 22)를 죽였다. 침례(세례) 요한도 헤롯에 의해 죽임을 당했다(마 14 : 2-12). 사가랴(눅 11 : 51)와 스데반(행 7 : 57-60), 야고보(행 12 : 2), 인디비(계 2 : 13) 등이 죽임을 당하고 순교하였다. 또한 사울 왕은 다윗을 죽이지는 못했지만 끊임없이 죽이려는 불의한 살인의도가 있었다(삼상 29 : 34). 나실인으로서 성장하여 놀라운 힘의 위력이 머리카락에서 나온다는 사실을 사랑하는 여인 들릴라에게 고백한 후 그의 삶은 힘을 발휘할 수 없는 비참함에 이르고 결국

마지막에 불레셋 사람들을 죽이기 위하여 눈이 보이지 않는 상황에서 다곤 신상에서 두 기둥을 뽑아 집이 무너져 많은 사람을 죽인다(삿 16 : 30).

다른 사람을 죽이는 살인행위도 하나님 앞에 범죄이지만 자신의 생명을 끊는 자살행위도 범죄이다. 자살을 금하는 근거를 성경에서 찾아보면 다음과 같다.

- 우리는 하나님의 형상대로 지음받은 몸이기 때문이다(창 9 : 5, 6).
- 하나님만이 모든 생명의 주인이시기 때문이다(욥 27 : 3).
- 생명은 온 천하 보다 귀한 것이기 때문이다(마 16 : 25, 26).
- 우리의 몸은 성령이 거하시는 전이기 때문이다(고전 6 : 19).
- 자살한다고 해서 문제해결이 될 수 없다(삼하 17 : 23). 자살이 도피가 되는 것 보다 생명의 주인되신 하나님께 순종해야 한다.

생명의 고귀함을 일깨워 주는 것은 예수그리스도이다. 우리의 생명의 주인은 하나님이시다. 우리 모두는 말씀을 통하여 생명의 주인되신 하나님께 생명을 맡겨야 한다. 성경의 이사야 53장 10-12절에 "그는 실로 우리의 질고를 지고 우리의 슬픔을 당하였거늘 우리는 생각하기를 그는 징벌을 받아 하나님께 맞으며 고난을 당한다 하였더라. 그가 찔림은 우리의 허물 때문이요 그가 상함은 우리의 죄악 때문이라. 그가 징계를 받으므로 우리는 나음을 받았도다. 우리는 다 양 같아서 그릇행하여 각기 제 길로 갔거늘 여호와께서는 우리 모두의 죄악을 그에게 담당시키셨도다(사53 : 4-6)"라고 기록하고 있다.

하나님께서는 우리를 구원하시기 위해 예수님께 상함을 받게 하셨고 질고를 당하게 하셨다. 그리고 예수님의 손으로 하나님께서 기뻐하시는 뜻을 성취하실 것이며, 예수님께서 자기 지식으로 많은 사람을 의롭게 하며 그들의 죄악을 친히 담당할 것이다. 그리고 자기 영혼을 버려 사망에 이르며, 많은 사람의 죄를 담당하며 범죄자를 위하여 기도하였다. 그러므로 우리의 생명은 고귀한 것이다.

온전한 사람은 자신을 사랑하고 수용하는 것 뿐 아니라 다른 사람도 자신과 같이 사랑하고 수용하는 사람이다. 그러한 생각을 가지고 모든 이들을 진정으로 사랑할 때 바로 나를 사랑하는 것이다. 그러므로 나의 사랑하는 가족을 위해 친구들을 위해 나는 존재해야 하며 하나님의 영광을 위해 사명을 감당하기 위해 나는 존재해야 하는 것이다.

18 "성막" 성경프로젝트

성막의 모형은 하나님께서 모세에게 주셨다(출 25-40장).

성막은 구약 이스라엘 백성이 애굽을 떠날 때의 기쁨과 승리로운 삶 대신 원망과 시비로 신앙생활에 혼란이 왔을 때 모세를 통해 십계명을 주셨고 계명을 지키며, 하나님과 교통하게 하려고 주신 특별한 은혜의 집이며, 제사의 처소로서 범죄한 자들이 속량과 구속을 얻는 성전이었다. 모세는 성막을 세워 백성들을 모이게 했고 하나님과 백성들이 같이 거할 수 있는 처소인 성막을 완성하기 위하여 많은 물건들을 모았다. 성막은 그리스도와 십자가의 구속을 의미하는 상징이기도 하다.

성막은 하늘에 있는 원형의 모형으로 하나님께서 직접 설계하시고 하나님의 명하신 대로 지어진 하나님의 집이었다. 완성된 성막에 하나님께서 영광 중에 임재하심으로 백성들의 죄를 속량하시고 음성을 들려주시고 갈길을 인도하며, 성공적이고 복된 신앙생활을 하게 하셨다(정사무엘, 1991).

▌성막의 건축자(출 31 : 1-3)▐

① 성막 건축을 위하여 브살렐과 오홀리압을 세웠다.

② 특별한 사역을 위하여 성령으로 충만케 하였다.

③ 마음이 지혜로운 사람들이 성막을 짓도록 하였다(출 36 : 1-2).

④ 자원한 사람들을 불러서 성막을 짓게 하였다(출 36 : 2).

⑤ 성막짓는 일에 하나님의 백성은 다 참여해야 한다(출 35 : 20-29).

▌성막의 건축재료들▐

1 금속류

① 금(출 25 : 3)

② 은(출 25 : 3, 38 : 19)

③ 놋(출 25 : 3)

2 섬유류

① 청색실(출 25 : 4)

② 자색실(출 25 : 4)

③ 홍색실(출 25 : 4)

④ 가는 베실(출 25 : 4)

⑤ 염소털(출 25 : 4)

3 수피류(출 25 : 5)

① 붉은 물들인 수양의 가죽(양피)

② 해달의 가죽(출 25 : 5)

4 목재류(출 25 : 5)

① 조각목(일명 싯딤나무 신 10 : 3)

5 향유류

① 향은 성도의 기도를 의미(계 5 : 8, 8 : 3)

② 등유(출 25 : 6) : 감람으로 찧어낸 순결한 기름

③ 관유(출 25 : 6) : 감람유에 액체 몰약과 육계와 창포와 계피를 섞어 만든 기름(출 30 : 23-24)

6 보석류

에봇과 흉패에 물릴 12종류의 보석(출 39 : 10-13)이다.

홍보석, 황옥, 녹주옥, 석류석, 남보석, 홍마노, 호박, 백마노, 자수정, 녹보석, 호마노, 백옥이다.

▌성막 안에 있는 기구▐

① 법궤 : 싯딤나무로 지어졌다. 법궤 안에는 만나담은 항아리, 아론의 싹난 지팡이, 언약의 비석이 들어 있다.

② 속죄소 : 정금으로 마들어졌다. 여호와가 나타나시는 보좌이며, 거룩한 곳이다.

③ 떡상 : 싯딤나무와 정금으로 만들었으며 하나님 앞에 진설하는 떡을 놓는 상이다. 진설병을 항상 하나님 앞에 두기 위하여 마들어젓다(출 24 : 5-9).

④ 금등대 : 성소를 밝게 하기 위해 만들어진 것으로서, 정금 한 달란트, 불집게, 불똥, 그릇은 정금으로 만들어졌다.

▌성막▐

싱막을 덮는 막

① 젓째 앙상 : 청색, 사색, 홍색실로 그룹을 정교히 수를 놓아 만든 것

② 둘째 앙장 : 염소 털, 놋, 살고리 50으로 싱믹 덮개를 민든 것

③ 셋째, 넷째 앙장 : 수양의 가죽을 붉게 물들여 외막을 덮고 해날의 가죽으

로 옷 덮개를 만든 것

④ **앙장** : 성소 안쪽에 덮는 앙장

⑤ **재료** : 세마포 10폭, 금고리 50

▌번제단(출 27 : 1-8)▐

'단'은 히브리어의 '미즈베아'이며 희생제물을 죽이거나 태우는 제단이며 '죽이다'는 의미를 가지고 있다.

향로에 피운 불은 반드시 번제단 위에서 피운 불이어야 한다.

① **재료** : 조각목을 정금으로 싼 것

② **식양** : 장광이 1규빗씩 네모 반듯하게 성소 입구, 성막문 앞에 두었다(출 40 : 6, 29)

③ **재료** : 조각목, 놋

④ **목적** : 제사를 드리기 위함

⑤ **식양** : 네모난 상, 네 모퉁이에 놋으로 만든 뿔, 제단 중간에 놋 그물을 놓고 양편에 고리호 채를 꿰어 메고 다님

⑥ **번제단의 부속기구들** : 재담는 통, 부삽, 대야, 고기 갈고리, 불 옮기는 그릇

▌번제단에서 드리는 제사의 종류▐

1 번제(레 1 : 1-17)

① 히브리어로 '올라'인데 '올라간다', '상승한다'의 의미를 가지고 있다.

② 흠 없는 수컷(소, 양, 비둘기)로 드려야 한다.

③ 번제의 영적 교훈은 하나님께 대한 인간의 자발적인 헌신과 봉사를 의미한다.

2 소제(레 2 : 1-16)

① 히브리어로 '민하'이며 선물, 기념물, 현물의 뜻을 가지고 있다.

② 고운가루

③ 고운가루로 드릴 경우는 기름을 넣어 잘 섞는다(레 2 : 3). 구운 떡으로 드릴 경우는 누룩을 넣지 않는다(레 2 : 4). 솥에 삶을 경우는 고운가루와 기름을 섞어 만든다.

④ 소제의 영적 교훈은 고운가루로 드리는 것은 부서진 우리의 인격을 말하며 오늘날의 소원예물, 예물선물이라고 할 수 있다(정사무엘, 1991).

3 화목제(레 3 : 1-17)

① 히브리어로 '쉘렘'이며 보답, 감사의 의미를 지닌다.

② 흠 없는 암소 혹은 수소(레 3 : 1-5), 흠없는 암양 혹은 수양(레 3 : 6-11), 염소(레 3 : 12-17)로 드린다.

③ 화목제는 예수 그리스도 자신이며 오늘날의 감사헌금에 해당된다.

4 속죄제(레 4 : 1-5 : 13)

① 히브리어로 '하타트'이며 '하타'에서 유래된 것으로서 '과녁을 못 맞추다', '빗나가다', '과오'의 의미를 지니고 있다.

② 흠 없는 수송아지로 드린다.

③ 속죄제는 예수 그리스도를 예표한다. 그러므로 내가 죄인임을 먼저 깨닫는 것이다.

▌성막 뜰(출 27 : 9-19)▐

성막을 바라 볼 때 성마을 깨끗한 세마포로 둘러싼 울타리이다.

① **크기** : 길이는 동에서 서쪽까지 100규빗, 넓이는 남에서 북쪽까지 50규빗

② **출입문** : 동쪽에 20규빗 넓이의 문

③ **식양** : 놋과 은 그리고 길이 100규빗, 넓이 50규빗, 높이 5규빗의 세마포 휘장으로 되어 있음.

▌물두멍(출 30 : 17-21, 38 : 8)▐

히브리어 '키요르'이며 둥근 화로(슥 12 : 6), 강단(대하 6 : 13), 대야(왕상 7 : 38)의 의미를 가지고 있다.

재료는 받침대까지 놋으로 만들어졌고, 회막과 단 사이에 두고 물을 담을 것, 회막에 들어 갈 때 물로 씻는다. 손과 발을 씻는 것인데 손은 인간의 행위를 의미하고 발은 신앙노선을 의미하는데 손과 발을 씻는다는 것은 회개를 의미한다. 번제단은 중생이 이루어지고 성화는 물두멍에서 이루어진다(정사무엘, 1991).

▌성막문(출 27 : 16)▐

성막문은 성소와 지성소가 있는 장막 앞의 뜰 중앙에 동편으로 있었다.
문은 반드시 동쪽에 만들었다.
문은 오직 하나이었다.
문에는 청, 자, 홍색실과 가늘게 꼰 베실로 수놓아 짠 휘장을 달았다.
문이 되신 예수 그리스도를 믿고 들어오기만 하면 구원을 얻는다.

▌향의 종류▐

① **소합향** : 나무에서 저절로 나오는 향
② **나감향** : 조개류의 껍질을 빻아 만든향
③ **풍자향** : 고무나무에서 나오는 향
④ **유향** : 악취를 제거하기 위해 죽은 시체에 바르는 향(임용재a, 2003)

19 "절기" 성경프로젝트

절기의 의미는 "민족적 종교적으로 중요한 사건들을 기념하기 위해 지키는 정기적인 의식 또는 축제를 말한다. 고대 이스라엘에서는 공동체적 감사를 위해 절기를 지켰다(아가페 성경사전, 2002)."

이스라엘 민족의 초창기에는 '순례절기'와 '기타절기'사이에 구별이 있었다. 순례절기에는 태양력에 의해 계산된 공동적인, 즉 무교절, 칠칠절(오순절), 초막절에 한정되었다. 바벨론 포로기 후에 오경의 규정에 입각하여 '정경적 절기'들과 구별이 이루어졌다. 정경적 절기로는 안식, 월삭, 안식년, 희년, 유월절과 무교절, 칠칠절, 초막절(수장절) 등이 있다(아가페 성경, 2002).

다음은 구약에 나오는 7대절기를 제시한 것이다.

7대 절기(임용재a, 2003)

절기명	날자	지키는 방법	참고귀절
유월절	정월 14일 저녁	무교병, 어린양, 쓴나물, 피뿌림으로 인한 구원, X의 구속사역 암시	레 23 : 5, 출 12 : 1-28, 43-49, 출 34 : 25 민 28 : 9, 16, 신 16 : 1, 눅 2 : 41, 마 26 : 19
무교절	정월 15일 저녁/7일간	7일간 무교병 먹음/첫날과 끝날에 성회로 모이고 노동하지 않음	레 23 : 6-8, 출 12 : 15-20, 출 13 : 3-10, 출 34 : 18, 민 28 : 17 25, 신 16 : 3-8
추수절 (초실절)		첫 이삭을 제사장에게 가져가 하나님 앞에 요제로 드림, 부활의 첫 열매 X의 상징(고전 15 : 20)	출 23 : 19, 출 34 : 26, 신 26 : 2, 10. 민 13 : 20 느 10 : 36, 렘 2 : 3, 레 23 : 9-14

오순절 (칠칠절) (맥추절)	요제드린 후 50일 후	성회로 모이고 노동하지 않음 추수곡식에 대한 감사, 성령강림을 상징(행 2 : 1-4)	레 23 : 15-21, 민 28 : 26-31, 신 16 : 9-12
나팔절	7월 1일	X안에서의 성도의 새 생활 암시	레 23 : 23-25, 민 29 : 1-9
속죄절	7월 10일	아무 일도 하지 말라 X속죄사역 상징(히 9 : 25, 26)	레 23 : 26-32, 민 29 : 7-11, 레 16 : 29
초막절 (장막절) (수장절)	7월 17일 ~7일간	첫날과 8일째 되는 날을 성회로 지킴, 7일간 초막에 거함, 성도의 나그네 인생길 상징	레 23 : 33-37, 출 23 : 16, 출 34 : 22, 민 29 : 12-32, 신 16 : 13-16

20 "기도" 성경프로젝트

솔로몬은 물질축복이나 승리를 구하지 않았다. 하나님의 뜻에 합당한 기도를 하였기에 그는 더욱 많은 축복을 받았다. 기도는 하나님의 힘을 빌어 인간의 이기적인 욕심을 채우려고 하는 행위와는 구별되어야 한다. 성경적인 기도(왕상 3 : 6-9)는 먼저 하나님의 나라와 그 의를 구하는 자는 모든 것을 얻을 수 있다.

우리가 기도해야 하는 기도의 중요성은 다음과 같다.

- 하나님과 영적 교제의 통로가 된다(사 55 : 6).
- 주님의 뜻을 알게 되는 기회가 된다(삼하 7 : 27).
- 회개의 기회가 된다(요일 1 : 9).
- 소원하는 것을 이룬다(빌 4 : 6).
- 은혜의 통로가 된다(마 18 : 19).

- 담대함을 얻게 된다(히 4 : 15, 16).
- 평안을 회복하는 기회가 된다(히 13 : 20).

또한 기도를 함으로 인하여 우리가 얻는 유익은 다음과 같은 것이 있다. 첫째, 욥기 33장 12절에서 13절에 기록된 바와 같이 하나님을 인식하게 된다. 둘째, 역대하 7장 14절 말씀과 같이 진리를 깨닫게 된다. 셋째, 시편 107편 17절에서 20절의 말씀과 같이 위기를 극복한다. 넷째, 마태복음 26장 41절과 같이 죄의 유혹을 물리칠 수 있다. 다섯째, 누가복음 18장 1절과 같이 자기 자신을 통제하게 된다. 여섯째, 야고보서 5장 14절과 같이 능력을 받는다. 일곱째, 요한복음 14장 13절과 같이 하나님께 영광을 돌리게 된다. 또한 기도에는 종류가 있는데 다음과 같다.

- 지극히 높으신 하나님께 대한 경배와 찬양이다(단 4 : 34-35).
- 죄를 사함받기 위한 죄의 고백이다(요일 1 : 9).
- 자신과 모든 이들을 위한 간구이다(딤전 2 : 1-3).
- 다른 사람을 위한기도, 즉 중보기도이다(약 5 : 15).
- 아무 염려하지 않고 하는 감사의 기도이다(빌 4 : 6).

또한 기도를 통하여 영육이 모두 축복받는 기도는 다음과 같은 것을 구하는 것이다.

- 주님의 뜻에 순종하는 기도(삼상 15 : 22)
- 축복은 양보 말고 노력하여 얻는 것(계 3 : 11)
- 원수 맺지 말고 화목하는 것(마 5 : 24)
- 한 알의 밀알과 부활의 신앙을 유지하는 것(고전 15 : 20)
- 충성된 종의 삶을 사는 것(마 25 : 23)
- 다른 사람에게 상처를 주지 않는 것(히 13 : 17)

- 교회에서 능력을 옮기는 봉사를 실행하는 것(출 27 : 3) 등이라고 할 수 있다.

성경에는 기도하는 시간이 기록되어 있다.

- 아침에 한 기도(시 5 : 3)
- 하루 종일(시 86 : 3)
- 밤에 한 기도(시 119 : 55)
- 하루에 세 번 한 기도(단 6 : 10)
- 밤이 맞도록 한기도(눅 6 : 12)
- 무시로 한 기도(엡 6 : 18) 등이다.

또한 기도하는 장소는 산꼭대기(출 17 : 9), 강가(행 16 : 13), 산위(눅 9 : 28), 감옥(행 16 : 25), 바닷가(행 21 : 5), 다락방(행 1 : 13), 집(행 12 : 12), 고기뱃속(욘 2 : 1), 침상(시 6 : 6), 지붕(행 10 : 9), 배(행 27 : 37), 성전(시 5 : 7), 골방(마 6 : 6), 제단아래(계 6 : 9), 한적한 곳(막 1 : 35), 십자가위(눅 23 ; 33) 등으로 나타나 있다.

기도의 응답에도 응답받기 위한 조건들이 있는데 다음과 같은 조건이 있다.

- 먼저 회개할 것(대하 7 : 14)
- 전심으로 찾고 찾아야 함(렘 28 : 13)
- 죄지은 자를 용서할 것(마 6 : 12)
- 구한 것은 받은 줄로 믿는 것(막 11 : 24)
- 주님 뜻대로 구할 것(요 9 : 31)
- 계명을 지키고 순종 할 것(요일 3 : 22) 등이다.

반면에 응답을 받지 못하는 기도가 있다. 즉 응답 없는 기도의 원인으로는 불순종(삼상 14 : 37), 은밀한 죄(시 66 : 18), 무관심(잠 1 : 28), 자비를 베풀지 않음(잠 21 : 13), 율법을 무시함(잠 28 : 9), 피흘림(사 1 : 15), 죄악(사 59 : 2), 완악함(슥 7 : 13), 의심(약 1 : 6), 방종(약 4 : 3)(임용재b, 2003) 등이다.

21 "영어 의미" 성경프로젝트

교회학교 초 · 중 · 고 · 대학생 이상의 학생들과 청년들은 성경의 종류에 따라 의미를 설명해 놓은 서로 다른 영어 성경을 통해 성경프로젝트 활동을 할 수 있다. 성경의 영어 의미를 서로 비교하며 성경의 의미를 더 정확히 이해할 수 있다.

다음은 극동방송에서 방송한 중부대학교 장인식 교수의 성경의 영어의미를 소개한 내용의 일부이다.

- 네 부모를 공경하라.
- 시편 23편

1) 네 부모를 공경하라(엡 6 : 1)

에베소서 6장 1절 말씀

"자녀들아 너희 부모를 주 안에서 순종하라 이것이 옳으니라"

영어 성경 NIV(New International Version)에서는 다음과 같이 번역하고 있다.

Children, obey your parents in the Lord, for this is right.

(자녀들이여 주 안에서 부모에게 순종하시오. 이것이 옳은 일입니다)

다양한 영어 성경 역본을 통해 부모님께 순종해야 할 이유를 살펴본다.

| 순종해야 할 이유 |

① Children, obey your parents because you belong to the Lord, for this is the right thing to do(The New Living Translation).

(자녀들이여 여러분이 하나님께 속해 있기 때문에 부모에게 순종해야 합니다.)

⇨ 여기서는 순종하는 것이 하나님께 속한 자의 의무라고 말하고 있다.

② Children, obey your parents in the Lord(as His representatives), for this is just and right(The Amplified Bible).
(자녀들이여 부모님을 하나님의 대리자로 생각하며 순종하십시오.)
⇨ 여기서는 부모님을 하나님의 대리자(대행인)로 묘사하고 있다.

③ Children, obey your parents ; this is the right thing to do because God has placed them in authority over you. (The Living Bible)
(하나님께서 여러분들을 다스리도록 부모님들에게 권위를 주셨기 때문에 순종해야 한다.)
⇨ 여기서는 부모님을 하나님의 권위를 받은 자로 말하고 있다.

④ Children, the right thing for you to do is to obey your parents as those whom the Lord has set over you(Phillips Modern English).
(하나님께서 여러분을 감독하도록 부모님을 세우셨기 때문에 순종해야 한다.)
⇨ 여기서는 부모님을 하나님께서 세우신 감독자로 언급하고 있다.

❙순종의 범위❙

⑤ Children, obey your parents-In all things lawful. The will of the parent is a law to the child. In the Lord-For his sake. For this is right-Manifestly just and reasonable. (John Wesley's Explanatory Notes)
⇨ 자녀들이여 모든 합법적인 일에서 부모님께 순종하십시오.

주안에서 부모에게 순종해야 할 이유는 다음과 같다.

- you belong to the Lord(우리가 하나님께 속해 있기 때문이다).
- as His representatives(부모님은 하나님의 대리자이기 때문이다).
- placed them in authority(부모님이 하나님의 권위를 받은 자이기 때문이다).
- the Lord has set over you(하나님께서 감독자로 세우셨기 때문이다).

2) 시편 23편 5절 이하 말씀

"기름으로 내 머리에 바르셨으니 내 잔이 넘치나이다"

"기름을 머리에 바른다"는 말씀의 의미는 무엇일까요?

영어 성경 NIV(New International Version)에서는 다음과 같이 번역하고 있다.

You anoint my head with oil ; my cup overflows.

(주님께서 내 머리에 기름을 부어주시니 나의 잔이 넘치나이다.)

다양한 영어 성경 역본을 통해 이 말씀의 의미를 살펴본다.

① You have richly anointed my head with oil, and my cup brims over. (Revised English Bible)

(주님께서 나의 머리에 기름을 흠뻑 부어주시니 나의 잔이 넘치나이다.)

⇨ 여기서는 주님께서 우리에게 주시는 풍성한 은혜를 강조하고 있다.

② As was the manner of great feasts you anoint my head with oil ; my cup runs over(Geneva Study Bible).

(주님께서 성대한 축제의 예식에 따라 나의 머리에 기름을 부어주시니 나의 잔이 넘쳐흐르나이다.)

⇨ 여기서는 머리에 기름을 붓는 행위가 잔치(축제) 예식의 일부임을 말하고 있다.

③ You welcome me as a guest, anointing my head with oil. My cup overflows with blessings(New Living Translation).

(주님께서 나를 손님으로 따뜻하게 맞아주시며 머리에 기름을 부어주시니, 나의 잔이 주님의 복으로 넘치나이다.)

⇨ guest : 손님. 가정이나 식탁에 오도록 초대받은 손님을 가리키며 후한 접대를 받게 됨을 강조.

⇨ 여기서는 기름을 붓는 행위가 귀중한 손님을 맞이하는 주인의 호의(환대)임을 강조한다.

④ You revive my drooping head ; my cup brims with blessing.

(The Message Bible)

⇨ droop : 기력이 약해 축 처지다, 수그러지다. 영양이나 기력이 부족하여 몸이 앞으로 숙여지는 것을 강조.

(주님께서 지쳐 수그러진 나의 머리에 활력을 주시니, 나의 잔이 주님이 주신 복으로 넘치나이다.)

⇨ 여기서는 기름을 붓는다는 말을 삶의 활력을 주는 것으로 풀이하고 있다.

[문화적 배경]

'기름을 머리에 바른다'는 말은 옛날 우리나라에서 머리에 기름을 발라 머리를 손질하는 것과는 전혀 무관한 행동이다. 고대 중동에서 관대한 주인은 이마에 바르는 고급 기름으로 특별한 연회 손님들을 맞이하는 경우가 종종 있었다. 이 기름은 손님들의 얼굴을 빛나게 할 뿐 아니라, 방 전체에 향기를 제공해 주었고, 여행자의 피로를 씻어 주며 새로운 활력을 주었다. 특히 중동 지역의 무더운 날씨에서 피부를 보호해 주는 역할도 하였다고 한다.

"기름을 머리에 바른다"는 말은

- richly anointed(우리에게 풍성한 은혜를 부어주시는 것)
- manner of great feasts(성대한 잔치의 격식에 맞춰 우리를 대우해 주시는 것)
- welcome as a guest(귀한 손님으로 따뜻하게 맞아주시는 것)
- revive drooping head(지친 우리의 머리를 세워주시는 것)이다.

힘들고 지친 이 때, 나의 머리를 들어 주시고 소생시켜 주시는 주님의 능력을 체험해 보자!

22 "이름짓기" 성경프로젝트

고대 사회에서 이름은 그 사람의 신분과 성품을 나타내는 것으로 여겨졌다. 당시(창 32 : 29) 우상을 섬기는 이교도들은 신의 이름을 알면 그 이름을 부름으로써 신의 능력을 마음대로 행사할 수 있다고 믿었다(미션성경, 2002). 야곱이 형 에서를 만나기전 홀로 남아서 어떤 사람과 날이 새도록 씨름을 하며 내게 축복하지 않으면 가지 않겠다고 하였다. 그 사람이 야곱에게 네 이름이 무엇이냐고 물었고 야곱이라고 대답하니 그 사람이 네 이름을 '이스라엘'이라 부를 것이며 네가 하나님과 사람으로 더불어 이기었음이라고 하며 이름을 바꾸어 주었다(창 32 : 24-30). 그 이외에도 성경에는 하나님께서 '아브람'이었던 이름을 '아브라함'으로 고쳐 주었고 아브라함의 아내인 '사래'를 '사라'로 고쳐 주신 사례들이 있다. 또한 마리아가 성령으로 잉태되었을 때 이름을 '예수'라고 하라고 미리 알려 주기도 한 기록들이 있다. 그리하여 하나님의 이름의 종류도 많이 있으므로 그러한 사례들을 찾아서 프로젝트 활동을 하면서 하나님에 대하여 더 잘 알아 가는 활동이 될 수 있다. 먼저 하나님의 자존성으로 하나님은 창조주로서 피조물과는 구분되어진다. 하나님은 영원하시며 모든 존재의 근원이며 기초가 된다. 오직 하나님만이 그 자신 안에 존재 능력을 갖고 계시며 언제나 계셨고 지금도 계신다.

| 하나님의 이름의 종류 |

- 엘 : 위엄과 권위 표현
- 엘로힘 : 창조주, 통치주, 주권자, 즉 피조세계를 다스리는 하나님의 권위와 관련된 이름
- 엘리온 : 숭고하고 존귀하신 분
- 야훼 : '존재하시다'의 의미고유명사, 자기백성에게 세우신 언약을 기념하는

칭호

- 여호와 : 여호와는 구속과 관련된 하나님의 이름이다.
- 여호와 이레 : 여호와께서 준비하셨다(창 22 : 14).
- 여호와 닛시 : 여호와는 우리의 깃발이시다(출 17 : 15). 승리를 주시는 하나님에 대한 믿음.
- 여호와 샬롬 : 여호와는 평강이시다(삿 6 : 24).
- 여호와 라파 : 치료자 하나님(출 15 : 26).
- 여호와 삼마 : 여호와께서 거기 계시다(겔 48 : 35).
- 여호와 로이 : 여호와는 나의 목자(시하나님이셨다. 편 23 : 1).
- 여호와 치드케누 : 여호와는 우리의 의(렘 23 : 6)이시다.

하나님은 전능하신 권능으로 이스라엘을 출애굽시키사 선민으로 삼으셨고 이스라엘에게는 유일하고 참되신 하나님이셨다. 그리고 하나님은 태초에 이미 유일하신 창조주로서 계시하였다. 하나님의 현현은 유형에 있는 것이 아니라 말씀으로 된 메시지 속에 있다. 진리이신 하나님에 관한 최고 계시는 예수 그리스도 안에서 이루어졌다(미션성경, 2002).

23 "왕관(면류관)" 성경프로젝트

히브리어 '네제르'는 "관"이며 헬라어 '스테파노스'는 영예를 의미하는 뜻으로서 그의 성직자나 운동경기의 승리자들에게 수여되었던 관을 가리킨다. 왕의 권위와 위엄을 나타내기 위하여 왕은 왕관(면류관)을 시편 21 : 3에는 하나님께서 정금면류관을 왕에게 씌우셨다고 기록하고 있다.

신약에서는 헬라어 '스테파노스'가 운동경기에 승리한자에게 주어졌던 관이나 화환을 의미한다. 바울은 고전 9 : 25에서 선수들이 운동경기에서 승리하고 면류관을 얻기 위해 자신을 절제하며 훈련하는 것을 언급하고 있다(아가페, 2002).

미스코리아, 일등, 최고 이러한 단어들이 아동들에게 익숙하고 그렇게 되기를 희망하는 단어들이 되었다. 그리하여 최고를 이루었을 때 받게 되는 왕관(면류관)을 믿음의 소유자들이 받을 수 있기에 나 자신도 면류관을 받을 수 있게 되는 것이므로 면류관에 대하여 알아보는 활동이다. 히브리어 '네제르'는 "관"이며 헬라어 '스테파노스'는 영예를 의미하는 뜻으로서 그의 성직자나 운동경기의 승리자들에게 수여되었던 관을 가리킨다. 왕의 권위와 위엄을 나타내기 위하여 왕은 왕관(면류관)을 시편 21 : 3에는 하나님께서 정금면류관을 왕에게 씌우셨다고 기록하고 있다. 신약에서는 헬라어 '스테파노스'가 운동경기에 승리한 자에게 주어졌던 관이나 화환을 의미한다. 바울은 고전 9 : 25에서 선수들이 운동경기에서 승리하고 면류관을 얻기 위해 자신을 절제하며 훈련하는 것을 언급하고 있다(아가페, 2002). 고대 그리스의 유명한 경기에는 올림픽, 이스트미아, 피티아, 네메아가 있었다. 이중에서 4년마다 가장 성대하게 거행된 것이 올림픽이었다. 이 올림픽에는 순수한 헬라인으로 10개월 동안 훈련한 사람만이 참여할 수 있었다. 그리고 경기에서 승리한 사람에게 면류관이나 화관이 수여되는데 면류관은 왕관을 본뜬 것이며, 화관은 올리브 잎으로 만든 것으로 모두 큰 영광을 상징하였다(미션성경, p.274). 성경에는 면류관의 종류를 언급하고 있다.

| 면류관 |

면류관의 종류는 다음과 같다.

- **자랑의 면류관**(살전 2 : 19) : 전도
- **생명의 면류관**(계 2 : 10) : 죽도록 충성하는 자, 모든 신자들이 격심한 영적

시험을 받은 후에 주어질 영광의 보답

- **의의 면류관**(딤후 4 : 8) : 선한 싸움을 싸우고 주의 나타나심을 사모하는 모든 자에게 주어짐
- **영광의 면류관**(벧전 5 : 4) : 양을 먹이는 모든 자. 즉 주의 종들의 신실함에 대한 상급을 의미
- **썩지 않을 면류관**(고전 9 : 25) : 절제하는 자
- **금 면류관**(계 14 : 14, 시 21 : 3) : 예수님이 쓰신 면류관이며 이긴 자에게 주는 면류관이다.

24 "족보" 성경프로젝트

족보는 "한 족속의 세계(世系)를 적은 책"을 의미한다(국어사전, 2000).

우리 민족은 대부분의 가정에 족보를 가지고 있으며, 자신의 가정의 뿌리를 통해 자녀들의 교육에 자긍심을 심어 주는 경향이 있다. 그리하여 영적인 자긍심을 위하여 예수님의 족보가 형성되는 과정을 살펴봄으로써 인성을 지닌 예수님을 더 많이 이해할 수 있으며, 나아가서는 그 족보가 내 자신과 어떤 관계가 있는지 살펴보는 좋은 기회를 가질 수 있는 활동이다. 먼저, 마태복음 1 : 1-16은 예수 그리스도, 즉 메시야의 족보를 하향식으로 나열하고 있다.

이 계보는 예수님이 유대 왕으로서 인류를 위한 하나님의 목적이 성취될 것이라는 것을 보여 준다. 예수의 계보는 이스라엘 왕 가운데 가장 위대한 인물인 다윗까지 그리고 그 후손을 통하여 하나님께서 온 인류에게 복을 주시게 되는 아브라함까지 거슬러 올라가고 있다(굿뉴스 스터디 바이블, 2001).

다음으로 누가복음 3 : 23-38은 예수님의 족보에 대하여 언급하고 있는데

상향식으로 언급하고 있다. 이 계보는 마태복음에 기록된 계보와 많이 다르다. 다윗의 후손 가운데 왕위를 계승했던 왕들의 이름을 기록했다. 누가는 다윗에서 요셉에 이르기까지 다윗의 아들 나단의 계보를 따라 사십인의 이름을 기록하고 있으나 마태는 다윗의 아들 솔로몬의 계열을 따라 이십오인의 이름을 기록했다. 두 족보에서 공통된 이름은 스알디엘과 스룹바벨 뿐이다.

마태는 족보를 유대인의 조상 아브라함으로부터 시작함으로써 기독교 운동의 유대교적 성격을 강조하는 반면, 누가는 예수의 조상을 하나님에까지 소급함으로써 예수가 지니는 우주적 중요성을 강조하고 있다(굿뉴스 스터디 바이블, 2001).

족보에는 5명의 여자가 등장하고 있으며, 그들의 이름은 다말, 라합, 룻, 우리야의 아내 밧세바, 마리아이다. 아브라함에서 다윗까지가 14대이며, 다윗에서 바벨론으로 이거하기까지 14대이며 바벨론 이거에서 예수까지가 14대이다(마 1 : 17).

이와 같은 예수님의 족보를 통한 교훈을 임용재(2002)는 다음과 같이 제시하고 있다.

- 예수 탄생은 아브라함, 다윗 언약의 성취임의 입증(창 12 : 3, 삼하 7 : 12)
- 예수의 구속의 효과는 혈통적, 민족적 한계를 넘어 적용됨(마 1 : 3, 5, 6)
- 예수는 자기 백성들을 죄에서 구원할 구세주이심의 증거(마 1 : 21)
- 하나님께서 자기 백성들과 함께 하심, 곧 임마누엘이 증거(마 1 : 23)
- 성경의 모든 예언은 한 치의 오차 없이 진행, 성취됨의 증거(마 5 : 18)
- 예수가 다윗의 자손으로 오신 유대인의 왕이심을 입증(마 9 : 27, 12 : 23)
- 예수가 분명한 역사적 실제 인물임을 증거(요 1 : 14)
- 예수의 인성에 대한 증거(요 1 : 14)
- 모든 죄인이 주와 연합되어 새사람으로 변화됨의 증거(고후 5 : 17)
- 하나님의 구원의 은혜가 전 역사를 통해 전개됨의 증거(엡 1 : 9) 등이다.

25 "마귀" 성경프로젝트

성경사전에서 마귀는 하나님의 대적자인 또 다른 이름이다. 귀신은 비교적 작은 힘을 가진 악령을 말하며, 구약이 마귀나 귀신과 관련된 언급을 하고 있는 반면에 신약은 보다 발전된 귀신론을 보여주고 있다. 천사들 중의 일부가 타락하여 자신들을 마귀의 지배 아래 두었다고 말하고 있다. 귀신의 왕(마 9 : 34)인 마귀는 '거짓의 아비'와 '처음부터 살인한 자'(요 8 : 44)로 불리운다. 귀신에게 사로잡힌 사람들에게 귀신을 보냄으로써 그리스도의 구원 사역을 방해한다(아가페, 2002).

아동들에게 마귀는 두려운 존재이기도 하지만 신비하게 느껴지는 존재이기도 하다. 그리하여 마귀나 귀신의 존재를 프로젝트 활동을 통해 조사해 봄으로써 신앙생활에서 도움이 되게 하기 위하여 선택해 본 활동이다.

마귀의 의미는 대적자, 비방자, 유혹자 등이다. 성경은 하나님과 그리스도를 대적하고 인간을 멸망으로 유혹하는 영적 존재의 최고 우두머리를 사단이라 지칭하며 우리말로 번역하면 마귀 · 악마이다. 그리고 성경에는 ① 귀신의 왕 · 파리 떼의 왕(마 10 : 25) ② 바알세블과 멸망 · 사악함(고후 6 : 15)의 벨리알, ③ 천상에서 추락한 계명성 · 지옥왕(사 14 : 12) ④ 루시퍼, 귀신대장(욥 10 : 8)의 마스테마 등이 있다(성종현, 1992).

바알세블은 문자적으로 '파리들의 주(lord of flies)라는 의미인데 두 가지 의미가 있다. 하나는 '높은 곳의 주'라는 뜻인 바알세블을 히브리인들이 경멸해서 불려진 의미이고 또 하나는 파리형상의 우상을 지칭하는 질병을 다스리는 것으로 믿었다(미션성경, 2002).

리워야단(사 27 : 1)은 '뒤틀어진 것', '둘둘 말린 것'의 의미이며, 가나안 신화에 등장하는 신화적 괴물로서 하나님을 대적하는 사악한 열방 세력을 상징한다. 이사야 27장에 나오는 리워야단에 나오는 심판은 하나님의 백성을 괴롭혔던 앗수르, 바벨론, 애굽에 대한 심판과 마지막 때 성취될 사단과 그 무리들에 대한 심판을 예표한다(계 19 : 20 ; 20 : 10, 미션성경).

또한 '벨리알'은 불량자(삼상 2 : 12)나 악인(나 1 : 11)을 가리키는 일반명사이다. 그러나 유대인의 묵시문학에서는 사단의 별명으로 사용되었다. 어떤 이는 바벨로느이 신화에 나오는 지하세계의 여신 '벨릴리'에서 유래한 것으로 추측한다(미션성경, p. 292)

또한 성경에는 그 이외에 마귀의 동의어로 표기된 것에는 악한자(마 13 : 19), 원수(마 13 : 39), 뱀(계 20 : 2), 귀신의 왕(막 3 : 22), 용(계 12 : 7), 공중의 권세 잡은자(엡 2 : 2), 이 세상의 임금(요 14 : 30) 등이 있다.

사단의 지배아래 있으며, 인간에게 나쁜 영향을 끼치는 악한 영적 존재들을 다이모니온이라 하는데 그 의미는 귀신, 악령, 이방신이며 신약성경에서는 63회 사용되었다. 동의어로는 더러운 영, 악한 영, 벙어리 영, 귀먹고 말 못하는 영, 질병의 영, 점치는 영, 더러운 귀신의 영 등이 등장한다((성종현, 1992).

사단의 역할은 사람들을 미혹하여 그 욕심을 따라 불의한 일을 행하게 하고(고후 11 : 3) 거짓을 말하게 하며(요 8 : 44), 하나님의 성도들을 헐뜯기 위한 구실을 찾는다(벧전 5 : 8). 사단은 유혹자의 역할을 하지만 스스로의 욕심에 이끌려 유혹을 받는 자들을 가려내는 역할도 한다(미션성경)

사단과 그의 사자들은 스스로 인간을 죄와 타락으로 유혹(창 3 : 1-7)하고 하나님의 허락 하에서 인간을 시험하고 고통을 주기(욥 1-2장 ; 삼상 16 : 14 ; 시 106 : 29)도 하지만 귀신(악령)들은 사단의 하수인들로 인간을 속이고(왕상 22 : 11), 마음에 고통을 주며(삼상 16 : 15), 질병을 일으키기도 하고(시 91 : 5-6), 사막이나 황폐한 곳(사 13 : 21 ; 레 16 : 10)에서 산다(성종현, 1992).

성종현(1992)은 우리가 이미 어두움의 세력을 극복하고 그리스도와 하나님의 통치 속에 살고 있는 존재이므로 어둠의 세력을 너무 의식하고 두려움에서 헤어나지 못하는 것은 바람직하지 못함을 지적하고 있다. 그리고 어두움을 그리스도의 빛으로 밝혀 나가는 미래지향적인 신앙으로 하나님의 새로운 세계를 향해 전진하는 능동적이고 지혜로운 삶의 자세를 지향해야 함을 강조하고 있다. 그러므로 마귀나 귀신을 두려운 존재로만 대할 것이 아니라 정확하게 인지하여 예수님의 이름으로 물리치며, 프로젝트 활동을 통하여 능동적으로 대처하는 자세를 갖는 것도 중요하다고 하겠다.

26 "시간" 성경프로젝트

시간은 시각과 시각 사이의 간격 또는 그 단위를 가리키는 용어이다. 사전에서는 시간을 "과거, 현재, 미래의 무한한 연속"이라고 언급하고 있다. 성경 속에는 현대어로는 이해하기 힘든 시간들이 명시되어 있다. 그리하여 성경에 나오는 시간을 현대적인 시간으로 환산하여 그 시대의 시간개념을 이해하는 활동이다. 구약과 신약의 시간을 나누어서 살펴볼 수 있다. 다음 시간의 출처는 미션성경(2002)에 있는 것을 소개한 것이다.

이사야 38 : 8에 기록된 히스기야의 선왕 아하스가 만든 해시계인 아하스의 일영표는 몇 개의 계단을 나누고 그곳에 비치는 해의 그림자를 이용하여 시간을 재는 기구였다. 역사가 헤로도투스의 기록에 의하면 일영표는 바벨론에서 최초로 만들어졌고 앗수르에 전달되었다. 아하스가 다메섹에 머물러 있는 디글랏빌레셀을 방문했을 때 일영표에 대한 지식을 가져왔다고 한다(왕하 18 : 10, 미션성경, 2002).

자연계에 일어나는 여러 가지 변화의 과정을 기술하기 위해 도입된 개념으로의 시간은 지구의 자전에 의해 재어진다. 히브리인은 1일을 일몰에서 시작하

<table>
<tr><th></th><th colspan="2">구약</th><th colspan="3">신약</th></tr>
<tr><td rowspan="4">밤</td><td>초경</td><td>해질 때 : 오후 10시</td><td>저물 때</td><td colspan="2">해질 때 : 오후 9시</td></tr>
<tr><td>이경</td><td>오후 10시 : 오전 2시</td><td>밤중</td><td colspan="2">오후 9시 : 자정</td></tr>
<tr><td rowspan="2">삼경(새벽)</td><td rowspan="2">오전 2시 : 해뜰 때</td><td>닭울 때</td><td colspan="2">자정 : 오전 3시</td></tr>
<tr><td>새벽</td><td colspan="2">오전 3시 : 해뜰 때</td></tr>
<tr><td rowspan="8">낮</td><td rowspan="2">아침</td><td rowspan="2">해뜰 때 : 오전 10시</td><td>로마식</td><td>유대식</td><td>시간</td></tr>
<tr><td>제6시</td><td>제0시</td><td>오전 6시</td></tr>
<tr><td rowspan="2">오정</td><td rowspan="2">오전 10시 : 오후 2시</td><td>제9시</td><td>제3시</td><td>오전 9시</td></tr>
<tr><td>제10시</td><td>제4시</td><td>오전 10시</td></tr>
<tr><td rowspan="4">시늘할 때</td><td rowspan="4">오후 2시 : 해질 때</td><td>제12시</td><td>제6시</td><td>정오</td></tr>
<tr><td>제3시</td><td>제9시</td><td>오후 3시</td></tr>
<tr><td>제5시</td><td>제11시</td><td>오후 5시</td></tr>
<tr><td>제6시</td><td>제12시</td><td>오후 6시</td></tr>
</table>

여 일몰까지로 했다. 또한 구약시대에는 밤은 [초경](初更, 애 2 : 19), [이경](二更, 中更, 삿 7 : 19), [새벽](출 14 : 24, 삼상 11 : 11)의 세 경(更 watch)으로 구분되어 있었다. 그리고 주간은 일출에서 시작하여 아침, 낮, 저녁으로 나누었고, [아침](창 1 : 19, 24 : 54, 시 55 : 17), [정오](시 55 : 17), [저녁](창 1 : 19) 등으로 불렸다. 그러나 신약시대가 되면, 최소 단위는 1시간제로 되었다(요 11 : 9). 낮의 제3시, 제6시, 제7시, 제9시, 제10시, 제11시(마 20 : 3, 5, 6, 요 1 : 39, 4 : 52)가 기록되어 있다. 밤은 [밤 제3시](행 23 : 23)라는 기록이 있으며 밤은 보다 크게 구분하여, [저물 때](막 13 : 35), [밤중](막 13 : 35, 행 27 : 27), [닭울 때](막 13 : 35), [새벽](막 13 : 35) 등이라는 이름이 더욱 많이 쓰여졌다(Web Bible). 신약성경에는 시간에 대한 단어 '때'가 나오는데 헬라어로 이 때는 '크로노스'와 '카이로스'로 구분된다. 크로노스는 흘러가는 시간인 직선적인 시간을 의미하며, 카이로스는 종말론적인 약속의 시간, 성취의 시간을 의미한다.

갈라디아서 6 : 9에 "우리가 선을 행하되 낙심하지 말지니 피곤하지 아니하면 때가 이르매 거두리라"라고 기록하고 있다. 여기에서의 때가 카이로스의 시간을 의미한다. 즉 하나님과 함께하는 은혜의 시간, 성령의 이끌리심을 따라 성취가 이루어지는 시간인 것이다. 우리의 삶을 의미 없이 흘러 가는대로 사는 삶이라면 크로노스적인 삶을 사는 것이고 의미를 담고 하나님께 의지하며 사명을 감당하는 목적이 있는 삶이 카이로스가 아닌가 싶다.

27 "여성" 성경프로젝트

1) 최초의 여성이며 인류의 어머니 하와

아담의 아내에게는 3가지의 이름이 적용되고 있다. 첫째는 여자인데 "이쉬"(히브리어 : 남자)에서 취하였기 때문에 "이솨"(히브리어 : 여자)라고 불리워지고 있다. 둘째는 "사람"인데 하와와 그녀의 남편은 모두 사람이라고 불리워지고 있다. 셋째는 "하와"인데 타락 후에 주어진 이름이다(창 3 : 20). 그 뜻은 생명을 주는 모든 산자의 어미라는 말이다. 아담은 그녀가 자신의 아내라는 사실을 알게 하는 일을 하지 않았는데 그 이유는 장차 올 영생으로 여인의 후손에 대한 예언적 삶을 나타나는 이름을 그녀에게 주었기 때문이라는 것이다(두란노서원 편, 1996). 구약은 하와에 대하여 최초의 여인, 죄 없이 하나님의 손으로 창조, 사탄의 공격을 받은 최초의 사람, 최초로 옷을 입은자, 최초로 그리스도에 관하여 신적 예언을 받은자, 최초의 어미로 지칭했다.

아담은 하나님이 최초로 만든 인간이었으며, 세상에 있는 재료로 만들었고 하나님에 의해 생명이 주어졌다. 아담은 하나님의 형상대로 창조되었고 여자는 아담을 돕는 배필이었다. 여자에 대하여 아담은 너무 흡족하여 "내 뼈 중의 뼈요 살 중에 살이라 이것을 남자에게서 취하였은즉 여자라 칭하리라 하니라(창 2 : 23)"는 고백을 하였지만 하와는 사탄에게 속아 죄를 범하였다. 그 이후 성경에는 바람직한 여성, 죄를 범하였지만 예수님의 족보에 기록되는 여성 등 다양한 여성들이 성경에 기록되었다. 그리하여 그러한 여성을 알아보는 성경프로젝트 활동을 통하여 하나님의 크신 섭리를 알아보는 것은 의미가 있다고 할 것이다. 찾아볼 인물로는 다음과 같은 사람들이 있다.

- 이브, 사라, 하갈, 나오미 , 도르가, 디나, 드보라, 들릴라, , 리브가, 라헬, 레아, 루디아, 룻, 라합, 미갈, 미리암, 한나, 밧세바, 아비삭, 에스더, 요게벳, 십보라, 수넴여인, 와스디, 에스더, 이세벨, 마리아, 마르다, 안나, 브리스길라, 등이다.

2) 드보라((창 24 : 59, 35 : 8)

드보라의 의미는 "벌"이라는 뜻이다.

랍비돗의 아내이며 이스라엘의 네 번째 사사인 여선지자이다. 그의 사사활동을 한 기간은 B.C 1304-1264년까지 40년간으로 알려져 있다. 구약의 사사시대를 신정통치 시대라고 한다. 그것은 영적인 사람을 하나님이 선택하여 하나님의 의지가 표현된 시대를 의미하며 하나님의 철저한 검증을 거쳐서 선택한 것을 알 수 있다. 인간의 중심을 보시는 하나님은 어느 한 개인의 영성, 충성심 등이 하나님이 보실 때 합당하다고 느꼈을 때 그를 선택하셔서 사용하시고 드러나게 하셨다. 하나님은 실수가 없고 완벽한 사람을 사용하는 것이 아니라 삶이 정직하고 하나님을 두려워할 줄 알며 죄를 지었을 때 즉각적인 회개가 연결되는 사람을 선택하여 사용하셨다. 구약시대에 여성이 선택된 경우는 어쩌면 기록적으로 남아 있지 않아서 그럴 수도 있다. 그러나 성경을 보면 하나님은 여성일지라도 합당하면 언제나 사용하신 경우를 볼 수 있다. 성경에 나타난 여성을 찾아보아도 많은 여성이 등장되는 것을 알 수 있다. 드보라는 가정을 가졌고 한 남편의 아내이며 자녀들의 어머니였다. 여성이면서 이스라엘의 군대를 지휘하는 놀라운 능력을 소유한 여성이었다.

가나안 왕 야빈과 그의 군대장관 시스라가 이끄는 가나안군과의 싸움에서 아비노암의 아들 바락을 불러다가 시스라의 군대와 싸우게 했다. 바락이 이끄는 일만 군사는 기손 강변에서 대적을 전멸시켰다. 사사기 4장 21절에 나오는 시스라가 야엘의 집에 피신했다가 헤벨의 아내 야엘이 장막 말뚝을 취하고 손에 방망이를 들고 말뚝을 살쩍에 박아서 시스라를 죽게 한 사건이 발생되었고 큰 승리를 이끈 드보라는 승전가를 노래로 읊었다.

이것을 '드보라의 노래'(삿 5장)라 하여 히브리 최고 시의 하나가 되고, 시인이나 음악가들에 의해 전승으로 전해졌다고 한다. 드보라는 전쟁의 승리가 하나님께 있기 때문에 승리의 하나님을 찬양하는 것이며, 전쟁을 돕기 위해 내려오신 하나님을 찬양하고 있는 것이다. 드보라는 영성을 통하여 선지자로서의 사역도 잘 감당했고 전쟁에서는 강력한 지도자였으며 가정에서는 충실한 아내의 역할을 감당했다. 어느 한 곳에 치우치지 않는 은사의 다양성을 가지고 맡겨진 역할에 충실할 때 여성도 다양하게 쓰임받을 수 있는 것이다.

40년 간이라는 긴 세월 동안 이스라엘의 국정을 담당한 사사의 역할은 남성에게도 쉽지 않은 것이다. 여상으로서 이러한 국정을 감당하기 위해서는 많은 기도와 냉철한 판단력과 공의로운 정치 신념, 교만하지 않고 주님께 의지하는 겸손을 유지할 때 유지될 것이며, 그의 강한 지도력과 업적은 우리 모두에게 귀감이 되는 여성 지도자인 것이다(삿 4, 5장).

28 "천사" 성경프로젝트

천사는 하나님의 뜻을 대행하는 영적 존재이다(시 8 : 5 ; 히 1 : 4). 영적인 존재이지만 어린이들에게는 사랑스런 존재로서 가장 많이 생활 속에 등장하는 것이기도 하다. 귀신의 존재 마귀의 존재가 두려움으로 생활 속에 존재해 있다면 영적인 존재이지만 선의의 존재로서 나타나는 것이 천사이다. 그리하여 천사에 대하여 알아봄으로써 어린이들의 궁금증을 해소해 줄 수 있을 것으로 생각되어져 프로젝트 활동으로 선택하여 활동해 보면 도움이 될 것이다.

1) 천사유형

① **천사장 미가엘**(단 10 : 13 ; 유 1 : 9, 계 12 : 7, 살전 4 : 16) : 천사들의 우두머리이며 하나님의 백성을 위해 사단과 싸우는 천사로 묘사(계 12 : 7). 성경에서 5회 나온다. 마귀로 지칭되는 옛 사탄에 대항하여 하늘에서 천군을 지휘하는 것도 미가엘이다(계 12 : 7).

② **그룹** : 생명나무의 수호자(창 3 : 24), 하나님 보좌의 운반자(시 18 : 10), 언약궤 및 성전 보물의 수호자 등으로 묘사(출 25 : 18-20)되어 있다. 최초의 출현은 에덴동산이며 생명나무의 길을 지키게 하였다. 또 금으로 만든 그룹상이 지성소안의 속죄소 양 끝에 놓여졌다.

③ **스랍** : 하나님의 보좌 주위에서 하나님을 섬기는 천사로서 한번 나타나며 복수형태의 단어이다(사 6 : 2, 6). 스랍의 의미는 "태우는 자"를 뜻한다.

④ **가브리엘** : 하나님의 계시를 전달하고 해석한다(단 8 : 16). "칠십이레(seventy weeks)"의 환상에 대한 계시를 다니엘에게 전해 주었다. 또한 동정녀 마리아에게 구세주인 예수님의 탄생을 알려주었(눅 1 : 26-35)으며 스가랴에게 침례요한의 탄생을 알렸다(눅 1 : 19).

⑤ **계명성**(Lucifer) : 예수님은 사탄이 번개 같이 떨어지는 것을 보았다고 눅 10 : 18에 말씀하셨으며 신약은 루시퍼와 사탄을 동일시하고 있지 않다 (아가페사전, 2002).

위와 같이 천사들에게도 조직이 있는 것을 볼 수 있다. 그러므로 이 천사들의 역할에 대하여 알아보는 프로젝트 활동이다.

2) 천사의 기원 및 목적

천사는 기독교인들과 교회를 위하여 봉사하도록 하나님께서 창조한 영적 피조물이다. 천사의 기원을 살펴보면 골로새서 1장 15절에서 16절에 "그는 보이지 아니하시는 하나님의 형상이요 모든 창조물보다 먼저 나신 자니 만물이 그에게 창조되되 하늘과 땅에서 보이는 것들과 보이지 아니하는 것들과 혹은 보좌들이나 주관들이나 정사들이나 권세들이나 만물이 다 그로 말미암고 그를 위하여 창조되었고"라고 기록되어 있다. 천사는 천지창조가 이루어지기 전에 창조되었다. 그리하여 천지를 창조할 때 하나님을 도왔다. 천사창조의 목적은 히브리서 1장 7절에 기록된 것처럼 하나님의 심부름꾼으로 창조되었다. 또한 천사들은 군대와 같이 조직되어 있다(한혜숙, 1995).

3) 천사들의 임무

① 하나님을 찬양하고 경배한다(히 1 : 6).

② **기도 응답이다** : 성도가 기도하면 하나님은 하늘에서 천사들을 집합한다. 천사들은 성도들의 기도에 하나님의 응답에 봉사하고 마귀는 방해를 하느라고 분주하다. 그 예로서. "사자가 하늘로부터 예수께 나타나 힘을 돕더라(눅 22 : 43)"라고 기록하고 있다.

③ **성도 보호이다** : 하나님의 자녀를 격려한다. "나의 하나님이 이미 그 천사

를 보내어 사자들의 입을 봉하였으므로 사자들이 나를 상해치 아니하였다." 하나님은 다니엘에게 천사를 먼저 보내서 사자의 입을 막게 하여 다니엘을 보호하도록 하였다.

④ **고난 탈피이다** : 사도행전 12장 1-19절에 보면 베드로가 옥에 갇히고 그를 위하여 하나님께 간절히 빌었더니 천사가 그를 구해 내어 옥 밖으로 나오게 된다. 또한 롯도 유황불이 붙는 소돔과 고모라에서 천사의 안내로 그곳에서 벗어나게 되었다. "동틀 때에 천사가 롯을 재촉하여 가로되 일어나 여기 있는 네 아내와 두 딸을 이끌라. 이 소돔과 고모라 성의 죄악 중에 함께 멸망할까 하노라(창 19 : 15)."

⑤ **영혼 인도이다** : 성도들의 구원을 돕는다(히 1 : 14).

⑥ **하나님의 명령을 전달한다** : "천사가 이르되 무서워 말라. 보라 내가 온 백성에게 미칠 큰 기쁨의 좋은 소식을 너희에게 전하노라(눅 2 : 10)" 라고 기록되어 있다.

⑦ **병과 재앙을 준다** : "헤롯이 날을 택하여 왕복을 입고 위에 앉아 백성을 효유한대 백성들이 크게 부르되 이것은 신의 소리요 사람의 소리는 아니라 하거늘 헤롯이 영광을 하나님께로 돌리지 아니하는 고로 주의 사자가 곧 치니 충이 먹어 죽으니라(행 12 : 21-23)." 또 다윗이 하나님을 의지하지 않고 전쟁을 하려고 연구조사를 감행할 때 하나님께서는 온 땅에 천사를 통하여 온역을 주어서 칠만 명이 죽었다(삼하 24 : 15).

⑧ **자연통치** : 천사는 바람과(계 7 : 1) 바다와(계 16 : 3) 태양을 다스리는 일을 한다(계 6 : 8-9). "이 일 후에 내가 네 천사가 땅 네 모퉁이에 선 것을 보니 땅의 사방의 바람을 붙잡아 바람으로 하여금 땅에나 바다에나 각종 나무에 불지 못하게 하더라(계 7 : 1)."

⑨ **담당과 보고** : "누구든지 이 소자 중에 하나도 업신여기지 말라. 너희에게 말하노니 저희 천사들이 하늘에 계신 내 아버지의 얼굴을 항상 뵈옵느니

라(마 18 : 10)." 사람마다 담당 천사가 있으며, 천사는 다양한 일들을 하나님을 대신하여 하고 있다(강문호, 1999).

29 "단어 의미" 성경프로젝트

유치원 아동에게는 어려운 활동이지만 초등학교 이상의 아동들은 가능한 활동이다. 성경을 기록한 언어들이 아람어, 히브리어, 헬라어 등이므로 성경 속의 기록된 단어들은 한글로 번역을 했지만 난해한 부분이 있다. 그리하여 낱말의 정의, 어원, 용법 등을 자세히 찾아보는 활동으로서 저자의 의미를 가능한 알아보는 활동이다. 이 활동을 위하여 성구사전, 주석, 영한사전, 성서백과 사전 등을 준비한다.

리챠드 워렌(Richard Warren, 1984)은 낱말을 공부하는 단계를 다음과 같이 제시하고 있다.

- 제1단계 : 낱말을 선택한다.
- 제2단계 : 낱말의 정의를 찾아본다.
- 제3단계 : 단어의 번역들을 서로 비교한다.
- 제4단계 : 단어의 원어의 정의를 기록한다.
- 제5단계 : 그 단어가 성경에서 사용된 빈도를 찾아본다.
- 제6단계 : 낱말의 어근의 의미와 어원을 찾아본다.
- 제7단계 : 그 낱말의 성경에서의 용법을 찾아본다.
- 제8단계 : 개인 성경공부이므로 영적인 삶을 강하게 하는데 도움을 주는 목적을 잊지 말고 자신의 적용점을 기록한다.

단어를 알아볼 수 있는 목록으로는 다음과 같다.

- 구원, 복, 그리스도, 죄, 믿음, 거룩, 순종, 생수, 사랑, 율법, 복음, 중생, 성화, 소망, 안식, 영혼, 온유, 자비, 절제, 은혜, 보혜사, 지혜, 회개, 온유, 양선, 침례, 제사 등이다. 많은 단어의 개념이 있겠으나 여기에서는 은혜와 회개의 개념을 소개하고자 한다.

1) **은혜**(**요** 1 : 14-17, **행** 11 : 23, **롬** 4 ; 4-5, **고후** 12 : 9, **약** 4 : 6, **벧후** 3 : 18)

"은혜"라는 단어는 헬라어 "카리스(Charis)"에서 유래되었으며, "기뻐하다"라는 동사 '카이로'에서 파생되었다. 성경에서 "은혜", "자비로운"이라는 단어는 200회 이상 나온다.

은혜에 대하여 헬라인들은 타인으로부터의 보상이나 호의를 기대하지 않고 관용을 표현하기 위한 단어의 의미로 사용되었다. 또한 그리스도인들은 "구원의 선물", "우리를 용서하시고 구원하시는 하나님의 친절과 사랑"을 의미하는 것으로 사용되어지고 있다. 그러나 오늘날에는 "매력적이고 끌리는 인격-인격을 가진 사람들"을 의미하는 카리스마로 사용되어지기도 한다(두란노서원 편, 1994).

또한 히브리어 '헤쎄드'는 친절한 행위(수 2 : 12, 룻 3 : 10)에 의해 성립된 사랑의 관계가 지속됨을 의미하고 있다. 즉 하나님은 시시 때때로 긍휼을 베푸실 뿐 아니라 자기 백성들과 은혜의 관계를 계속 유지하신다는 의미이다. 은혜는 성경에는 언약을 통해 나타났고 예수 그리스도를 통해 성취되었다(아가페사전, 1991).

그러나 은혜의 진정한 의미는 "노력 없이 얻은 사랑" 혹은 "하나님의 값없이 주시는 사랑"으로 사용되어지고 있다. 은혜는 대가로 주어지는 것이 아닌

대가를 받을 수 없는 자들에게 베풀어지는 전적인 하나님의 자유로운 행위인 것이다. 바울은 "하나님의 은혜는 예수 그리스도 안에서 표현된 십자가를 통해 나타난다"(갈 2 : 20, 엡 1 : 20)고 하였다.

은혜는 율법과 반대되는 개념으로서 하나님은 믿음과 은혜로 하나님을 믿는 모든 사람들을 의롭다고 여기시는 것이다. 그리하여 은혜는 믿음으로 말미암아 받으며 믿음 안에서 은혜의 풍성한 경험을 하는 것이다(아가페사전, 1991).

스트링 펠로우는 은혜의 통로를 성부, 성자, 성령으로 임하는 것으로 설명하고 있다.

첫째는 하나님으로부터 임한다.

① 은혜는 하나님의 성품을 특징짓는다(벧전 5 : 10).

② 은혜는 하나님의 속성이다(딤후 1 : 9).

둘째, 예수 그리스도로부터 임한다.

① 하나님의 아들이 은혜와 진리가 충만하여 오셨다(요 1 : 14).

② 예수님에 의해 은혜가 주어졌다고 요한이 증거한다(요 1 : 17).

셋째, 성령을 통하여 임한다.

① 슥 12 : 10에 은혜의 영에 대하여 약속했다.

② 딛 3 : 4-5에 은혜에 대하여 소개하고 있다(두란노서원 편, 1994).

이와 같이 우리는 하나님의 은혜에 의하여 의롭다 함을 얻었고 죄의 용서함을 받고 구원을 얻은 것도 은혜이며 그 은혜로 인하여 새로운 성품으로 변화되어 가고 있는 것이다.

은혜는 우리를 향한 하나님의 사랑이다. 요한 계시록 22 : 21은 "주 예수의 은혜가 모든 자들에게 있을 찌어다 아멘"으로 성경의 끝을 맺는다. 또한 찬송가 486장에서는 "은혜를 내려 주사 충만케 하시며 나의 맘에 성령과 내 영혼에 은혜를 부어 주시고 주 예수님만이 힘이 되고 만족함이 된다"고 작사되어 있다.

2) 회개(눅 13 : 3)

회개는 헬라어로 "메타멜로마이"인데 과거에 임한 심판을 포함한 완전한 방향전환과 미래에 대한 신중한 방향 수정을 뜻하는 개념이다. 또한 히브리어 "슈브"는 "돌아가다, 돌이키다"이며, 헬라어 "메타노에오"는 "마음을 고치다, 회개하다"를 의미하며 "메타노이아"는 회개를 의미한다(아가페사전, 1991).

눅 13 : 3에 "너희에게 이르노니 아니라 너희도 만일 회개치 아니하면 다 이와 간이 망하리라"고 기록하고 있다. 회개는 구원을 위해 반드시 필요한 것이다. 웹스터사전에는 회개의 정의를 "죄에서 떠나 변화된 생활을 하는 것"이라고 했으나 성경적인 회개는 죄에서 방향을 바꾸어 돌이키는 것으로서 방향을 바꾸어 죄에서 돌아서는 것을 의미한다.

"회개는 자아를 떠나는 것이요, 믿음은 하나님께로 향하는 것이다. 그리고 회개는 마음 속을 살피는 것이요 믿음은 의를 바라다 보는 것이다. 회개는 우리의 혼란한 상태를 바라보는 것이요, 믿음은 우리의 구주를 바라보는 것이다." 또한 회개는 지각 속에서 죄를 아는 것이며, 감정 속에서 고통과 슬픔을 느끼는 것이고 의지 속에서 마음의 변화와 전환점을 찾게 되는 것이다. 즉 죄에 대하여 절망하면서 자신의 자아를 부정하는 것이다(두란노서원 편, 1994).

구약은 회개의 특징을 금식, 베옷을 입음, 통곡, 재를 뿌림 등으로 나타내고 있으며 신약에서는 침례(세례) 요한이 "천국이 가까웠다 회개하라"는 메시지에 잘 나타나고 있다. 사도행전 3 : 19에는 "너희가 회개하고 돌이켜 너희 죄 없이 함을 받으라 이같이 하면 유쾌하게 되는 날이 주 앞으로부터 이를 것이요"라고 기록되어 있다.

회개의 증거로 나타나는 것을 성경에서 살펴보면 다음과 같다.

- 요 20 : 24-29에서 도마는 요 20 : 28에서 "나의 주시며 나의 하나님이시니이다"라고 고백하고 있다.

- 행 9 : 1-18에서 사도 바울은 "주여 뉘시오니까"라며 핍박하던 예수님을 주님을 고백하고 있다.
- 탕자의 비유(눅 15 : 11-32)에서 지 · 정 · 의의 회개를 볼 수 있다.
  - 지적인 면(마음의 변화) : "스스로 돌이키다"
  - 정의적인 면(마음 속 깊은 변화) : "내가 죄를 얻었사오니"
  - 의지적인 면(의지의 변화) : "내가 아버지께로 가리라"(두란노서원 편, 1994)

이와 같이 지적, 정의적, 의지적으로 결단을 내려서 죄에서 돌이킬 때 진정한 의미의 회개가 이루어졌다고 볼 수 있다. 그러므로 구원받는다는 것은 변화하는 것이며 변화를 위해서는 회개와 믿음이 필요하며, 회개를 위해 자유의지에 따라 죄를 자백하고 예수 그리스도를 믿는 믿음으로 하나님께 향해야 하는데 그렇게 했을 때에 인간이 행해야 할 역할을 다한 것(롬 10 : 9-10)이며(두란노서원 편, 1994) 그것을 위해서는 성령의 도움이 있어야 한다.

30 "일반적인 주제"를 통한 성경프로젝트

성경말씀을 통하여 우리는 날마다 새롭게 변화되어 가고 있으며 성경이 우리의 갈 길을 안내하며 삶의 거울이 되어 자신을 성찰해 보는 놀라운 말씀이 기록되어 있다. 그러나 말씀 속에서만 하나님을 만날 수 있는 것은 아니다.

일반적인 주제를 통해 그 개념을 알아가면서 그곳에서 하나님과 연계하여 하나님을 알아갈 수 있는 것이다. 예를 들어, 아버지 활동을 하며 하나님 아버지를 알 수 있고, 가족을 통해서 하나님의 사랑을 알 수 있으며, 물 등을 통해서 생수의 근원이신 하나님을 알아갈 수 있다. 그리고 기독교인이 아니지만 그들을 통해서 나 자신을 돌아볼 수 있는 계기도 될 수 있다. 그리고 그런 계기를 통해 그들을 더 잘 이해할 수 있겠고 그들을 더 잘 이해하려면 편견이 있는 부분은 사랑을 통해 이해시키고 사랑으로 다가가면 그들도 우리와 같은 예수님의 제자가 될 것이다.

다음의 활동은 침례신학대학교 경건의 시간에 1학년 학생들이 '비기독교인들은 왜 기독교인을 싫어할까?'라는 주제를 가지고 활동해 본 것을 소개한 것이다.

1) 활동주제 : 비기독교인들은 왜 기독교인들을 싫어할까?

| 부정적 측면 |

부정적 측면에 대하여 브레인스토밍을 한 내용이다.

| 브레인스토밍 |

- 헌금을 강요한다.
- 술과 담배를 먹지 못하게 한다.
- 전도를 너무 지나치게 한다.
- 봉사를 무리하게 강압성을 띤다.
- 기독교인과 비기독교인의 하는 모습이 별로 다른 것이 없다.
- 직장이나 단체 모임에서 '교회 간다'고 불참석하는 경우
- 방송매체에서 보도되는 목사님들의 부정적 행동
- 천국이 진짜 있는가?에 대한 부정적 견해
- 성경은 진짜인가?에 대한 의심
- 시간 아깝게 무보수 봉사는 왜 하는가?에 대한 이기적 사고
- 교회에서 헌금액수를 왜 공개하는가?에 대한 비교 및 소외감
- 헌금의 종류가 너무 많다.
- 안식교

- 군대 안가는 여호와의 증인
- 통일교
- 구원에 대한 우월주의
- 과학적이지 않은 것을 무조건 믿으라고 강요
- 맹목적 믿음
- 시청각매체에서 보도되는 기독교인의 부정적인 측면을 본 선입견
- 이단의 행동 등이다.

| 긍정적 측면 |

그룹에서 브레인스토밍을 하여 도출된 생각모으기 단어들이다.

- 교회 청소를 솔선수범한다.
- 일흔번씩 일곱 번 용서하는 마음
- 성경에서 좋은 말씀을 배운다.
- 노방전도를 한다.
- 중보기도 및 자신을 위한 기도
- 통성기도
- 찬양
- 불우이웃돕기
- 봉사
- 노숙자 무료급식
- 교회식당 봉사
- 솔로몬의 지혜
- 지역선교
- 방언 등의 은사 체험
- 부흥회

- 바자회
- 차량 운행
- 노인 봉사
- 기아무료 성금
- 장애인 무료 차 운행

그 이외에 회개, 죄, 사탄, 천사, 인내, 기쁨, 열린예배, 착함, 긍정적인 마음, 열정, 섬김, 절제, 정직, 예수님 등이었다. 그리하여 이 단어들을 유목화(친구찾기)를 하여 소주제를 정한 것은 다음과 같다.

삶(생활)	열정, 정직, 절제, 기도, 용서, 섬김, 성경말씀, 솔로몬의 지혜
봉사	선행, 이웃돕기, 노인급식, 무료차 운행, 교회식당 봉사, 무료급식, 기아무료성금
정서	착함, 긍정적인 마음, 기쁨, 죄, 인내, 긍정적인 마음, 회개
교회 이미지	열린예배, 선교, 부흥회, 찬양, 바자회, 노방전도, 통성기도, 방언
영적인 존재	천사, 사탄, 예수님

2) 주제망

주제망은 유목화한 것을 펼쳐서 그리면 되는데 다음은 브레인스토밍한 내용을 주제망으로 구성한 것이다.

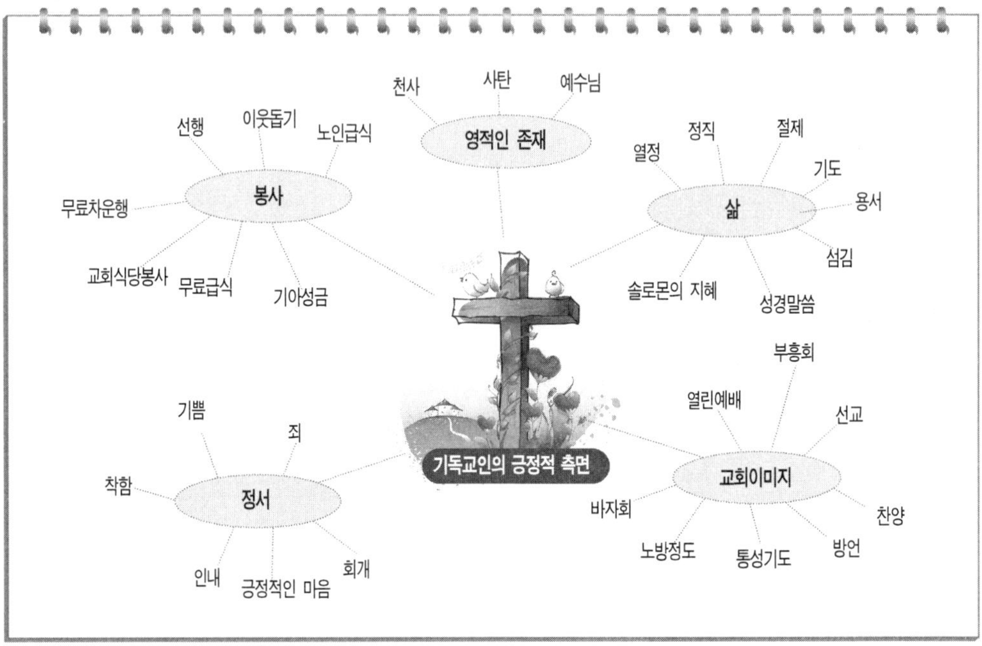

이와 같은 활동을 마친 후 서로 긍정적인 입장과 부정적인 입장이 되어서 기독교인들의 부정적인 면과 긍정적인 면을 토의하였다. 토의내용은 비기독교인들이 보는 입장에서 다음과 같은 결론을 내렸다.

| 토의 결과 |

- 기독교인에 대한 고정관념을 가지고 있는 것 같다.
- 교회를 다니다가 상처를 받아서 변한 것이다.
- 교회에 대한 마음이 있는 애증이다.
- 기독교에 대하여 잘 모르기 때문이다.
- 기독교의 부정적인 측면을 부각시킨 영향 등이다.

그리고 기독교인들의 내부의 문제점으로는 다음과 같다.

- 신자들의 이해심이 부족하여 그들을 이해하지 못하고 있다.

- 교인은 서로 지체들인데 좋은 사람들끼리 모여서 모임을 가지므로 그 그룹에 끼지 못한 사람들이 상처를 받아서 떠난다.
- 하나님이 자신을 사랑한다는 우월의식이 본을 보이지 못한다.
- 타인을 불쌍히 여기는 마음이 부족하다.
- 너무 똑똑하고 잘난 척 한다.

그러므로 우리는 비기독교인들을 향하여 어떻게 할 것인가?

- 부정적인 면으로 보이는 것에 대하여 홍보를 한다.
- 좋은 일도 많이 하고 있음을 소개한다.
- 인간적인 감정을 넘어 선행을 베풀자.
- 헌금의 종류는 많지만 선교에 쓰이는 것을 알도록 봉사현장에 함께 한다.
- 생각의 차이로 인정하지 않는 것이다. 그러므로 잘 모르는 부분에 대하여 알려야 함으로 "나가서 전도하자"로 결론을 맺었다.

31 "드라마"를 통한 성경프로젝트 활동

부유함 속에서 연약하게 성장한 환경 때문인지 요즈음은 상처를 받는 사람들이 많은 것 같다. 어떤 일이나 사람에 대하여 싫고 거북스럽고 피하고 싶은 마음이 있으며 아프거나 언짢은 것을 느낄 때 우리는 마음에 상처를 받았거나 부담스럽다고 한다. 그러므로 마음에 부담스러운 그 어떤 일에 대하여 부담이 없어지면 불편하지도 않고 그 일을 대할 때 자신의 능력을 마음껏 발휘할 수 있으며 어색한 만남을 갖는 사람들과의 인간관계가 좋아지게 되는 것이다. 그 마음의 상처를 씻는 것이란 치유를 받아서 마음의 상처나 부담을 받기 이전의 상태로 되돌려 놓는 것을 말하는 것이다. 인간관계에서 일어나는 마음의 상처는 큰 상처를 받는 것도 있지만 대부분은 사소한 일에서 시작되는 것이다.

최봉도(2007)는 사람들에게서 받는 상처를 다음과 같이 제시하였다.

- 언짢은 말을 전해 들었다.
- 성격이 나하고 맞지 않는다.
- 나를 무시하는 것 같다.
- 말이나 행동이 마음에 들지 않으며 결점이 눈에 띈다.
- 나를 따돌리는 것 같다.
- 내가 좋아하지 않는 행동을 한다.
- 눈빛이 좋지 않으며 이기적으로 보인다.
- 느낌이 좋지 않다 등이다.

그리하여 아동들과 청소년들의 마음에 있는 상처를 씻어 내도록 성경에서 주인공역할에 해당하는 인물이나 조연과 같이 부족함이 나타나는 인물들을 설정하여 비블리오 드라마를 통하여 표현해 봄으로써 문제를 해결하고 서로의 아픔을 기도해 주며 사랑을 나누는 활동이다. 예를 들면, 사랑의 상처의 치유에 있어서 하나님은 창세기 2 : 18에 돕는 배필을 허락하셨다. 그러나 배우자로 인하여 마음의 상처를 받게 되기도 한다. 그렇다면 사랑의 상처는 치유될 수 있는 것인지에 대하여 생각해 볼 때 기도로 치유를 받을 수 있으나 그에게서 느낀 모든 것을 밖으로 드러냄으로써 더 많은 치유를 경험할 것으로 본다. 야곱의 아내인 라헬과 레아를 선정하여 사랑받지 못했던 레아의 입장에서 자신의 마음을 표현해 보는 것이다. 또한 봉사하는 마르다와 말씀을 듣는 마리아 중에서 봉사에 열심인 마르다의 입장에서 표현해 보고 야곱과 에서 중에서 야곱에게 축복을 뺏긴 에서의 입장에서 자신을 표현해 본다. 그리고 아기를 갖지 못한 사라의 입장과 아기를 낳은 하갈의 입장 중에서 선택하여 그 마음을 나누어 보며, 요셉에게 사랑을 빼앗긴 다른 형제들의 입장에서 자신을 표현해 보는 가운데 내마음 속에 문제로 남아 있던 문제들이 해결되는 것이다. 그러면 성경의 인물을 중심으로 표현하는 비블리오 드라마에 관하여 살펴보고자 한다.

연극에서 얻어지는 교육적인 효과를 전국재(1999)는 다음과 같이 제시하고 있다.

- 참여자들은 상상력, 창의성, 관찰력, 발표력, 다양한 표현활동, 정서적으로 풍부한 감성개발 능력과 기술을 향상시킬 수 있다.
- 타인을 이해하고 타협하는 능력, 협동정신을 배양한다.
- 타인의 입장이 되 봄으로써 객관적인 식견을 가지며 공동체 생활의 경험과 지혜를 터득한다.
- 종합예술이므로 문학, 역사, 신화, 전설, 음악, 철학, 윤리, 풍습, 종교, 문화와 같은 모든 영역을 섭렵할 수 있다.

또한 그는 연극의 실제에 있어서도 처음에는 지도자가 성경을 결정하지만 차차 익숙해져 가면 참가자들이 성경을 선택하는 것을 제안하고 있다. 소요되는 시간은 성경공부에 배역을 결정하고 40-50분 정도를 소개하고 있으며, 성경공부를 주입식으로 하지 말고 참가자들이 생각하고 서로 의견을 나눌 수 있도록 토의할 수 있는 시간을 주어야 한다는 것이다.

1) 비블리오 드라마(Bibliodrama)

미드라쉬(Midrash) 전통으로 히브리인들의 독특한 해석용법으로 실생활에 적용하기 위해 묵상하거나 상상력을 동원하여 재구성한 것으로 개념들을 반복하여 말하거나 이야기를 재해석하는 것인데 이후 동작, 노래, 시각적 예술, 드라마 등의 다양한 기법 등을 활용하고 있으며, 성서의 이해를 통해 새로운 시대에 대한 이해를 더해 주는 것이 목적이다.

테마 중심의 상호작용, 성극, 성경역할극, 사이코드라마 등이 비블리오 드라마 형성에 기여한 요소이다. 또한 신학, 교육학, 형태심리학, 연극치료 등이 전신이라고 할 수 있고 명상, 무용, 신체동작 등도 마찬가지이다.

비블리오 드라마는 성경이 우리의 개인적이고 사회적 존재에 대하여 말하고자 하는 점들을 시험, 증명, 경험할 수 있는 기회를 제공한다. 인지적으로 가르치고 이해하던 성경의 감정과 숨소리 갈등을 불러일으키며, 과거의 이야기를 현재로 가져와 재현시킴으로 우리의 삶과 통합되는 과정을 갖게 하는 것이다. 현실의 문제에 대한 성경의 대답을 단답식 및 인지적으로 이해하는 것이 아니라, 직접 성경 속으로 뛰어들어 성경을 우리의 몸과 영혼, 감성과 지성으로 이해하는 것을 돕고 그 해답을 찾고자 노력하는 것이다. 그러므로 평소에 해답보다는 질문을 많이 하기를 좋아하며 삶 속에서 지침과 의미를 찾고자하는 이들에게는 많은 도움이 되는 드라마의 한 방법이다.

비블리오 드라마는 마음의 상처와 열등감을 회복하는 사이코드라마와 즉흥적인 역할극이 합쳐진 것으로서 '행위와 과정'을 통해 내면의 상처를 밖으로 드러내 회복시키는 심리치료다. 사이코드라마의 '빈 의자기법'과 '집단사회측정기법' 등을 활용해 즉흥적인 연극으로 치유자에게 자발성과 창의성을 유도한다. '빈 의자기법'은 빈 의자를 한가운데 두고 상담자가 의자에 앉아 있는 가상의 인물을 대상으로 창의적인 연기를 하는 것이다. 드라마를 하는 동안 자신의 삶을 반추해 보면서, 내적인 치유가 이루어지며, 문제해결을 가져오는 것이다. 사회측정기법은 4-5명 이상이 집단으로 상담할 수 있는 기법으로 '행복한 사람 순서대로 줄을 서세요'라는 요구대로 줄을 서게 하여 줄을 선 사람들은 상대방의 문제를 알게 되고 서로를 이해하게 되는 것이다. 김세준 목사는 비블리오 드라마는 기존의 성경공부를 탈피해 행위화와 집단 상담형식으로 참가한다며 모두에게 성경의 세계를 현장감 있게 탐험하면서 정서적 체험을 통해 영적인 성숙을 가져온다고 하였다(http : //blog.naver.com/jotargu?Redirect=Log&logNo=130001947560 2007년 6월 10일 3시 접속).

추태화 안양대학교 교수는 "정보지식사회를 살아가는 현대의 기독교인들은 성경을 이성적으로 읽고 이해하는데 익숙하다"면서 "성경의 의미가 살아나려면 성경을 성경의 상황대로 받아들이는 자세가 필요하다"고 주장했다. 비블리오 드라마가 성경독자로 하여금 그런 자세를 갖도록 요구하기 때문에 읽기만 하는 것이 아니라 입체적으로 체험해 볼 수 있는 효과를 얻을 수 있다는 얘기다. 추 교수는 이어 '성경을 몸으로 읽는 것', '집단 역동성', '사회적 운동' 등을 비블리오 드라마의 특징으로 정의하며 "감수성이 예민한 청소년들을 위해 주일학교에서부터 적극 활용하면 좋은 성과를 얻을 수 있을 것"이라고 말했다.

황헌영 한동대학교 교수는 "현대 교육철학은 직관적이고 체험적인 형태의 교육을 강력히 요구하기에 '머리'만의 교육이 아니라 온 '몸'으로 체현하는 전인교육이 요구된다"며 "기독교교육학자들 역시 '전인적 교육'을 신앙교육에도 적용해야 한다"고 말했다. 그 같은 전인교육의 구체적인 방법으로 황 교수는 유대교적 경전 해석 방법이었던 '미드라쉬식' 성경탐구를 제안했다. 황 교수는 "미드라쉬는 모세오경으로 알려진 '토라'를 이해하는 방법으로, 주어진 이야기나 본문 사이에 담겨진 내용들을 '놀이'식으로 발견해 들어가는 방법을 쓴다." 면서 "드라마, 댄스, 노래 등 다양한 방법으로 본문을 체현(enactment)해 보려고 하기 때문에 성경을 탐구하는 사람들로 하여금 계시된 텍스트에 들어가 성경 인물의 입장을 직접 체험하게 한다"고 설명했다.

한편 비블리오 드라마는 미국과 유럽 등지에서 성경교육과 치유를 위한 방법론으로 각광받고 있는 프로그램을 말한다. 수동적으로 교회교육에 참여하던 전통에서 집단원이 다양한 방법으로 자기표현과 참여를 할 수 있도록 비블리오 드라마 방법론과 다양한 행위방법론(액션메소드)이 개발되고 있다. 이는 성경을 외면하는 세대들에게 성경을 친근하게 만드는 기회를 제공하자는 것으로 연구가 계속되고 있다(2007. 2. 6. 교회와 신앙. 전정희기자)(http : //blog.naver.com /kjyoun24/60034333715 2007년 6월 5 pm 2시 접속). 미드라쉬(Midrash)는 랍비 학교에서 기원된 성경주석으로 성경의 해석방법 및 내용을 담고 있다. 성경본문의 해석을 통해 바른 종교적 교리를 세우기 위해 제작되었다.

2) 비블리오 드라마의 예시

복음 교단 총회 교회학교 강습회에서 즉흥으로 이루어진 드라마의 실례를 제시하면 다음과 같다.

- **주제** : 부모가 야곱에게 결혼시킨 레아
- **참가자들의 반응** : 교사들은 아버지인 라반을 향하여, 하나님을 향하여, 야곱을 향하여, 자신을 향하여 각기 다른 방향으로 반응하는 드라마를 연기했다.
- **내용**

  A교사 : "아버지! 나의 얼굴이 라헬과 같이 미인이 아니게 왜 이렇게 밉게 태어나도록 하셨습니까?

  B교사 : "왜 저를 야곱에게 결혼시켰어요. 라헬을 보내셔야지요?"

  C교사 : "내가 라헬보다 못한 것이 무엇입니까? 난 결혼하고 싶지 않았어요."

  D교사 : "내가 레아가 아닌 라헬이었으면 좋겠어요."

  E교사 : "야곱씨! 나 좀 사랑해 줘요."

  F교사 : "왜 이렇게 하셨는지 하나님의 뜻을 알고 싶어요?"

등의 진지한 이야기로 드라마에서 자신의 의사를 표현하였다. 각자의 의사를 표현한 후에는 하나님의 편에서 만일 하나님이라면 그런 상황에서 뭐라고 하실지 하나님의 입장이 되어 답변을 해 보는 것도 좋은 방법일 것이다. 이러한 활동을 통하여 아동들의 마음도 읽을 수 있고 문제해결에 도움을 줄 뿐 아니라 아동들이 자연스럽게 내적 치유가 될 수 있다. 교사와 아동들이 함께 기도로 도와 줄 수 있으며 자신의 마음을 하나님께 아뢰며 함께 기도한 후에 마치면 좋을 것이다.

3) 드라마의 실제

- 성령님의 인도하심을 믿고 기도로 시작한다.
- 성경을 알아가는 활동이므로 내용은 가능하면 성경에서 소재를 찾는 것이 바람직하다.
- 참가자들의 발달별, 혹은 소속별을 잘 인지하여 성경 속의 인물을 선정하여야 한다.
- 참가자들의 내면에 잠재해 있는 언어들을 발표함으로써 치유의 과정이 될 수 있음을 생각하고 모두 열린 마음으로 그들을 이해한다.
- 연극으로만 끝날 경우 치유가 나타날 수도 있지만 합심하여 그 사람과 함께 기도해 주므로 하나님께서 개입해 주기를 기대한다.

이와 같이 성경을 주제로 정해서 프로젝트 활동을 살펴보았다. 앞으로 그 이외에 '바보' 성경프로젝트, '사랑' 성경프로젝트, '도량형 환산' 성경프로젝트, 찬송 프로젝트, '하나님의 실수(?)' 프로젝트, '연대순 비교' 성경프로젝트 등을 더욱 연구해 나갈 것이다.

참고문헌

김경우 외(1988). 유아를 위한 기독교 교육의 이론과 실제. 서울 : 창지사
김금주 · 김윤희 · 신동일(2005). 유아를 위한 프로젝트접근의 현장적용. 정민사
김상윤(2006). 유아 창의성 교육과 진단. 공동체
김상윤(2006). 유아창의성교육과 진단. 서울 : 공동체
김수영 · 김수임 · 송규윤 · 정정희(2004). 영유아프로그램의 이론과 실제. 서울 : 양지사
김호용(2001). 굿뉴스 스터디 바이블. 서울 : 대한기독교서회
두란노서원 편집(1996). 인물별 성경연구. 도서출판 두란노
반피득(1979). 기독교교육. 서울 : 대한기독교출판사
방인옥 · 박찬옥 · 이기현 · 김은희(2003). 유아교육과정. 서울 : 정민사
생명의 말씀사(2002). 미션성경. 서울 : 생명의 말씀사
성종현(1992). 신약총론. 서울 : 장로회신학대학출판부
송영란 · 김숙영(2003). 활동중심유아기독교 교육 프로그램. 교육아카데미
아가페(2002). 아가페성경사전. 2002
유림당 저적 편집위원회편(2000). 학습국어사전. 서울 : 유림당서적
유혜령 · 강은희 · 박지영(2003). 유아교수공학과 교수 · 학습방법. 서울 : 창지사
이기숙(1992). 유아교육과정. 서울 : 교문사
이애실(2003). 어? 성경이 읽어지네. 서울 : 두란노
이현갑(1991). 기독교 조직신학. 서울 : 기독교문화사
이혜상(1998). 유아를 위한 기독교교육의 이론과 실제. 서울 : 창지사
이희경(1993). 유아교육의 교수학습방법. 서울 : 교문사
임선정(2007). 프로젝트접근법. 서울 : 한국교육출판
임용재a(2003). 평신도가 보고 쓴 성경 요점 정리 집(구약). 서울 : 도서출판 목양
임용재b(2003). 평신도가 보고 쓴 성경 요점 정리 집(신약). 서울 : 도서출판 목양
임희옥(2007). 기독교 유아교육의 여정과 방향. 한국기독교유아교육연합회
전경원(2002). 창의력 개발을 위한 유아미술교육. 교문사
전경원(2002). 창의력계발을 위한 유아 미술교육. 서울 : 교문사
전경원 · 김지연(2004). 오감과 창의성 키우기. 서울 : 창지사
정사무엘(1991). 성막과 복된 신앙생활. 세계교회성장연구원
정원식(1974). 교육환경론. 서울 : 교육출판사

정희영(2007). 주제중심의 기독교 유아교육과정. 다음세대
조정환(2000). 교회학교 아동교육 방법에 대한 고찰. 기독신학대학원대학교 신학과 실천신학전공
지옥정(2006). 유아교육현장에서의 프로젝트접근법. 서울 : 창지사
최봉도(2007). 마음을 가볍게 하는 치유. 상전재
한춘기(1996). 교회교육의 이해. 서울 : 한국로고스연구원
한혜숙(2005). 유아기독교 교육. 서울 : 정민사
헨리에타 미어즈(2003). 미어즈의 파노라마식 성경 핸드북. 생명의 말씀사

Arthur J. Cropley(1994). Creativity intelligence a concept of 'true' gifitedness, European Journal for High Ability, 5, p. 6
Arthur J. Cropley(2004). Creativity in the Education and Learning, 창의성계발과 교육. 이경화, 최병연, 박숙희 공역. 서울 : 학지사
Clark, C.(1996). Working with able learnners in regular classrooms, Gifted and Talented International, 11, p. 34
Corey(1971). The Nature of instruction, N.Y. : Prentice-Hall
D. Campbell Wyckoff(1992). 기독교교육의 이론과 설계. 김국환 역. 성광문화사
E. Paul Torrance, Why Fly? : A Philosophy of Creativity, 토렌스의 창의성과 교육. 이종연 역. 서울 : 학지사
Eysenck, H. J.(1940). The general factor in aesthetic judgments, British journal of psychology, 31, p94
Hilgard, E. R.(1966). Theories of Learning(2nd ed.) N.Y. : Appleton-Century Crofts
James. D. Smart(1960). 교회의 교육적 사명. 장윤철 역. 서울 : 기독교교육협회
John H. Westerhoff, 1978. 기독교교육논총. 김재은 역. 서울 ; 대한기독교출판사
Katz, L. G., & Chard, S. C.(1989). Engaging children's minds.(이윤경, 석춘희 역, 1995, 유아들의 마음 사로잡기). 서울 : 이대출판부
Katz, L. G., & Chard, S. C.(1993). The Project Approach, In J.L. Roopnavine & J. E. Johnson(Eds), Approach to early childhood education, New York : Macmillan Publishing Company.
Katz, L. G., & Chard, S. C.(2000). Engaging children's minds : The Project Approach(2nd), Stanford : Ablex publishing cooperation.

Martha. M. Leypoidt(1982). 그룹활동을 통한 40가지 교수-학습방법. 권용근, 김광률, 유영모, 정영택 역. 대한예수교장로회총회교육부

Neff, G(1975). Creativity and the group, Creativity in school and Society, ed. G. Neff, p. 17

Richard Warren(1984). 12종류 다이나믹한 성경연구법. 이명희 역. 요단출판사

Richard, R. Osmer(1995). 신앙교육을 위한 교수방법. 사미자 역. 한국장로교출판사

Sire, J.(1995). 기독교 세계관과 현대 사상. 김헌수 역. IVP

Stewart, J.(1986). The making of the Primary school, Milton Keynes : Open University Press

Tanner, D. & Tanner, L. N.(1980). Curriculum Development, N.Y. : Macmillan.

Trepanier-Street, M.(1993). What's so new about the project approach?, Childhood Education, 70(2), 25-28.

Wolters, A.M.(1995). 창조, 타락, 구속. 양성만 역, IVP

저자 소개

한혜숙

배재대학교 졸업, 강남대학교 유아교육과 졸업, 이화여자대학교 대학원 유아교육전공(석사), 서울여자대학교 대학원 유아교육전공(박사).
Louisiana Evangel Christian University Seminary 성경적 상담학 전공 (M. Div)
현재, 침례신학대학교 교수
저서 : 영유아 보육과정, 유아기독교교육
논문 : 아동의 전쟁과 평화에 대한 이해에 대한 연구, 평화교육프로그램의 기초연구, 유아의 상징놀이와 문자 능력과의 관계연구, 아동의 평화개념발달에 관한 연구, 유아 수학교육 논문의 경향 분석 외

프로젝트 접근법을 활용한 **창의적인 성경 프로젝트**

초판인쇄 2007년 11월 15일
초판발행 2007년 11월 20일

저 자 한혜숙
발행인 김현태
발행처 태영출판사

주 소 (152-705) 서울 구로구 구로동 104-10 동남오피스텔 201호
전 화 02 · 839-3757, 839-3752
팩 스 02 · 837-3754
등 록 2005년 5월 30일 제12-421호
홈페이지 http://www.taeyeongbook.co.kr
E-mail tys2005@paran.com
ISBN 978-89-91777-80-4 93370
정 가 14,000원

* 잘못 만들어진 책은 교환해 드립니다.